团体辅导在高职心理健康教育中的应用研究

郑芬萍　孙红林　傅淑燕　著

中国纺织出版社有限公司

内 容 提 要

本书是心理健康教育研究类专著。本书以团体辅导在高职心理健康教育中的应用作为研究对象，从当代高职生的心理健康教育入手，对高职生心理健康、团体辅导进行概述，详细阐述了高职生活与新生适应、高职生的自我意识与人格发展、高职生的情绪调节与管理、高职生的人际关系与恋爱心理、高职生的学习心理、高职生职业生涯规划与就业和高职生的心理危机干预等内容以及其团体辅导活动的设计与实施，最后阐述了高职生团体心理素质训练。本书适合研究高职心理健康教育与团体辅导的人群及学者阅读与参考。

图书在版编目（CIP）数据

团体辅导在高职心理健康教育中的应用研究 / 郑芬萍，孙红林，傅淑燕著. -- 北京 : 中国纺织出版社有限公司，2022.11

ISBN 978-7-5180-9555-1

Ⅰ. ①团… Ⅱ. ①郑… ②孙… ③傅… Ⅲ. ①高等职业教育－心理健康－健康教育－教学研究 Ⅳ. ①G444

中国版本图书馆CIP数据核字（2022）第087184号

责任编辑：刘桐妍　　责任校对：高　涵　　责任印制：储志伟

中国纺织出版社有限公司出版发行

地址：北京市朝阳区百子湾东里A407号楼　邮政编码：100124

销售电话：010—67004422　传真：010—87155801

http://www.c-textilep.com

中国纺织出版社天猫旗舰店

官方微博 http://weibo.com/2119887771

天津千鹤文化传播有限公司印刷　各地新华书店经销

2022年11月第1版第1次印刷

开本：710×1000　1/16　印张：14.5

字数：250千字　定价：99.90元

前言
preface

青年是祖国的未来、民族的希望。党的十九大报告指出："青年兴则国家兴，青年强则国家强。青年一代有理想、有本领、有担当，国家就有前途，民族就有希望。"在素质教育背景下，学校越来越注重对高职生的心理健康教育。团体辅导在高职心理健康教育课程中具有重要的作用和意义，能让教师与学生之间充分沟通和交流，有利于促进学生相互学习和讨论，推动学生身心健康成长。

高职生是身心都处于成长过程中的一类特殊群体，他们面临着许多问题，如对新的环境适应与如何学习的问题、理想与现实的冲突问题、人际关系问题、恋爱问题、未来职业选择问题等。这些问题如果不能得到及时有效的辅导，就会给高职生心理带来不良影响，甚至导致心理障碍和心理疾病。

在教育部拟定的心理健康教育工作体系中，团体辅导作为一种高效途径，得到了大力提倡。因此，笔者一直期待着有专家将团体心理辅导应用于高职生的心理健康教育，促进其能力并拓展高职生成长的领域，如职业规划能力和素质的提升。

为贯彻执行中共中央、国务院和中华人民共和国教育部的文件精神，适应高职生心理健康教育工作的需要，笔者结合多年的高职生心理健康教育和心理咨询的经验，编写了此书。本书针对高职生的心理健康、学习心理、职业规划、人际交往、情绪调节等方面，不仅运用团体辅导干预理论以及相关案例进行了分析，还对当代高职生心理健康教育以及团体辅导理论作了详细阐述。本书在编写过程中，汲取了近年来同行的研究成果（由于篇幅所限，不能一一列出），在此表示衷心的感谢。由于水平和时间限制，在本书的编写过程中难免会有疏漏和不妥之处，敬请有关专家、教育工作者和读者提出宝贵意见。

作者

2022 年 1 月

目录
contents

第一章　当代高职生心理健康教育

第一节　高职生心理健康教育的目标与任务

一、高职生心理健康教育的目标

心理健康教育的目标就是通过心理健康教育所要达到的目的。心理健康教育的目标既是选择与确定心理健康教育内容的依据，也是指引心理健康教育方向和调控心理健康教育过程的参照；既是检验、评估心理健康教育工作有效性的标准，也是激发学生接受心理健康教育动机的手段。高职院校心理健康教育目标的确立，既要考虑学生年龄层次的差异，又要考虑学生心理素质结构层面的不同，还要有教育效应方面的区别。

（一）根据年龄层次所确定的心理健康教育目标

大一学生心理健康教育目标：①学生能够适应学校的环境，了解并接纳自己的专业；②明确大学和中学学习上的变化和区别，掌握大学人际交往的特点，学会建立良好的人际关系；③学会调整和控制自己的情绪，保持心理平衡，减少孤独感、失望感、失落感；④积极参加学校的社团和活动，正确处理兴趣爱好、班团活动和学习之间的关系；⑤确立高职生活、学习目标，合理安排课余时间。

大二学生心理健康教育目标：①掌握性心理发展特点和恋爱心理卫生，正确处理和异性之间的关系；②了解升学和就业信息，为升学和就业做好准备；

③学会接受挫折，并努力锻炼自己的意志品质；④不断完善和塑造健全的人格。

大三学生心理健康教育目标：①了解自己的性格、兴趣和爱好，搜集有关就业信息，做好就业前的心理准备；②克服就业前的焦虑心理和盲目心理，调整就业前的恋爱心理。

（二）根据心理素质结构所确定的心理健康教育目标

人的素质是一个蕴含着先天、后天、生理、心理和社会等诸多因素交互作用的、复杂的动态结构系统。辩证唯物主义把人看作自然、心理和社会的统一。人的素质可以划分为三个不同层次的亚结构：一是社会文化素质，包括政治思想观点、道德行为规范、文化科学知识、劳动生产技能、审美等方面的素质；二是心理素质，包括认知、需要、动机、情感、意志、性格等方面的素质；三是生理素质，包括各器官、系统的结构完整和功能的良好。这三方面的素质相互作用和渗透，共同构成了人的素质的有机整体，相互制约、相互促进着人的整体素质的发挥和提高。其中，心理素质居于社会文化素质和生理素质之间，是个体遗传、社会环境影响和教育要求相互作用在人的主体内部的沉淀，又是人主体性格结构的核心成分，推动着人的整体素质的发展、提高和优化。从心理素质结构层面来构建学校心理健康教育目标，是指从心理结构的主要成分——认知、情感、意志、个性等方面来构建学校心理健康教育目标的体系。

1.高职生心理健康教育的认知目标

认知是普通心理学中的一个重要术语，它包括各种基本认识形式，如感知、记忆、想象、思维等。它与情感和意志组成心理过程的三大方面，简称知、情、意。根据高职生的特点，学校心理健康教育的认知目标主要包括：①正确认识自我，培养自我同一性；②掌握学习策略，开发自我潜能。

2.高职生心理健康教育的情感目标

情感是人们对客观现实是否符合需要而产生的情绪体验。情感教育是以培养学生积极、成熟的情绪和情感为主要目的的教育。情感教育能促进学生的心理健康，使其潜能得以充分发挥；通过培养学生良好的情绪和对情绪的调控能力，可以有效地预防高职生心理和行为问题，也能成为矫治高职生心理和行为问题的突破口。然而，长期以来，人们只重视知识的教育，却忽视了情感的教育。正如情绪心理学家伊扎德所说："过分地唯智理论和忽略情绪将会导致神经症、精神病甚至社会暴力的后果"，而"人类对于情绪的理解与控制的程度决定着文明是否进步”。

作为学校心理健康教育的重要组成部分，情感教育的目标主要包括培养学生的正性情感品质和增强学生的情感调控能力。具体而言，主要包括以下五个方面：①帮助学生学会情绪认知和情绪识别；②帮助学生学会情绪表达和情绪理解；③帮助学生学会情绪主导和情绪平衡；④帮助学生学会情绪控制和情绪宣泄；⑤帮助学生学会情绪发展和情感培养。

3. 高职生心理健康教育的意志目标

意志是自觉地确定目的，根据目的支配、调节行为，从而实现预定目的的教育心理过程。培养良好的意志品质是学校心理健康教育的重要目标。对此，苏联教育家马卡连柯曾指出：“意志、勇敢和目的性的培养问题，是具有头等意义的问题之一。”这是因为“我们一切胜利都是我们强大的意志、我们奋不顾身的英勇精神、我们自觉的和不屈不挠的追求目的的结果”。

学校心理健康教育的意志目标是帮助学生提高承受挫折的能力，培养学生良好的意志品质。高职生在成长过程中，不可避免地要面对各种失败和挫折，但很多研究表明，现代高职生承受挫折的能力不强。面对挫折和失败，他们要么选择逃避，要么选择自残或伤人。这对高职生心理的健康发展极其不利。因此，培养高职生良好的意志品质是高职生心理健康教育的重要目标之一。

4. 高职生心理健康教育的个性目标

在普通心理学中，个性是指个体在物质活动和交往活动中所表现出来的具有社会意义的稳定的心理特征的总和，它反映着个体的总体精神面貌，并具有一定的倾向性。个性具有多种心理成分，其结构是一个多层次、多侧面的具有多种心理成分构成的整体。本节中在讨论高职生心理健康教育的个性目标时，所说的个性主要是指除能力特征之外的个性心理因素。

大学阶段的学生，正处于青年期，对事物往往有自己独立的看法，不容易受到他人的影响。在人际交往中，往往强调个体独特性的一面，却很少关注其共同性的一面，在张扬自己个性的同时，往往为人际关系难以处理而感到困惑和不安。因此，加强对高职生个性的培养是心理健康教育的重要目标之一。根据国内外研究者的研究成果和实践经验，高职生心理健康教育的个性目标可以概括为以下两个方面：

（1）促进社会适应。社会适应不仅是个性发展的基础和条件，也是个性特征赖以存在的依附物。个性的许多特质和行为方式就表现在个体的社会适应之中。就社会适应而言，个体先要认识自己，然后认识周围环境。因此，学校心理健康教育表现在社会适应方面的个性目标包括两个方面，发展自我意识和促进沟通交流。

（2）完善个性品质。个性品质是概括化了的个性特点的总和，是一个人区别于另一个人的个性心理的本质特征。由于它集中体现了一个人的个性倾向、性格特征、承受程度、认识水平及人格修养等，因此，个性品质是个性心理的综合表现，是个性心理高度整合的结晶。换言之，一个人的个性集中表现在其个性品质中。

在高职生心理健康教育工作中，应主要培养十种个性品质，即自尊、自爱、自立、自强、自信、乐观、负责、宽容、合群与真诚。

（三）根据教育效应所确定的心理健康教育目标

从教育效应层面来考虑学校心理健康教育目标，则这一目标可以看成由以下三个层次的子目标所组成的目标体系。

1. 基础目标——预防心理疾病，增进心理健康

学生心理疾病的产生，有一个从量变到质变的过程；学生心理疾病的程度，也有轻重之分。学校心理健康教育工作者的职责之一，就是贯彻预防为主的方针，通过开展心理健康教育和推行学校心理卫生工作计划，消除产生心理疾病的各种因素。如果发现学生有了心理疾病的苗头，应采取适当的措施，使其在量变过程中得以终止和消失；如果学生确实有了心理疾病，应提供有效的心理咨询或及时转诊。除此以外，还要教学生学会自我心理保健，掌握有关避免和消除心理健康问题的原则与方法，对自我心理健康状况有正确的认识，能够自我排忧解难，游刃有余地应付生活中的各种挫折和困扰，保持乐观、稳定、积极向上的心态。

2. 基本目标——优化心理素质，促进全面发展

培养学生良好的心理素质是学校心理健康教育的基本目标。所谓良好的心理素质，一方面是指与现代社会化要求相适应的现代人的心理素质，另一方面是指与教育者当前生活相适应的心理素质。从这个意义上来说，优化心理素质，就是要求通过对学生的认知品质、情感品质、意志品质及其他各种个性心理品质的培养，使学生的知、情、意、行与社会现实的要求之间形成和谐的适应关系，从而促进其整体素质的提高，实现德、智、体、美全面发展。

3. 终极目标——开发心理潜能，达到自我实现

现代心理学和脑科学的研究表明，人的心理潜能远未得到全部开发与利用。苏联学者伊凡·叶夫里莫认为："人类平常只发挥了极小部分的大脑功能。如果人类能够发挥大脑一半的功能，将轻易地学会40种语言，背诵整本百科全书，拿到12个博士学位。"可见，这些论断和估计正说明了目前的教育并没有充分开发和利用人的心理潜能。现代心理学研究表明，尽管每个人都有自己的潜能，但每个人潜能的发展方向是不同的。心理学家班杜拉（Bandura）说过："能力不是固定资产，弹性极大，关键在于怎样发挥它。"学校心理健康教育就是从已有的科技成果和教育的成功经验那里，吸收和借鉴了一些开发心理潜能的经验，如思维训练教学、右脑教育和创造性教学等，以提高学生的心理机能，尽可能多地发挥他们的潜能。而一旦这种潜能被充分发掘出来时，我们就会成为马斯洛（Maslow）所描绘的自我实现的人中具有强烈的独立意识、丰富的创造性、智力充分发展和品德十分高尚的人，这就是心理健康教育的最终目标。

二、高职生心理健康教育的任务

高职生心理健康教育的任务是：根据高职生的心理特点，有针对性地讲授心理健康知识，开展辅导或咨询活动，帮助高职生树立心理健康意识，优化其心理品质，增强他们的心理调适能力和社会生活的适应能力，预防和缓解心理问题。帮助他们处理好环境适应、自我管理、学习成才、人际交往、交友恋爱、求职择业、人格发展和情绪调节等方面的困惑，提高其健康水平，促进他们德、智、体、美等全面发展。

第二节 高职生心理健康教育的途径

目前，职业教育得到了长足发展，但是也存在着制约职业教育发展的一些普遍性问题。近些年来，面对新形势、新情况、新问题，高职院校在加强和改进高职生心理健康教育工作方面进行了积极的探索，取得了显著成效。但是由于高职院校心理健康教育起步较晚，又长期被忽视等原因，高职生心理健康教

育仍然存在着一些误区和问题，还不能很好地适应社会的需要。通过调查潍坊高职院校心理健康教育现状，笔者发现目前不少高职院校还存在思想重视不够、工作体系不健全、工作方法不规范、工作效果不理想等弊端。加强和改进高职院校心理健康教育势在必行。

一、明确心理健康教育在素质教育中的重要性

一个人的素质，主要包括身体素质、心理素质、思想道德素质、科学文化素质[1]，心理素质是人的素质中非常重要的组成部分。清华大学樊富珉教授曾经说过，许多人的一生，并不缺才华、能力和机遇，却总是与成功无缘，主要与其心理素质有关。心理素质是迈向成功的通行证。心理健康教育就是培养良好心理素质的教育，心理健康教育也可以称为心理素质教育，在高职院校心理素质教育中具有举足轻重的作用。作为高职学生，在科学文化素质上可能不如本科院校的学生，但是可以在心理素质上超越他们，这无论是对个人的发展还是社会的发展，都有积极和深远的影响。

心理健康教育无论是在心理健康教育课程内容上，还是在心理健康教育讲授模式上，都和培养高职学生的职业核心能力紧密相关。《国务院关于大力发展职业教育的决定》和教育部《关于全面提高高等职业教育教学质量的若干意见》等相关文件强调，要培养学生的社会适应性，教育学生树立终身学习理念，提高其学习能力，使其学会交流沟通和团队协作，提高学生的实践能力、创造能力、就业能力和创业能力。职业核心能力是学生综合素质的核心，是就业、创业、可持续发展的转换能力的基础，是获取成功的关键能力[2]。心理健康教育在对高职学生情商培养、人际交往能力、职业生涯规划能力的培养中发挥了举足轻重的作用，可以显著提高他们的职业核心能力，提高他们的就业竞争力，并对他们的持续发展发挥着极其深远的影响。

二、健全高职院校心理健康教育工作机制

（一）成立心理健康教育的组织领导机构

心理健康教育传递了科学先进、应用性强的教育理念，而非仅仅是一种教

[1] 张大均:《心理素质教育导论》，重庆：西南大学出版社，2003年，第35页。

[2] 邢娣凤:《论高职院校学生职业生涯教育》,《黑龙江高教研究》,2007年第10期，第10页。

育实践活动，这已经得到国内外教育实践活动的有力证明。心理健康教育应引起高职院校的大力重视，应成立以主管教学的院长为领导，教务处、学生处、心理教研室等有关人员组成的心理健康教育领导机构。各级部门和领导应该高瞻远瞩，对心理健康教育重要性的认识要提高到一定的高度，不仅要再认识心理健康教育对提高高职学生整体素质和高职院校人才工作的重要意义，还要再强化学校全员育人和各学科渗透心理健康教育。

要在全校各部门进行广泛宣传，明确心理健康教育在学校教育中的重要地位，动员学校全员参与心理健康教育工作，群策群力，形成合力。学校领导应加大对心理健康教育的人力、财力、物力投入，组建和培养专兼职相结合的心理健康教育师资队伍，为心理健康教育工作顺利开展提供保障。

此外，心理健康教育应纳入高职人才培养大纲，同时建议上级有关部门制定高职心理健康教育工作评估指标和规定，以此推动心理健康教育在高职院校的规范、有效、顺利发展。

（二）加强师资队伍专业化建设

心理健康教育是一项专业性很强的工作，必须大力加强专业教师队伍建设，积极开展教师心理健康专业培训，加强心理健康教学和咨询骨干教师队伍建设。

2005 年初，《关于进一步加强和改进大学生心理健康教育的意见》在这个方面有明确的规定，指出："建设一支以专职教师为骨干，专兼结合、专业互补、相对稳定、素质较高的大学生心理健康教育和心理咨询工作队伍"，还提出"要重视大学生思想政治教育工作人员，特别是辅导员和班主任在大学生心理健康教育中的重要作用，加强培训"，以"逐步使专职心理健康教育和咨询人员达到持证上岗要求"。

虽然高职院校的心理健康教育近几年得到了较快发展，但是，目前高职院校心理健康教育远远不能满足高职教育迅速发展和人才培养的需要，与本科院校相比，在人力、物力、财力投入和配套设施上差距较大，尤其是业务水平过硬的专职心理健康教育教师缺口较大。

注重提高心理健康教育队伍整体专业化水平，加大专业化培训力度：

1. 加大专业理论知识培训

系统的专业理论知识是专业能力的基础。不仅要参照《心理咨询师国家职业标准》中要求掌握的普通心理学、社会心理学、发展心理学、心理健康与心理障碍、心理测验学、咨询心理学、与心理咨询相关的法律知识等基础知识，还要自觉补充教育心理学、管理心理学等相关专业知识。

2. 加大实践能力的培训

专业能力的关键是理论联系实际，学以致用，将理论知识转化为实践能力。心理健康教育工作者实践能力的强弱制约着专业能力的发展。心理健康教育工作者不仅要掌握系统的专业理论知识，还要提高实践能力，在校内多实践，在校外多参加案例督导等培训，接受专家督导。

3. 加大职业道德培训

恪守职业道德，不仅是每个心理咨询人员必须遵循的职业道德，还是每位心理健康教育工作者需要强化的方面。加大对价值中立、伦理规范等职业道德的学习培训。

总之，通过专业系统的正规培训，力求建设一支以专业教师为主、兼职教师为辅，专兼职教师有机结合，专业素质过硬的稳定的高职院校心理健康教育工作队伍。

（三）搭建心理健康教育互联网平台

在信息化高速发展的今天，网络普及率很高，网络的迅速发展使其成为人们学习、工作、生活中不可或缺的一部分。相对来说，高职生是使用网络最广泛的一个群体，网络充斥于高职生生活的方方面面。他们很乐于使用网络交流的方式，尤其是那些比较自卑、内向的学生更是如此。因此，在高职院校高职生心理教育的过程当中，学校要建立有效的互联网交流管理平台，充分挖掘网络的教育功能。

1. 开通网络咨询热线

鉴于网络的隐蔽性和虚拟性，学生身处其中可以放心、轻松地敞开心扉倾诉，更有利于他们宣泄不良情绪和寻求咨询师的帮助。对于那些比较自卑、性格内向的学生，他们一般不愿意去心理咨询室面对面地交流，更愿意在网络这个带给他们安全感的环境里敞开心扉。这在一定程度上可以弥补传统的心理咨询室咨询模式的不足。

2. 增强心理健康教育网络平台内容的实用性和互动性

高职院校心理健康教育网络平台不仅要有一般心理健康教育网站的固定板块，还要在调查高职学生实际需求的基础上，设立特色板块，如增加朋辈辅导、就业万家灯火、心心点灯等栏目，为高职生搭建一个与身边朋友互相交流、互相帮助、经验分享，获得心灵慰藉和力量的平台，真正让这个平台服务于学生。

3. 密切和最后一年的学生心理健康教育网络平台的互动交流

对于高职生来说，到了大三在校的最后一年，要离开学校到外面去实习，这将削弱校内心理健康教育对他们的影响力。大三学生在接触社会、实习实训中往往会遇到新事物、新问题，很容易出现因为适应不良而引发的不良情绪、人际交往不畅等心理问题。面对这些困惑，他们往往更需要心理教师的帮助，但是限于不能擅自离岗，不能及时地得到学校心理教师的帮助，因此，非常有必要在高职院校建立大三年级学生心理健康教育互联网平台，开辟职场新人板块，无论是实习的学生还是毕业后走进职场的学生，都可以在此畅所欲言，吐露心声，寻求专业的帮助。这将是一种有效的教育和引导手段。

（四）心理健康教育硬件保障机制建设

学校应保障心理健康教育工作经费，并纳入学校预算，确保高职生心理健康教育的日常工作需要。在心理健康教育尤其是教学方面，加强硬件建设，搭建教学平台——心理素质训练教室和团体辅导教室。面向全体学生、注重学生潜能的开发是当前国际社会所追求的先进教育观念。心理素质教育应面向全体学生，宣传、普及心理健康知识，高职生心理素质教育课程有别于其他学科，它注重的是学科知识的内化和心理调适技能的训练。现有的教室无论是空间大小还是固定桌椅的限制情况，均不能满足心理健康教育课程对学生心理素质的训练和活动式、体验式授课模式的需要。

三、推进心理健康教育课程建设和改革

《普通高等学校学生心理健康教育工作基本建设标准（试行）》（教思政厅〔2011〕1 号）明确指出，高校应将大学生心理健康教育纳入学校人才培养体系：高校应充分发挥课堂教学在大学生心理健康教育工作中的主渠道作用，根据心理健康教育的需要建立或完善相应的课程体系。学校应开设必修课或必选课，给予相应学分，保证学生在校期间普遍接受心理健康课程教育。《普通高等学校学生心理健康教育课程教学基本要求》（教思政厅〔2011〕5 号）中也进一步指出，要充分发挥课堂教学在高职生心理健康教育工作中的主渠道作用。

（一）课程设置系列化

根据教育部《普通高等学校学生心理健康教育课程教学基本要求》，实施课程系列模式。针对大一学生面临的环境适应、人际关系、学习等具有普遍性的问题，在大一年级开设心理健康教育公共必修课，以学生实际需要为导向，以传授解决问题的方法为原则组织教学；面向大二、大三年级学生开设“心理电影赏析”“积极心理学”“爱情心理学”“心理委员助人技能培训”等心理健康选修课，让学生根据自身兴趣和需要自由选修。开发一批心理素质提升选修课程。此外，还可以根据特定时期、特定群体、特定问题开展专题讲座，如“新生适应讲座”“女生课堂”“心理委员培训”等，同时可以面向全体心理委员、班级学生干部开设大型心理素质拓展活动。这种课程系列兼顾了不同的年级时段、不同的学生群体以及不同的心理健康主题。

（二）增强教学内容的趣味性和实用性

学生的实际需求应该是心理健康教育教学先要着重考虑的方面，真正站在学生的立场想问题，其课程的设计要遵循“以学生为中心、以情境为中介、以经验为起点、以活动为核心、以过程为重心、以合作为主线”的原则。学生的参与积极性很大程度上有赖于丰富有趣的教学内容，学生学习兴趣的激发则依赖于灵活多样的教学方式。

（三）推进教学模式的改革与教学方法多样化

改变传统的以“教师为主体”的教学方式，让学生在实践课上增强体验。针对当前高职生存在的主要问题，增加恋爱辩论赛、人际关系调查、生涯规划实操、情绪管理实操和心理电影赏析等实践课程。在教学中，突破传统教学的讲授模式，让学生成为课堂的主人，让教学内容生活化、教学形式活动化，采取体验式、探讨式、互动式的教学方法，让学生们在台上、台下互相讨论、互相触动、互相启发，促进朋辈合作，引发多方位、多层次的思考和领悟。运用团体训练、角色扮演、心理剧、工作坊等多种教学模式引导学生积极参与、深入体验，把心理健康教育的要求内化为高职生追求健康心理的自觉行动。

（四）课上与课下、教育与自我教育相结合

目前，在高职院校中，只有部分院校开设了高职生心理健康教育课程，且课时很有限，而高职生面临着较多、较复杂的心理问题，此外，个体的心理问

题也存在着差异性，因而，这些问题在心理健康教育课程上很难全部兼顾与解决，因此，还需要课下心理健康教育进行补充。根据高职生心理需要、认知水平和个性特点，综合运用多种教育资源，采用易于激发他们兴趣的模式，调动他们参与其中的积极性，引导他们在参与中去体验、分享、感悟、成长。坚持以学生为主体，教师要发挥主导作用，坚持活动式、体验式的原则，将高职心理健康教育与高职生的自我教育有机结合起来。

学生是心理健康教育的重要力量，每个班级应设一名心理委员，及时掌握班级学生的心理状态，推行朋辈辅导。另外，结合每年的“5.25”全国大学生心理健康日，指导心理健康协会开展校园心理剧大赛、心理专题讲座、心理健康知识展板宣传、心理电影赏析、团体辅导活动等一系列心理健康教育活动。最大限度地发挥心理健康教育课程在高职生心理健康教育过程中的主渠道作用，优化高职学生心理素质，必须把课上和课下、教育和自我教育统筹兼顾。

（五）课堂教学与课外实践教学相辅相成

开设高职生心理健康教育课程是高职开展心理健康教育工作的重要载体，是提高高职生心理健康素质的必要途径，也是当前高职生心理危机预警干预的有效方式[1]。要将心理健康教育课程作为心理健康普及的重要手段，纳入人才教育课程体系。高职生掌握一定的心理健康知识和构建强大的心理调适能力在很大程度上有赖于高职生心理健康教育课程的教学。

在高职生心理疾病的预防和心理素质的优化上，系统的心理健康教育发挥着积极而深远的影响。心理健康教育既要贯穿高职教育的全过程，又要有阶段针对性。新生和毕业生是高职心理健康教育的重点对象，教师应当根据不同年级的需要有针对性地开展心理健康教育。例如，对新生应重点开展如何适应高职生活、建构新的人际关系、调整学习方式等教育；对老生要重点开展如何交友恋爱的教育；对毕业生要重点开展择业和适应社会的教育。根据学生年级、心理特点、专业的不同，有区别地开设有侧重点的专题心理健康教育讲座，引导学生积极应对生活中不同压力源的压力，帮助高职生以科学的态度对待心理问题，帮助学生形成良好的心理素质，增强学生心理保健意识，提高学生防范心理疾患的能力。

积极开展第二课堂活动，根据高职学生特点和需求，因人而异，广泛开展

[1] 李桂林：《高职生心理素质培养模式》，《中国临床康复》，2005 年第 8 期，第 124 页。

丰富多彩的第二课堂活动。高职生参与活动的积极性一般较高，在参加活动的过程中，可以增强他们的心理健康意识和维护心理健康的自觉性。在开展第二课堂时，要重视心理社团的积极作用，广泛动员学生加入心理协会，指导社团在全校开展团体辅导、心理沙龙、心理知识宣传、校园心理剧大赛等心理健康活动。

大学教育的一个重要载体就是社会实践。根据心理健康教育课程教学内容，在学生中广泛开展专项社会实践活动，不但是课堂教学的实践教学的补充，而且对提升学生心理素质，增强自我教育的能力有重要作用。学生们参加社会实践，不但可以学以致用，还可以在实践中及早体验社会，学习与人交往，学习自我管理，学习应对挫折，有利于增强学生的就业竞争力，而且对学生的健全人格和长远发展都具有积极的影响。

心理健康教育不同于其他课程，它不但传授一定的心理学知识，而且更重要的是具有提高学生的心理素质，使其学会处理人际关系、管理情绪、应对挫折和适应社会等实际作用。因此，在心理健康教育中，受教育者的实践体验和认知方式的转变尤为重要。大力扶持和培养高职生心理健康社团，让一部分学生带动更多的学生参与到心理健康教育活动中来，贯彻“助人自助”的原则，让学生在活动中去发现问题、解决问题，从而促进其自我成长。

（六）加强院校合作交流，共享教学经验与资源

例如，在潍坊分布着众多的高职院校，绝大部分学校都开设了心理健康教育课程，这就为潍坊高职院校间心理健康教育课程的共建、共享提供了便利条件。通过院校间课程资源和网络资源的联合开发与建设，可以实现心理健康教育资源的共建、共享。

此外，潍坊高职院校间可以进一步地进行心理健康教育工作经验交流分享，走出去，学回来，用得好，互惠互利，共同发展。

通过院校间深入广泛的交流与合作，培养优秀教学团队，实现心理健康教育优势资源的优化组合和潍坊高职院校心理健康教育整体水平的提高。

（七）加强心理健康教育科研工作，积极开发校本教材

高职院校结合自身实际情况，加强心理健康教育科研工作，以研促教，以教带研，在调研和实践活动的基础上，根据高职类学生心理素质的发展规律，探索适合院校特点的新途径、新方法，将心理健康教育工作落实到位。加强与

社会上专业心理健康教育机构的交流与合作，积极组织各级学术交流、培训、研讨活动，邀请专家定期来校讲学。定期召开心理健康教育任课教师专题研讨会，根据本校学生的心理特点和心理需求，真正以学生为本，组织有丰富心理健康教育和教学经验的教师编写适合本校学生的心理健康教育教材，以便有针对性地开展心理健康教育，切实提高心理健康教育的实效性。笔者结合自己多年从事高职心理健康教育和一线心理健康教育课程教学的经验，并秉承“坚持正能量、传递正能量”理念，于2014年主编了我校“心理健康教育”课程使用的教材《高职生心理健康与心理素质训练》，已出版并投入使用。

（八）注重对高职学生自我效能感和成就动机的培养

1. 切实提高高职生自我效能感

自我效能感：指个体对自己是否有能力完成某一行为所进行的推测与判断[1]。美国著名心理学家班杜拉对自我效能感的定义是指“人们对自身能否利用所拥有的技能去完成某项工作行为的自信程度”。班杜拉最早提出了自我效能感（self-efficacy）。

自我效能感是指人们对自身完成某项任务或工作行为能力的信心或信念，是人对自己是否能够成功地进行某一成就行为的主观判断。自我效能感是个体行为中一个重要的影响因素。自我效能感越强的人，其努力程度越高，越具有完成任务的毅力和恒心。高职生自我效能感的高低很大程度上影响着他们技能水平的发挥，因而，高职院校心理健康教育需注重培养和切实提高高职学生的自我效能感。

社会对高职教育认识的偏差和诸多偏见，加上因为学习成绩受限无法考进本科院校而只能无奈地选择高职院校，这些不仅让高职生相对本科生而言具有更大的就业心理压力，也严重地打击了他们对自己完成目标的信心和降低他们的自我判断力，也就是降低他们的自我效能感。我们可以通过以下途径，提高高职生的自我效能感。

（1）引导学生重视替代性经验。班杜拉在社会学理论中提出了观察学习的概念，指学习者通过观察他人（榜样）表现的行为及其后果而进行的学习，

[1] 刘世清，姚本先：《欧美国家学校心理健康教育的现状、趋势及启示》，《教育发展研究》，2004年第41期，第127～129页。

替代性经验是个体通过观察学习得来的经验[1]。教师可以根据高职特色专业和社会对高技能应用型人才的巨大需求，以在工作岗位上发展较好的优秀毕业生为榜样，启发学生对自己人生的思考，激发学生的成就动机，提高学生的职业自我效能感。

（2）引导学生设立合理的学习目标。通过克服困难和自身的努力来实现设定的目标，学生往往会有强烈的成就感，这可以极大地强化学生的自信心和追求成功的驱动力。因此，教师要引导学生设立合理的目标，在努力的过程中获取越来越多的成功经验和体验，增强自我效能感。

（3）教师的教育方法要积极合理。社会对高职教育的偏见和对高职生的歧视，都会导致高职生自卑。而教师任何鼓励性、肯定的言语和动作，都会提高学生的自信心，增强他们的自我效能感；反之，教师任何负面的言语和动作，都会伤害学生的自尊心和自信心，降低他们的自我效能感。因此，教师和家长要改变以往对高职生较多批评和指正的习惯，而是更多地进行表扬和肯定，给予他们积极的心理暗示，向他们传递正能量，从而引导他们坚持正能量，这样可以赋予他们信心和勇往直前的力量，从而有效地增强他们的自我效能感。对学生的错误，应就事论事，对事不对人，不要全盘否定，更不要使用极端的话语。另外，要学会及时对他们的良好行为习惯正强化。

2. 激发和培养高职生成就动机

成就动机（achievement motivation），是个体追求自认为重要的有价值的工作，并使之达到完美状态的动机，即一种以高标准要求自己力求取得活动成功为目标的动机。例如，具有这种动机因素的学生，就能刻苦努力，战胜学习中的种种困难和障碍，取得优良成绩[2]。在社会性动机中，成就动机是很重要的一种，是人类非智力素质的重要组成部分。高成就动机的人，有较大的抱负，很强的学习驱动力，较快的反应能力，喜欢参与与成就有关的活动。一般来说，高成就动机的人，相较于低成就动机的人，更易取得成功。成就动机与学业、事业的绩效有着显著的正相关，高成就动机对一个学生，乃至一所学校的发展，都有着不可忽视的重要作用。每个人都有渴望取得成功、避免失败的心理倾向。

[1] 姚本先，程海云，王东华：《国外高职生心理健康教育的现状、趋势及启示》，《中国卫生事业管理》，2007 年第 12 期，第 35 页。

[2] 井玲，张志银，侯俊英：《心理修养与成才》，西安：陕西人民出版社，1999 年，第 10 页。

当学生取得成功后，往往能够得到来自教师、同学等周围人的认可，能极大地增强他们的自信心、自豪感和成就感。在以后遇到任务时，会更加偏向于追求成功。这样能够更好地抓住机遇，并获得锻炼自己的机会，为以后的成功打下基础。成就动机是学生走向社会和在社会中获得发展不可或缺的因素。因此，在高职院校心理健康教育中，应体现对高职生成就动机的激发和培养的教育内容，并有所侧重。这无论对学生的成长成才，还是社会的长久发展，都具有极其深远的影响。

（1）引导学生多参加课外实践。高职院校要营造良好的校园文化氛围和心理环境，开展丰富多彩的课外实践活动，引导学生积极参加课外实践，在活动中锻炼学生解决问题的能力。

（2）注重从大一开始培养成就动机。高职生大多在基础教育阶段没有养成良好的行为习惯，因此，高职院校在新生入学伊始就要加强学生良好行为习惯的养成教育，在日常行为管理中着重对学生进行成就动机的培养。此外，鉴于外部环境对学生巨大的影响作用，学校最好从一进校起就为学生营造良好的学习氛围和积极向上、开拓进取的文化氛围。当大部分人都在学习，都有较高的成就动机的时候，剩下的少部分人也会被带动起来。学生在此环境的熏陶下，有利于形成进取意识，进而将这种进取的意识内化为努力取得成功的外部行为。

（3）发挥学校在成就动机培养中的主导作用。高职生的成就动机和他们的学习、就业、生活等都紧密相关，因此，在成就动机的培养中，需要心理健康教育中心、学生工作处、就业指导中心、教务处等众多相关部门参与其中，共同培养和促进学生成就动机的提高。

高职院校可以利用榜样的示范和引领作用，来加强对高职学生成就动机的培养。高职生中很多人都有自己喜欢的偶像或是榜样人物，他们往往很崇拜这些榜样。从某种程度上讲，榜样对于高职生具有巨大的鼓舞和激励作用，当他们遇到挫折与困难时，榜样更是发挥了关键的、不可替代的积极影响力。因此，高职院校可以通过多种途径，如校园广播、报告会、先进人物评选等形式，充分地向高职生展示他们身边的榜样，以引起他们的共鸣和“见贤思齐”的心理效应，从而激发和增强他的成就动机，也由此让他们明白很多时候通过自己的努力和付出是可以获得成功的。在大学期间，每个学生都会经历很多特定的阶段，如刚入学、重大考试前期、毕业前期等。在这个时候，学校可以组织专项教育。例如，刚开学的时候，组织专业介绍主题班会，介绍学校的基本情况；考级的时候，让学生们聚在一起，分享经验和教训；在即将毕业时，可以通过学生座谈会、专家讲座、就业指导课、辅导员与学生结对等多样形式，对学生进行找工作和毕业环节的指导。

（4）开展对成败合理归因的引导和训练。我们在生活当中有成功，也难免会有失败的时候，对于成败，我们往往会总结其中的原因，尤其是对失败总结原因，也就是对成败进行归因。在面对成败时能否进行合理的归因，是影响成就动机的一个关键因素。个人对自己成功或失败原因的总结，将会影响他们今后的行为。如果把失败的原因归结为稳定的因素，如果内部稳定的因素能力不强，那么，当他们再面临失败时，通常就会丧失信心，不会再去努力；如果外部的稳定因素任务太难，那么当他们再面临失败时，通常就会怨天尤人。如果把失败的原因归结于内部不稳定可控的因素——努力程度不够，那么，当他们再面临失败时，通常会加倍努力，以达到成功。

归因理论中很著名的是韦纳的观点，他认为：能力、努力、任务难度和运气是人们在解释成功或失败时认识到的四种主要原因，并将这四种主要原因分成控制点、稳定性、可控性三个维度。根据控制点维度，可将原因分成内部和外部。根据稳定性维度，可将原因分为稳定和不稳定。根据可控性维度，又可将原因分为可控的和不可控的。

根据韦纳的观点，根据内部和外部、稳定和不稳定、可控和不可控这三个维度和四种行为责任因素，可以把个体的归因模式总结为三维度归因模式，见表 1-1。

表 1-1　三维度归因模式

<table>
<tr><td rowspan="2">内部稳定不可控因素</td><td>成功归因：能力强——充满信心、继续努力</td></tr>
<tr><td>失败归因：能力弱——丧失信心、听之任之</td></tr>
<tr><td rowspan="2">内部不稳定可控因素</td><td>成功归因：努力——继续努力，争取再次成功</td></tr>
<tr><td>失败归因：努力不够——相信只要努力就能成功</td></tr>
<tr><td rowspan="2">外部稳定不可控因素</td><td>成功归因：任务易——提醒自己认真学习</td></tr>
<tr><td>失败归因：任务难——埋怨客观，寄托于减轻任务</td></tr>
<tr><td rowspan="2">外部不稳定不可控因素</td><td>成功归因：运气好——侥幸</td></tr>
<tr><td>失败归因：运气不好——自认倒霉</td></tr>
</table>

引导学生认识自己的归因模式，进而要求学生运用合理的归因模式对自己的学习等方面进行合理的归因，以此来增加他们的学习兴趣和信心，这对成就动机的培养尤为重要。

在此基础上让学生进行归因训练，掌握正确的归因方法：①对自己成败的原因不要主观臆断，养成客观分析的习惯；②对自己成败的原因，一般不要从外部寻找原因，尽量多从内部，尤其是自己可以掌控的因素寻找原因，学会通过改变自己去实现目标。

教师要引导高职学生学会积极归因。比如，当学生学习取得进步时，可以将其归功于“自己的努力”，这对学生自信心的提高有很大的帮助。

（5）设立合理的成就目标。在高职生成就动机的培养中，还要注意引导学生根据自己的情况设定合理的成就目标，而不是好高骛远地设立难度远远超出自身能力的成就目标，这样的成就目标通常是无论怎么努力也难以实现的，往往会严重地打击学生的自信心和积极性；反之，也不要设定过于简单的成就目标，不需要努力就可以实现，这样学生往往无法体验到成功的喜悦，也就不会有成就感。因此，要求学生设定符合自身情况的中等难度的成就目标，这样的成就目标需要付出一定的努力才能实现，可以调动学生积极完成任务达到既定目标追求成功的动机。

美国心理学家舒思克的研究表明，要使学生保持较高的成就动机，就应该不断给予他们成功的反馈，从而激发学生的成就感[1]。教师要对学生完成任务的情况进行全程跟踪，并及时对任务完成的情况给予相应的反馈，有利于帮助其间遇到困难容易放弃的学生克服困难，实现既定的成就目标。

（6）发挥教师期望效应。心理学上有个著名的皮格马利翁效应，也被称为罗森塔尔效应，这是源于美国心理学家罗森塔尔在学生中做的一个著名的实验。通过这个实验，可以看到教师期望对学生们成就的影响之巨大。作为人类灵魂的工程师的教师，对高职生，要倾注更多的爱和寄予美好的期望，尊重与赏识每一位学生，深信他们是可以大有作为的。通过设计相应的活动，让高职生拥有成功的体验，增强他们的自我效能感，激发他们的潜能，提高他们的成就动机，唤起他们自我成长的力量。

[1] 陈英:《加强高职院校学生心理健康教育》,《文教资料》,2007 年第 8 期，第 45 ～ 46 页。

四、坚持心理健康教育与职业培养目标相结合

（一）坚持职业生涯规划与心理健康教育相结合

职业定位就是要为职业目标与自己的潜能以及主客观条件谋求最佳匹配。国内的心理健康教育内容基本上不涉及高职生职业生涯规划，但是，在国外，高职生职业生涯规划被视为心理健康教育非常重要的部分。职业生涯规划理论传入我国较晚，高职生职业生涯规划指导是随着我国高职就业体制改革而开展的教育新内容，也会纳入我国高职生心理健康教育并作为重要的专题展开。对高职生而言，就业压力是他们面临的最大的难题。在心理测评与咨询的基础上，帮助他们做好将来的职业生涯规划，将有力地缓解他们的就业压力感、焦虑感，对他们的心理健康大有裨益。

1. 开展科学的高职生职业测评和职业定位辅导

大学阶段是高职生职业生涯规划的关键阶段，是由茫然、探索到逐渐定位的过程。由于高职生普遍缺乏职业规划能力，学校有时也没能提供足够专业的职业规划指导，因而，高职生的心理困惑常常出现在职业生涯规划以及求职就业过程中。所以，高职院校在开展心理健康和职业教育时要注意对学生进行科学的职业生涯规划教育，一方面，积极开展职业生涯规划心理辅导，引导学生全面客观认识职业生涯规划；另一方面，通过科学的职业心理测验，如霍兰德的职业测评，帮助学生形成正确全面的自我评价和自我认知，引导学生对自己的优势、劣势，面临的机遇和挑战，以及自身的职业能力倾向形成客观、全面的认知，从而根据自身条件确立合理的就业目标，增加就业概率。

2. 积极开展职业心理咨询与辅导

美国著名职业研究专家金兹伯格在他的职业发展理论中指出，职业选择是一个动态过程，不是一次性完成的“选择”，它往往随着人们身心发展的历程而不断发展完善[1]。通常，职业选择与定向的过程是由若干阶段组成的，每一阶段中选择的主体都会因为不同的主客观条件而做出不同的选择，前一阶段的选择及其结果会直接影响或改变后一阶段的职业发展任务。在职业生涯发展过程中，高职生正处于其中的探索阶段，不同年级的学生和不同心理发展阶段的

[1] 钱铭怡：《借鉴国外经验有效开展心理健康教育》，《中国高等教育》，2002年第8期，第37页。

学生，具有不同的价值观和职业倾向。当然，由于专业不同，高职生的职业选择差异会更大。因此，在对高职生进行职业生涯规划指导时，需要因年级、心理发展阶段、专业的不同而有区别地开展不同的职业生涯规划辅导工作。

（二）关注行业心理研究

在高职院校里，心理健康教育课程除了开展日常心理健康常识教育外，应分门别类地深入研究相关专业学生毕业后潜在的就业行业或岗位的心理，围绕毕业生适应行业岗位需要的心理知识进行研究，以提高毕业生行业或岗位的适应能力。

（三）积极探索心理素质拓展训练

放眼国际，在学校心理健康教育中，形成了一种国际潮流，即心理健康教育立足于全体学生，致力于全体学生的全面发展。与此形成鲜明对比的是，国内的高职心理健康教育还是习惯于以矫治为主的心理健康教育模式，重心理咨询，轻发展性心理健康教育；重矫治性的心理咨询，轻发展性的心理咨询。只关注出了问题之后的解决问题环节，而忽略了从源头上来应对，忽视预防性和发展性的心理健康教育。目前，国际社会学校心理健康教育追求的先进教育观念是更加注重开发学生的潜能，致力于全体学生的全面、健康、长远的发展。对于国际社会先进的教育理念和做法，国内的高职心理健康教育应该大力借鉴，先实现思想观念的转变，在此基础上，再探索新的、更加适合高职院校的心理健康教育模式。作为未来高职心理健康教育趋向的素质拓展训练，是有效提升高职生心理素质的一种途径，是值得高职院校尝试运用到心理健康教育中的很好的选择。高职生一般对传统的学习模式不感兴趣，但是他们的动手能力较强，喜欢动手的体验式的实践，因而在高职院校心理健康教育中可以大胆地探索素质拓展训练的应用，对心理健康教育真正做到面向全体学生，致力于发展性教育，切实提高高职生的心理素质，从而对提升高职生的综合素质起到积极的促进作用。

第三节　高职生心理健康教育的内容

我们将心理健康教育的纵维目标界定为积极适应、主动发展和幸福生活，心理健康教育的内容是为目标服务并受目标制约的。因此，本书将心理健康教育的内容概括为三大方面：积极适应型心理健康教育、主动发展型心理健康教育和幸福生活型心理健康教育。

一、积极适应型心理健康教育

（一）学习上的积极适应

按照积极心理健康教育的观点，学习上的积极适应最重要的是提升学生的学习力。学习力（狭义称学习能力）最初源于美国系统动力学创始人佛睿斯1965年提出的学习型组织思想。自学习力概念提出以来，学者们对学习力的构成要素形成了不同的认识，学习力可以分为组织学习力和个人学习力。

就个人学习力来说，人们一般认为，学习力就是一个人的学习动力、学习毅力、学习能力的总和。另外一种观点与此大同小异，认为学习力就是团队或个人的知识获取动力（学习动力）、知识获取能力（学习能力）、知识内化能力（知识吸收）、知识外化能力（知识运用）的总和。它实际上是人们吸收知识和运用知识并改变工作、生活状态的能力。学习力主要包括知识获取动力、知识获取能力、知识内化能力和知识外化能力等要素。知识获取的动力即为学习动力，学习动力源于人们的学习动机。知识获取能力即顺利完成学习活动所必需的心理特征，它反映了人们完成学习任务的可能性，具体可表现为人们对知识获取的有效的学习方法、良好的学习习惯和较高的学习效率。知识内化能力即人们对知识记忆、吸收、思考、消化的可能性。知识外化能力即人们根据情境灵活运用各种所学知识，将其转化成财富并进一步创造新知识的能力，表现为人们对知识的应用、复制和创新。

可见，学习力是学习动力、学习毅力、学习能力和学习创新力的总和。

（二）人际关系的积极适应

人际关系是人们为了某种需要通过交往形成的人与人之间相对稳定的心理上的关系。主要表现为心理上的远近、亲疏和厚薄。人们很在乎同周围人的人际关系。所谓人际关系的积极适应，即积极主动、乐于、善于建立并维持和谐的人际关系。对高职生来说，就是要做到对师生关系、亲子关系、同伴关系和异性关系均能够良好的适应。

教导学生积极适应人际关系离不开对学生进行人际关系的教育与辅导，人际关系的辅导与教育又称社交辅导或人际交往教育，是指运用有关心理健康教育的理论和知识，指导学生的人际交往过程和人际交往活动，借此增进学生的人际互动和社会适应，克服人际交往障碍，提高人际交往质量，进而促进学生人格成长和成熟的一种教育活动。学生的社会交往和人际关系对他们的成长至关重要，人际关系的好坏对其心理健康有着重要作用，他们处理各种人际关系的能力直接体现了其心理健康水平。因此，与人际关系有关的心理健康教育就显得非常重要。人际关系中的种种不协调现象，往往会使学生产生偏激行为，影响他们的学习，人际关系的障碍还会导致心理健康问题。因此，高校心理健康教育要教给学生人际交往的技巧和能力，使他们学会交往、合作，懂得尊重、理解、信任和宽容别人，增强人际协调能力，减少人际冲突，促进人际和谐。

从心理健康的角度来看，人际关系包含四种成分：个性成分、认知成分、情感成分和行为成分。据此，人际关系的辅导和教育的内容也要紧扣这四个方面来进行。

在个性方面，要加强个性修养。一般来说，个性上正直诚实、豁达大度、谦和热情的人，人际关系较为融洽；反之，虚伪狡猾、心胸狭隘、猜忌多疑的人，不容易搞好人际关系。因此，加强人际关系方面的个性修养，对搞好人际关系至关重要。

在认知方面，要帮助高职生掌握有关知识、调整认知结构和克服人际偏见。①要使高职生掌握有关人际交往的知识；②要善于调整认知结构；③要克服人际偏见。

在情感方面，要主动、亲切、热情。做到真诚地关心他人，要尊敬师长、爱护同学、热情助人。对人冷漠的人不可能有良好的人际关系。

在行为方面，一是要学会交往技能，如聆听的技巧：耐心聆听、虚心聆听、会心聆听；谈话的技巧：选择话题、讲究对话、转移话题等；言语交往技巧：服饰技巧、目光技巧、体势技巧、声调技巧、距离技巧等；二是要学会调适策略，要指导高职生对人际交往中出现的种种心理问题学会调适。

（三）应考、就业的积极适应

考试是教学评价的方法之一。作为检查学生基本知识、基本技能掌握情况和能力形成情况的一种手段，考试是教学过程的重要组成部分。对教育管理部门来说，考试是评估教学质量、检查教学效果和考核教师业绩的重要依据；对教师来说，考试是获得教学反馈信息、了解学生学习情况和检验教育教学效果，以便更好地总结教学经验和改进教学工作的有效方法；对学生来说，考试是为了了解和检验自己的学习状况、明确努力方向、调整学习计划及激励进取精神的必要手段。

应考的积极适应就是要正本清源，恢复考试的本来功能，使学生正确看待考试，以坦然的心态对待考试。然而，要真正做到，绝非易事。许多学生在面临考试，特别是和升学、择业密切相关的重大考试时，常会出现一些诸如焦虑、恐惧一类的应试心理问题。正因为如此，做好应试心理指导，也是高校心理健康教育不容忽视的内容。应试心理指导的内容颇多，但至少应包括：考前复习心理指导、克服考试焦虑的心理指导、应考方法心理指导、考试后归因指导（内因或者外因）、应试期的身心保健（复习阶段的身心保健、考试时的身心调节和考试矛盾的身心保健）等。

二、主动发展型心理健康教育

建构主义认为，学生积极的心理品质是可以主动建构的，心理健康教育的重要内容之一就是要充分发挥学生的主观能动性，培养学生积极的心理品质。这是心理健康教育的发展性目标所要求的，也是心理健康教育所追求的最高境界。主动发展型心理健康教育主要包括以下内容。

（一）主动建构积极的认知品质

所谓主动建构积极的认知品质就是要树立建构主义理念，积极主动地培养高职生感知、记忆、思维、想象等方面良好的心理品质。研究发现，人有多种智力，如语言智力、数学逻辑智力、音乐智力、空间智力、运动智力、人际智力、自知智力、自然认知智力等。承认人与人之间的智力差异是一种勇气，更是一种科学的态度。从积极方面认识人与人之间的智力差异，认识不同的人有不同的优势智力，主张“扬长”。建构积极的认知品质不但重视一般智力的开发与培养，帮助人不断提高自己的注意力、观察力、记忆力、想象力和思维的创造力，而且注重人固有的智力优势的挖掘和培育，在帮助人了解、认识自己的优势智力的前提下，鼓励、支持人充分发展自己的优势智力，寻找适合自己的发展方向、发展途径和发展领域。

（二）主动建构积极的情绪或情感品质

1.积极情绪或情感的基本内涵

积极的情绪和情感体验是积极心理学关注的重点内容之一。积极情绪体验是从主观体验上主要探讨人类的幸福感、满足感、快乐感，建构未来的乐观主义态度和对生活的忠诚度，与此同时，也对积极情绪与身体健康的关系进行了探索。

积极情绪是人们进行正性的、积极的行为和内心活动时的情绪状态。个体积极情绪水平不但是心理健康的体现，而且对心理健康发挥着重要的维护和改善功能。人的情绪或情感涉及生活的各个方面，相应的教育内容是丰富多彩的。例如，培养人的爱憎情感，包括个人与社会间的爱祖国、爱集体、爱人民等；个人与他人之间的关爱、情爱、友爱等；个人与求知间的爱科学、爱知识、爱真理等；个人与事业间的爱职业、爱事业、爱劳动、爱岗位；注重义务感、责任感、成就感和荣誉感的培养，使人能够正确处理个人与社会、个人与他人的关系；培养人的美感、愉快感与幸福感，通过美感、愉快感、幸福感的培养与熏陶，人不但能感受到生活的情趣，而且能够把握人生的意义；重视情商培养，帮助人形成对情绪的知觉、评估和表达能力，认识和分析情绪产生原因的能力，理解复杂心情的能力，对情绪进行有效调节的能力等。

2.积极情绪的主要功能

目前，学术界还没有对积极情绪这个概念取得一致的看法，学术界对和学生的学习关系密切的情绪——学业情绪的功能有不少研究，取得了一些共识。

（1）积极学业情绪能够促进认知。传统观点认为消极情绪不仅会影响个体的注意力，还会影响个体的认知资源，但最近有学者通过实证研究发现，积极情绪同样会产生影响。研究者根据学习任务的相关程度将情绪分为外在情绪与内在情绪。外在情绪是指与任务情境、他人或个体自身有关的情绪；内在情绪是指与任务本身的性质和处理任务的过程有关的情绪。

（2）积极学业情绪有助于自我调节。自我调节学习，也就是说，个体以灵活的方式对自己的学习进行计划、监督和评估。它是一种良好的学习能力，也是一种有效的学习方法，可以提高学生的学习效率，从而提高其学习成绩。以往的研究表明，学业情绪会影响自我调节学习的多种认知机制和激励机制。

（3）积极学业情绪有助于掌握良好的学习策略。有研究发现，积极学业情绪（除了放松之外）有助于灵活地、有创造性地使用学习策略，消极学业情绪对灵活地且有创造性地使用学习策略会产生消极影响，但是这种影响较小且持续性不强。

（4）积极情绪能提高应对压力的能力。比其他人更容易产生积极情绪的人被称为弹性个体。弹性个体会从压力和消极情绪体验中迅速有效地恢复，并灵活地改变以适应环境，就像弹性金属那样伸缩、弯曲，但却不会损坏。采用高压力性任务来诱发被试者的消极情绪，发现高心理弹性的个体在压力性任务前和任务中，有着更多的如愉快、兴趣这样的积极情绪存在。

（三）主动建构积极的意志品质

所谓主动建构积极的意志品质，一要注意培养意志的自觉性，帮助人力求自己的行动具有合理的目的和高尚的社会价值，在活动中既能尊重事物的客观规律，又能虚心听取别人合理的建议，为了实现合理的目的，能自觉地遵守纪律。二要培养意志的独立性，善于独立思考，坚持真理，充满自信。三要培养意志的果断性。在生活和社会活动中善于观察事物的发展变化，掌握信息材料，通过分析比较，去伪存真，明辨是非，迅速而坚决地作出决定，停止或改变已经执行的决定。四要注意培养意志的坚毅性。能长久地坚持学习和工作，遇到任何艰难险阻都不会气馁，遇到任何挫折都不会灰心，具有一种百折不挠的精神。五要注意培养意志的自制力。能克服自我方面的担心、羞涩、恐惧等情绪的冲动或干扰，以及疲劳、负担过重、知识和能力不足等障碍，即使遇到失败和挫折，也能忍受各种痛苦和折磨，冷静地分析挫折产生的原因并坚强地对待挫折。

（四）主动建构积极的个性品质

心理学中的个性概念与日常生活中所讲的“个性”有所不同。在日常生活中，人们往往认为一个“倔强”“要强”“坦率”“固执”的人很有个性；而

“文雅”“平和”“斯文”“柔弱”的人没有个性。这种看法是错误的，至少是不全面的。其实，在心理学上，这正是两种人所分别具有的两组不同的个性，它们都是在一定的遗传的基础上，经过后天不同的生活和实践的磨炼而形成的、带有倾向性的个体心理特征，是一个人区别于其他人的精神面貌或者心理特征。然而，由于前者个性特征比较鲜明、独特，而后者比较平淡而不鲜明，往往不容易给人留下深刻的印象罢了。由此可见，不管是哪一种倾向性的个性特征，不管这种特征是鲜明的还是平淡的，都表明了一种个性。心理特征人人都有，精神面貌人人不可或缺。从这种意义上来说，世界上不存在没有个性的人。

个性对一个人的活动、生活具有直接的影响；对一个人的命运、前途有着直接的作用；对一个人的心理健康与否至关重要。良好的个性既是心理健康的核心内容，又是心理健康的重要标志。

三、幸福生活型心理健康教育

幸福的主观性很强，不同的人有不同的理解，很难对幸福进行明确的界定。目前，多数心理学家从人的主观精神层面去探讨幸福，并将这种主观感受到的幸福称为主观幸福感。人们公认的观点是，幸福与多种心理因素相联系，包含了幸福的感情、需要、认知和行为等诸多因素。幸福是人类的追求，古今中外的思想家从不同的角度对幸福进行研究，提出了各种各样的幸福观。

笔者这里所说的幸福生活型心理健康教育是指运用心理学的理论和方法，对个人学习和工作之外的生活，如休闲、娱乐、消费、健康、日常生活和社会时尚等进行指导和教育，通过培养个体健康的生活情趣、乐观向上的生活态度和良好的行为习惯，帮助个体感知、体验和创造幸福生活，使其学会享受生活，提高生活质量，增强个体的主观幸福感，以促进学习和工作效率的提高，以及促进个性的健康发展。幸福生活型心理健康教育包括的内容和层面很多，笔者主要从以下三个方面进行阐述。

（一）休闲幸福教育

休闲活动是人们生活中不可或缺的重要组成部分，是人的社会化的重要组成部分，对人的素质培养、人格和价值观的形成及心理健康都有不可忽视的影响。休闲幸福教育就是指运用有关心理健康教育的理论和技术，帮助个体确立正确的休闲观念和态度，获得必备的休闲知识和技能，学会选择安排有益的休闲活动方式，从而使自己获得充实丰富的休闲生活，以提高生活品质、增强主观幸福感的教育。

就高职院校来说，休闲幸福教育的内容要从以下四个方面入手。

1.培养、树立正确的休闲意识和科学的休闲观

正确的休闲意识是做好休闲教育工作的前提。休闲教育的重点在于让人意识到休闲是生活的重要组成部分，是个人提高生活质量的整体活动，明确自我休闲意识的意义，以及正确理解工作、学习及休闲之间的辩证关系。将“休闲”，与“游手好闲”“玩物丧志”等同是一种误解，把休闲的价值完全抹杀了，休闲不是一般的消遣、娱乐和休养，而是为了恢复身心健康、重新创造生活的一种活动。

休闲的本质是自由。如果休闲时间能够合理地利用，休闲就能进一步丰富人的生活，促进人的发展和社会进步；相反，滥用闲暇时间将损害身心健康，扰乱家庭和谐，降低工作效率，并破坏其公民意识。高职生在进行休闲生活方式选择时，要懂得选择符合自己价值和社会价值观的休闲方式，以真正发挥休闲活动的正面促进作用。

2.适当开设休闲方面的选修课、讲座

高职院校应利用休闲时间适当开设一些选修课，如文学艺术、人格修养、历史、哲学、心理学等。根据当前高职生关心的热点问题及思想存在的一些现象，组织校内外专家学者进行有针对性的专题讲座。通过教育，学生可以掌握休闲技巧，培养休闲鉴赏力，很好地利用现在和将来的自由时间。同时，还可举办各种知识技能培训班，如计算机培训班、英语培训班、公关礼仪培训班、书法美术培训班、健康歌舞培训班等，既可以丰富学生的休闲内容，又让其多学一门技能，也有利于他们养成良好的休闲习惯，在健康的休闲中发展自我、实现自我，促进其身心健康。

3.社团组织开展丰富多彩的校园活动

高职生社团应在校学工部、团委的指导与协调下，借助校园文化设施和文化活动载体，充分利用社会文化设施与大众传媒，开展健康高雅、丰富多彩的学术、文艺、体育、实践等社会活动，如理论学习型社团、学术科技型社团、社会公益型社团、社会实践型社团等，以充实高职生的课余时间，并给高职生提供展示青春风采和鲜明个性的舞台，激发高职生素质培养和才艺锻炼的兴趣，提高其利用闲暇生活的水平和能力，促进高职生身心全面发展。

4. 进行社会实践活动

利用休闲时间组织高职生参加社会实践，在教师指导下，高职生深入实际，了解社会，认识国情，既可动脑，又可动手，能使高职生开阔视野，增长才干，提高觉悟，转变思想。例如，参加支农劳动、支教活动、社会公益活动等，通过这些社会实践活动，高职生能在良好的社会评价中看到自身的价值，在帮助他人的过程中感受到快乐，对培养他们积极向上的人生观和充足的自信心有很大的作用。

（二）幸福能力培养

费尔巴哈认为，一切的追求，至少一切健全的追求都是对于幸福的追求。在现实生活中，人人都向往和追求着幸福，但追求幸福未必就能获得幸福。幸福是一种能力，无论获得幸福还是感受幸福，都需要能力，而这些能力并不是与生俱来的，需要培养和教育才能逐渐形成。幸福心理健康教育的重要任务，就是培养学生理解、感受和创造幸福的能力。

1. 个体理解幸福的能力及其培养

理解幸福的能力就是具备正确的幸福观，不断充实正确的关于幸福内涵的能力。对于幸福，不同的人有不同的理解，同一个人也会因时、因地、因位的变化而产生不同的体验。由于人们的经济状况、生活经历、文化背景、思想倾向、个性品质、身体状况等的不同，所形成和持有的幸福观也不相同，对幸福的内涵有着不同的理解和体会。

目前，我国正处于急剧的社会转型时期，各种享乐主义、拜金主义、利己主义等腐朽消极的思想给高职生的思想观念、道德意识带来了前所未有的冲击，一些高职生在社会不良风气的熏染下，其思想和行为逐渐发生了扭曲和异化，以追求所谓的“洋”“奇”“奢”为幸福。有些家境富裕的高职生把物质的满足当作幸福，盲目地甚至病态地追求物质生活的享受，如吃饭去高级酒店，穿戴追求时尚和名牌，同学过生日要花费上万元等，诸如此类的现象不胜枚举。有的高职生甚至把一些格调低下的艺术作品、腐朽的生活方式、庸俗的娱乐方式当作时髦去追求，以满足浅层次的感官需求。这种物质至上的消费观念、追求感官刺激的享乐冲动，必然导致高职生精神家园的荒废，以致把自己的心灵放逐到唯利是图的荒芜之地。他们不懂得什么叫真正的幸福，应该追求什么样的幸福。要让他们摒弃关于幸福的错误认识，就要在幸福教育中培养其理解幸福的能力。

2. 个体感受幸福的能力及其培养

感受幸福就是能够发现幸福，感觉到值得珍视与回味的东西，体验和品味到快乐、惬意、宽慰，产生各种各样舒适的感觉。面对同样的一件事或相同的境遇，有的人感到很幸福，有的人感觉很平淡，有的人甚至会感觉不幸福。之所以对同一件事会有不同的感受，除了受到不同的个体身心发展的特殊性，以及不同的人生观和人生阅历影响等原因之外，还有一个重要的原因，就是人们感受幸福的能力有强有弱。

当今，虽然很多高职生拥有了优越的生活条件和良好的学习环境，但一些高职生却对人生的方向和生活的意义缺乏认知，以至于产生消极悲观的情绪，甚至产生较为严重的心理障碍。这种身在福中不知福的现象，原因可能是多方面的，但其感受幸福的能力较低必然是一个重要的方面。

3. 个体创造幸福的能力及其培养

人人都可以成为自己幸福的建筑师。创造性是人本质力量的体现，也是自由和幸福的源泉，创造幸福的能力和人的创造性紧密相连。人类的幸福不是既定的存在，而是现实的创造活动。

（三）享受教育：把学习和工作当作一种享受

享受可分为消极享受和积极享受。一味地吃喝玩乐甚至玩物丧志的享受是消极享受；注意挖掘学习、人际关系和工作中的享受资源，以适当的娱乐来调节身心，或将学习和工作本身作为享受，这样的享受是积极享受。享受教育旨在克服消极享受，提倡和培养积极享受。

享受教育和艰苦奋斗教育不仅毫不冲突，而且相辅相成，相得益彰，是对立的统一。相对于艰苦奋斗来说，休息、吃喝、娱乐是享受，没有这样的享受来再生或恢复精力，艰苦奋斗也就成了空话。这正如伟大导师列宁所说，不会休息的人就不会工作。我国成语中的“劳逸结合”“文武之道，一张一弛”，以及西方谚语“只工作不玩耍，聪明的杰克也变傻”等，讲的都是这样的道理；反之，相对于享受来说，勤奋学习、刻苦努力、殚精竭虑、日夜奋战是艰苦奋斗，没有这样的艰苦奋斗过程及其结果，就不会有奋斗的乐趣和奋斗成功所带来的精神享受。

享受教育和目前有些高职院校已经开展的挫折教育从表面上看是对立的，实际上二者并行不悖，殊途同归。挫折教育是教育高职生正确对待挫折，提高挫折承受力，进而提高高职生意志品质的一种心理教育。它一般是针对那些面对挫折和不幸已经产生了消极情绪的高职生而定的，是一种补救性教育，重在预防心理疾病；而享受教育是一种提高高职生的情绪指数，使其情绪“锦上添花”的教育，属于发展性教育，重在优化心理素质。两种教育的目的都是促进高职生的心理健康发展。

第四节 学校心理健康教育概述与高职生心理健康教育的必要性

心理问题已经成为影响高职院校学生全面发展的重要因素。高职院校加强心理健康教育，切实提高高职学生心理素质，对于他们谋职立业、服务社会，具有重要的现实意义。重视和加强高职学生心理健康教育不仅是高职院校学生自身成长成才的客观需要，还是高职生提高自身修养以及加强和改进高职生思想政治教育工作的需要，更是高职院校素质教育的重要任务和内容。高职院校开展高职生心理健康教育是学校全面实施素质教育的一项重要内容，是促进高职生素质全面发展的有效方式，更是提高高职生心理素质的重要途径。高职院校担负着为我国社会主义现代化建设培养高素质、高技能应用型人才的使命，心理健康是现代人的必备条件和基本要求，是综合素质的基础。健康的心理又是高职生完成学业、掌握专业知识和技能、增强就业竞争力的先决条件和基础。高职生除了要具备扎实的专业能力，更需要具备健全的人格、较强的适应能力和抗挫折能力，具有良好的情绪和压力管理能力等心理品质，只有这样，才能有效地发挥专业技能，在社会建设中实现人生价值。

一、学校心理健康教育概述

学校心理健康教育是20世纪教育改革运动中出现的新概念，是现代心理学、教育学、社会学、生理学等多种学科理论与学校教育实践相结合的产物。作为一种现代教育观念和新颖的教育活动，自20世纪五六十年代以来，在世界许多国家和地区，特别是在一些发达国家和地区，学校心理健康教育的理论和实践都有了长足的发展。

所谓学校心理健康教育，是以心理学的理论和技术为主要依托，并结合学校日常教育、教学工作，根据学生生理、心理发展特点，有目的、有计划地培养（包括自我培养）学生良好的心理素质，开发心理潜能，进而促进学生身心和谐发展和素质全面提高的活动。高职生的心理健康教育，则是以高职生为主要对象，借助于心理学的有关理论，通过日常、专门的维护学生心理健康的心理咨询、心理辅导、心理治疗等途径，提高全体学生的心理素质，维护学生心理健康，增强其社会适应能力，促进学生人格健全、和谐发展的活动。

与学校心理健康教育相关的概念主要有心理辅导、心理咨询和心理治疗等。一般而言，学校心理辅导是指在一种新型的建设性人际关系中，学校辅导人员运用其专业知识和技能，给学生以合乎其需要的服务与协助，帮助学生正确了解自己、认识环境，根据自身条件确立有益于个人发展和社会进步的生活目标，使其能克服成长中的障碍，在学习、工作及人际关系等方面，调整自己的行为，增强社会适应，做出明智的抉择，充分发挥自己的潜能。心理咨询是咨询者借助一种特殊的人际关系，运用心理学的理论、知识和方法，通过语言、文字及其他信息传递方式，对来访的学生进行帮助、启发和指导，以维护和增进其身心健康，促进其人格完善和潜能充分发挥的过程。心理治疗是指在良好的治疗关系基础上，由经过专门训练的治疗者运用心理学的有关理论和技术，对患者进行帮助，以消除和缓解患者的心理障碍，促进其人格向健康协调的方向发展。由此可见，它们与学校心理健康教育是紧密相关的，既有联系，也有区别。

共同点都被认为是心理有问题者的一个学习过程，即通过学习来改变其不健康的心理和行为。因此，三者都强调双方之间的合作和建立一种民主、平等、和谐的关系，但是三者在目的、手段、对象等方面又各有差异。

心理辅导的对象往往是处在转变或转折时期的普通学生，即他们的心理健康状况相对良好。心理辅导关注辅导对象的未来，心理干预的重点是预防，根本目标是为了防止未来问题的发生提供知识性服务。

心理咨询是以遇到心理困惑或有强烈心理冲突与矛盾的正常学生为对象。心理咨询关注咨询对象的现在，心理干预的重点是发展，根本目标是改善学生个体的心理机能，提高其心理健康水平。

心理治疗是以心理健康水平较低或心理机能失调及心理上有障碍的疾患学生为对象。心理治疗关注治疗对象的过去，心理干预的重点是矫治，根本目标是纠正与治疗学生心理与行为的失常问题，以恢复其心理健康。其区别可以用

表 1-2 表示。

表 1-2　心理健康教育、心理辅导、心理咨询、心理治疗区别表

项目	心理健康教育	心理辅导	心理咨询	心理治疗
工作者	教师	心理辅导员	心理咨询师	临床心理学家、临床医生
主要对象	正常学生	正常学生	有轻、中度心理问题的正常学生或称来访者	有严重心理障碍的学生或称患者
任务	预防	预防	干预	矫治
方法	日常教育教学活动	开设心理健康教育课程、讲座等	个别咨询和团体咨询	矫正、领悟、训练等
内容	认知	认知、环境、需要、情感	适应、情感、学习、就业等	各种心理疾病等

学校心理健康教育是素质教育的重要组成部分。素质教育包括：生理素质教育、心理素质教育和社会文化素质教育。生理素质教育是主要促进身体的或生理性素质发展的教育，生理素质教育对应于全面发展教育中的体育；心理素质教育是主要促进心理素质发展的教育，它对应于心理健康教育；社会文化素质是指主要促进社会文化素质发展的教育，它对应于德育、智育和美育。

心理健康教育不同于思想政治教育。二者的区别是，前者主要解决高职生的心理问题和心理障碍，后者主要解决高职生的思想品德问题。它们在许多方面都不相同，具体表现为：①教育目标不同。心理健康教育着重于增进人的心理健康水平和社会适应能力，以提高高职生的心理健康素质为目的；而思想政治教育主要是帮助高职生解决社会倾向问题，以引导高职生树立科学正确的世界观、人生观、价值观为目的；②教育的基础和内容不同。心理健康教育是以心理学的基本理论为基础，同生物—心理—社会—医学模式相联系，主要是对高职生进行心理卫生、学习生活、人际关系、职业选择、心理障碍、行为异常等多方面的指导和教育；思想政治教育则是以政治学为基础，与政治—伦理学模式相联系，以马列主义、毛泽东思想和邓小平理论“三个代表”重要思想、科学发展观为指导，用辩证唯物主义和历史唯物主义的基本原理，结合当前的形势与政策等对学生进行政治方向、思想意识、价值取向以及辨别是非等方面的教育；③教育方法不同。心理健康教育主要采用谈话法、讨论法、角色扮演法，对高职生进行心理辅导、心理训练、心理咨询、心理测量等；而思想政治教育则以理论教育和宣传为主，主要采用正面说服、榜样示范、批评表扬、实践锻炼等方法。但二者之间也是有联系的，一方面，良好的心理状态是接受思想政

治教育的前提，思想道德的产生、发展和变化都要受到个体心理发展的影响和制约；另一方面，良好的思想道德品质又是塑造健康心理的基础，个体心理发展的方向要受到主题思想的支配。同时，心理健康教育与思想政治教育在总体目标上是一致的，都是要培养全面发展的“四有新人”，不断提高高职生的综合素质。因此，在实践工作中，应把二者结合起来，使它们在素质教育中发挥更大的作用。

二、高职生心理健康教育的必要性

高职生作为高等教育的新生事物，被认为是高职生中的一类特殊群体。一方面，他们和普通高校本科生一样，都是经过了高中的拼搏和冲刺，经过高考的压力和焦灼的等待与不安走进大学校园的；另一方面，由于社会、家长及学生本人对高职的偏见，高等职业技术教育在整个高等教育体系中的地位，使这些学生无论是在学习水平上还是在心态上，都有着和普通高校本科生不同的心理体验。面对现代社会日益激烈的竞争，学习和就业压力的增大，人际关系的复杂化，许多高职生开始感到不知所措，产生了心理不适应，心理是否健康已经直接关系到高职生能否全面发展和今后的成功与成才。因此，加强对高职生的心理健康教育不但必要而且必须。

（一）对高职生进行心理健康教育是参与国际竞争的需要

现代社会的竞争日趋激烈，国家与国家之间的竞争已经由综合国力的竞争转向科技之间的竞争，而科技之间的竞争归根到底是教育和人才之间的竞争。随着技术革命浪潮的掀起，世界各国都越来越重视培养人才的质量规格，重视提高人的素质。而在人的素质结构中，居核心地位和起关键作用的是人的心理素质。心理健康是事业成功的重要保证。美国学者戴尔·卡耐基在调查了大量世界名人后认为，一个人的成功只有15%是由于他的学识和专业技术，而85%是靠良好的心理素质和善于处理人际关系。詹纳作了类似的表述，他说：“奥林匹克水平的比赛，对运动员来说，20%是身体方面的竞技，80%是心理上的挑战。”越来越多的研究证实，超群的智慧、稳定的情绪、顽强的毅力、完善的个性，适应环境的能力、随机应变的机制等高品位的心理素质，已经成为最具竞争力的人才资源的要素。

我国的学生和欧美的学生相比，智力的发展要优于同龄的学生。奥林匹克竞赛上，中国的学生往往能夺得冠军，然而，中国的学生心理素质欠佳，情绪不稳定，人际关系不和谐，往往只会竞争，而不善合作，严重妨碍着他们的成才。因此，为了使我们培养出来的高职生能适应国际竞争的需要，必须重视加强高职生的心理健康教育。

（二）对高职生进行心理健康教育是我国社会现实的需要

当今社会正处于改革开放的新时代，体制改革日益深化、技术更新日益迅速、工作节奏日益加快、人际竞争日益激烈、观念碰撞日益频繁的严峻现实，对人们的社会适应能力提出了巨大的挑战，而机遇与挑战交织、压力与活力共存、危机与希望同在的矛盾现实，更是对人们的心理健康提出了更高的要求。作为新时期的高职生，一方面，要接受“对非义务教育学费自筹化，大学属于非义务教育，大学实行收费制”的社会现实；另一方面，还要面对人们由于对高职教育认识的局限而带来的片面理解，再加上改革开放的艰巨性、复杂性，出现了种种不尽如人意的现象使一些高职生的心态严重失衡，有愤世嫉俗，有的满腹牢骚，有的则玩世不恭。凡此种种，都影响着高职生的心理健康，如果不能及时进行正确的引导，不但影响高职生的成长和成才，而且会对社会造成不利的影响。因此，加强对高职生的心理健康教育是社会发展的需要。

第二章　高职生心理健康概述

第一节　心理健康与高职生心理健康

一、心理健康概述

（一）健康的概念

1948 年，世界卫生组织（WHO）关于健康的定义："健康乃是一种在身体上、精神上的完美状态，以及良好的适应力，而不仅是没有疾病和衰弱的状态。"1989 年，WHO 进一步深化了健康概念，认为"健康不仅是没有疾病，而且包括躯体健康、心理健康、社会适应良好和道德健康"。

20 世纪 90 年代，国际上在原有健康定义的基础上，又推出了"康宁"和"幸福"的健康观。我国 1980 年版的《辞海》把健康描述为："人体各器官系统发育良好，功能正常、体质健壮、精力充沛并具有良好的劳动效能的状态。"而时隔二十余年后，2005 年出版的《现代汉语词典》对健康的定义则为："（人体）发育良好，机理正常，有健全的心理和社会适应能力。"由此可见，随着社会的发展以及人类对自身认识的不断深化，人类对于健康的观点也逐步突破传统"刚健"及"无病"的狭隘认识，从生物体逐渐扩展到心理及社会层面，使"健康"的内涵更加丰富，而且更具有积极意义。

（二）心理健康的概念

心理健康（mental health）是心理学、社会学、精神病学以及心理卫生学等多学科共同关心的重要理论问题。由于其内在与外在交织的复杂性，以及判断标准的多样性，目前国内外尚未形成统一的概念。1946 年，第三届国际心理卫生大会认为：“所谓心理健康是指在身体、智能以及情感上与他人的心理健康不相矛盾的范围内，将个人心境发展成最佳状态。”社会学家博克姆（Bokem）认为：“心理健康是符合某一标准，既能被社会所接受，自己又能从中得到快乐的社会行为。”精神病学家卡尔·门宁格（Karl Menniger）认为：“心理健康是指人们对于环境及相互之间最有效率以及快乐的适应情况”，并认为“心理健康的人能保持平静的情绪、敏锐的智能、适应社会环境的行为和令人愉快的气质。”

石国兴教授（2012）在总结了古今中外对心理健康的诸多争论、思路及界定后，指出“心理健康指个体具备一种正常稳定、积极主动的心理功能状态或特质。它有相互联系的两个层次：一是心理内部各成分的协调统一以及对外部人、事、环境的适应；二是对心理健康主动地保持、增进，并不断地、适当地追求其发展。”

从上述定义分析可知，从一般意义上讲，心理健康即指无心理疾病，但从其本质上来说，心理健康是一种积极适应和发展的心理状态。

（三）心理健康的标准

由于心理健康问题的复杂性，致使心理健康的标准并不像生理健康那样具体、精确、绝对，它是一个相对的、理想化的、动态的判断尺度，通常以个人的主观感受、社会的适应情况、统计学的“正常值”以及医学的检查鉴别等各方面作为判断依据。对心理健康状况的划分，一般用“常态”与“变态”，或者“正常”与“异常”来表示。然而，由于心理健康与否的界限并不绝对，“常态”与“变态”，或者“正常”与“异常”之间也没有绝对的分界线，而是一个连续体的两端。因此，在这条“线段”上，又通常把心理健康水平大致分为四个等级：健康心理、亚健康心理、心理问题及心理疾病。

美国心理学家马斯洛和米特尔曼（Mittelman）（1951）在合著的《变态心理学》中提出了被公认为“最经典的”心理健康的十条标准：①充分的自我安全感；②充分了解自己，并能恰当评价自己的能力；③生活理想切合实际；④不脱离周围现实环境；⑤能保持人格的完整与和谐；⑥善于从经验中学习；

⑦能保持良好的人际关系；⑧能适度地宣泄情绪和控制情绪；⑨在符合团体要求的前提下，能有限度地发挥个性；⑩在不违背社会规范的前提下，能适当地满足个人的基本要求。我国学者许又新（1988）提出心理健康可以用体验标准、操作标准和发展标准联系起来综合衡量（郭念锋，2005）。石国兴教授（2003）在总结比较了各种心理健康标准学说的基础上，提出了心理健康的双维结构标准：一是横维标准，即从心理所包括的不同方面（知、情、意、人格）及内外适应（人际关系和行为协调）的角度来考察；二是纵维标准，即从心理发展的层次或不同水平的角度来考察。

二、高职生心理健康综述

（一）高职生心理发展的一般特点

从心理发展的整体角度来看，高职生正处于个体心理逐步走向成熟而又未真正成熟的阶段。

1. 思维更具逻辑性和理性，但易带主观片面性

高职生的逻辑思维和理性思维逐渐取代经验思维，占据思维活动的主导地位，思维的独立性、判断性、创造性、灵活性以及思维的深度和广度均有了长足发展，能系统地运用积累的知识和经验独立思考，不盲目随从。但因其逻辑思维尚未达到成熟水平，思维品质的发展尚未平衡，在认知复杂问题和事物时，仍欠缺理性、客观性，易出现冲动、片面、主观、想当然甚至盲目、固执、偏激等不良倾向。

2. 情感丰富而深刻，但情绪不稳定、易波动

随着社会交往的增多，高职生对各种需要的渴望愈加复杂而强烈，使得其情绪与情感体验日臻丰富而深刻。渴望友谊和被理解与接纳，在交往过程中表现出独立自主、个性鲜明、自尊自信的特点。但由于高职生的生理发展与心理及社会性发展存在不平衡，内在需要与外界环境的矛盾，导致情绪的两极性表现比较突出，可能在短时间内出现情绪的极端动荡。

3. 自我意识增强，但自我定位尚欠准确

高职生脱离父母开始独立生活，成人感骤然增强，自我认同感较务实、准确。但因自身社会知识、经验和能力的局限，在自我意识形成与发展过程中往往会面临各种矛盾和问题，容易产生现实自我与理想自我的巨大反差，导致部

分高职生迷失自我，产生过强自尊心或过度自卑感。这恰恰正是高职生生理条件成熟、成人感骤强，但尚未真正走向完全成熟的心理表现。

4.意志力增强，但不平衡、不稳定

高职生的世界观、人生观、价值观逐步形成并巩固，克服困难的积极性、主动性，控制和调节行为的能力，做事的韧性和坚持性均显著增强，但果断性和自制性品质尚显不足，在处理重大问题或解决关键事情时容易出现优柔寡断、摇摆不定、盲目从众、凭空武断及草率莽撞等情况。而且，意志水平易受情绪支配，即使面对同一种情况，心境好坏也会致使其意志水平表现出较大差异。

（二）高职生心理健康及其标准

魏艳哲（2008）认为高职生心理健康是指：具有正常的智力、积极的情绪、和谐的人际关系、适度的情感、良好的人格品质、坚强的意志以及成熟的心理行为等。周春燕（2007）认为高职生心理健康应具有：身体健康、智力正常，人格完整、意识良好，乐于交流、善于结友，情绪稳定、乐观开朗，有所追求、积极进取等特点。根据本研究的测量要求，笔者认为高职生心理健康是指：躯体状况良好，无主观不适感；情绪稳定，无抑郁、焦虑等不良情绪；无强迫、恐怖、偏执、敌对甚至轻生等思维和行为；无被洞悉感等精神样症状；无咨询和诊治需求等。

根据以上定义并结合高职生的社会角色要求及心理发展特点，笔者将高职生的心理健康标准概括为如下六条。

1.智力正常，有较强的求知欲

智力正常是高职生学习和生活的基本心理保证。充分发挥高职生智力效能的标准是：珍惜学习机会，有强烈的学习动机和浓厚的求知欲望，学习成绩稳定，能保持一定的学习效率，并能在学习中体验快乐与满足。

2.情绪稳定，积极乐观

情绪是心理问题的核心因素，长时间、经常性的情绪异常往往是各种心理疾病的先兆。高职生情绪健康主要表现在：情绪稳定，乐观而充满希望，热情而富有朝气；善于协调与管理情绪，既能合理控制又能适度宣泄；情感反应与环境相适应，强度与情境相符合。

3. 人格统一，悦纳自我

所谓人格完整统一，即个人的所思、所想、所言、所为能保持协调一致。人格健全的高职生往往有一定的“自知之明”，能正确、客观地认识自我、悦纳自我，能真实感知自己的需要和兴趣，设置的目标切合实际；有积极进取的人生观，并能以此为中心把自己的需要、动机、理想和行为统一起来。

4. 意志健全，平衡而稳定

高职生意志力成熟主要表现为：有明确、合理的学习和生活目标，并在实现目标的过程中，能抵御各种主客观方面的诱惑和干扰，保持高度自律和自觉；能养成和保持较好的生活及学习习惯；善于促进自己积极执行决定，并在解决问题时不盲目、不轻率、不犹豫、不畏惧、不气馁等。

5. 人际关系和谐，社会适应良好

和谐的人际关系、良好的适应能力是高职生心理健康的重要途径和条件，具体表现在：乐于交往，交往中积极正面的态度多于消极反面的态度；能保持独立完整的人格，不卑不亢；能客观评价交往对象，汲其所长，悦纳其不足；能较快适应集体，与集体成员和谐相处；能与社会环境保持良好接触，维持自我与环境的良好秩序等。

6. 心理行为符合年龄特征与角色

正处于“朝阳”期的高职生应朝气蓬勃、精力旺盛、思维敏捷，喜欢追求新知和创新，举止富有一定涵养等。凡是严重偏离常规意义上青年及新时代年轻高级技能人员特征的心理和行为，如过于老成、过于幼稚或过于依赖、过于轻狂等均视为心理异常。

然而，正如之前所述，高职生心理健康与否并无明确界限，而是一个连续化的过程，即心理健康状态并非固定不变的，“心理健康”与“心理不健康”之间没有不可逾越的鸿沟，两者在一定条件下会相互转化。而心理健康的标准也是一个相对理想的尺度，高职生不能以追求完美的心态，时时以此标准来“照镜子”，应一切尽在日常中，能够正常、有效地学习和生活，便是健康。

第二节 心理与心理学

一、心理概述

心理现象人皆有之，它是宇宙中最复杂的现象之一，一直为人们所关注。心理是大脑对客观现实的主观反应，意识是心理发展的最高层次。心理现象又可分为两大类，即心理过程和人格。认知、情绪情感和意志是以过程的形式存在的，它们都要经历发生、发展和消失的不同阶段，因此，属于心理过程。人格也称个性，是指一个人区别于他人的，在不同环境中一贯表现出来的，相对稳定的影响人的外显和内隐行为模式的心理特征的总和，包括需要、动机、能力、气质、性格等。在一定意义上，人格不是独立存在的，而是通过心理过程表现出来的。

心理是人类在情感世界里流动的过程和结果。具体指生物对客观物质世界的主观反映，心理的表现形式叫作心理现象。如果是心理比较脆弱敏感、情绪化的人，会更容易体会到他人的情感体验、情绪变化，从而也会更善良，更会去帮助那些需要我们帮助的人。

心理学（普通心理学）主要研究个体人的心理活动的一般规律，包括人的心理过程和心理特性，每个人的心理活动都有一个发生、发展、消失的过程。

人在活动的时候，通过各种感官来认识外部世界事物，通过头脑的活动思考事物的因果关系，并伴随着喜、怒、哀、乐等情感体验。这一切都折射着一系列心理现象的整个过程，即心理过程。其性质可分为三个方面，认知过程、情感过程和意志过程，即知、情、意。在此不再赘述。

二、心理学概述

（一）心理学的含义

心理学一词来源于希腊文，意思是关于灵魂的科学，灵魂在希腊文中也有气体或呼吸的意思，因为古代人们认为生命依赖于呼吸，呼吸停止，生命就完结了。心理学符号“Ψ”在希腊语里是灵魂的意思，后来变成英文“psyche”。随着科学的发展，心理学的对象由灵魂改为心灵，是一门以心理现象及其规律为研究对象的学科。

心理学是一门研究人类心理现象及其影响下的精神功能和行为活动的科学，兼顾突出的理论性和应用（实践）性。

心理学包括基础心理学与应用心理学，其研究涉及知觉、认知、情绪、思维、人格、行为习惯、人际关系、社会关系、人工智能、智商、性格等许多领域，也与日常生活的许多领域——家庭、教育、健康、社会等相关联。心理学一方面尝试用大脑运作来解释个体基本的行为与心理机能，另一方面心理学也尝试解释个体心理机能在社会行为与社会动力中的角色。

另外，它还与神经学、医学、哲学、生物学、宗教学等学科有关，因为这些学科所探讨的生理或心理作用会影响个体的心智。实际上，很多人文和自然学科都与心理学有关，人类心理活动其本身就与人类生存环境密不可分。

心理学家从事基础研究的目的是描述、解释、预测和影响人类行为。应用心理学家还有第五个目的——提高人类生活的质量。这些目标构成了心理学研究的基础。

（二）心理学的研究对象

心理学是研究人的心理现象的科学（见图 2-1）。既研究个体心理，也研究团体和社会心理；既研究心理过程，也研究个性心理；既研究意识，也研究无意识。心理现象主要可以分为认知、动机和情绪、能力和人格三个方面。

心理学主要研究人的心理而不是动物心理，主要研究心理的形式而不是心理的内容，不同的心理现象之间是相互联系、相互影响、相互依存的。

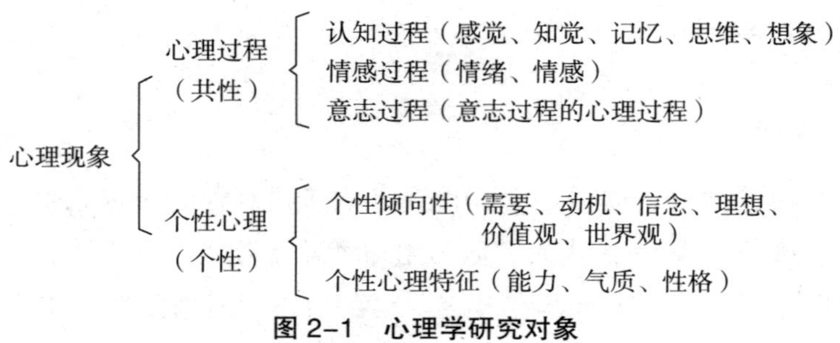

图 2-1　心理学研究对象

（三）心理学学科发展与中国心理学发展现状

关于人类心理的论述和研究，可以追溯到古希腊的哲学著作，其中有的论述已颇具体系，但是无论他们论述得如何精细、如何严密，所采用的方法都是内省思辨的方法。

在远古时期，由于科学知识水平的局限，人们还不能够理解身体的结构与机能，对感觉、记忆、思维、睡眠、梦等一系列心理现象缺乏正确的认识，错误地把它们归结为某种特殊的神奇力量，即灵魂的作用。

后来，随着生产力水平的提高和科学的进步，人们对心理现象的理解才越来越深刻和正确。历史上出现过许多心理学思想家，如德谟克利特、柏拉图、亚里士多德、孔子、孟子、荀子等。亚里士多德的《论灵魂》是历史上第一部论述各种心理现象的著作。

赫尔巴特是宣称心理学是一门独立科学的第一人，他写出了心理学著作《心理学教科书》，但是，他没有使用实验法作为研究心理学的方法，他本人也认为不需要实验法。后来，韦伯、费希纳等人运用实验法，进行了一些研究生理心理的实验。费希纳虽然提出了心理物理学，但是却无意去建立一门新型的心理学，因此，他们都未能使心理学科学化。

美国心理学史家墨菲："在冯特出版《生理心理学》和建立他的实验室之前，心理学就像个流浪儿，一会儿敲敲生理学的门，一会儿敲敲伦理学的门，一会儿敲敲认识论的门。直到 1879 年，它才确立自已为一门实验科学，有了一个栖息地和一个名称。"心理学成为独立学科的标志：1879 年德国莱比锡大学的冯特创建了世界上第一个心理学实验室，标志着心理学成为一门科学。自此，心理学开始了其科学化的进程。

现代心理学发展速度更快，出现了更多交叉学科，尤其以两条主线最为突出：一是神经科学的发展；二是文化心理学的发展，心理学学科方向出现更细化的分支。先进的研究方法（从脑成像到统计学）越来越得到心理学家的青睐，跨文化的联合研究成为心理学的一道风景。

三、心理学研究方法

（一）观察法

观察法是指在自然的条件下，通过对人的外部表现进行有目的、有计划的系统观察而收集研究资料的方法。观察法的有效运用，依赖于四个条件：①观察的目的要明确，计划要周密，尤其是要分清重点、难点；②记录要细致，最好借助录像、录音设备；③分析要客观，要防止主观臆测；④观察需在多种条件下进行，以便搞清楚某些现象是偶然的，还是规律性的。

观察法的不足是：在自然条件下，对某种现象难以进行重复观察，观察的结果也难以得到检验和证实；在自然条件下，影响某种心理活动的因素是多方面的，用观察法得到的结果往往难以进行精确的分析；由于对研究条件未加控制，观察时可能出现不需要研究的现象，而要研究的现象却没有出现；观察的结果容易受观察者的经验和愿望等主观因素的影响；观察结果的质量在很大程度上依赖于观察者的能力。

（二）调查法

调查法指就某个问题或某些问题要求许多被调查者回答，以对某一心理现象进行研究的方法。它包括书面调查法和口头调查法两种。书面调查法就是问卷法，即研究者事先设计出问卷让被调查者自行填写以搜集资料的一种方法。口头调查法，即访谈法，是研究者以根据事先拟定好的问题（访谈提纲）向被调查者提问的方式进行调查。

（三）测验法

测验法是指用经过标准化程序编制的心理量表测量某些心理品质的方法。心理测验按内容可分为智力测验、成就测验、创造力测验和人格测验等；按对象范围可分为个别测验和团体测验；按形式可分为文字测验和非文字测验等。心理测验的基本要求是测验的信度、效度和标准化。

（四）实验法

实验法是指在严格控制的条件下对某些心理现象进行研究的方法。它又分为实验室实验法和自然实验法。实验室实验法是在实验室内借助专门的实验设备进行的。自然实验法也叫现场实验，是在日常生活中进行的实验，虽然也对实验条件进行了适当控制，但是在人们正常学习和工作的情境中进行的。

（五）个案法

个案研究法指对某一（或某些）个体在较长的时间里连续进行了解，以研究其心理发展变化的方法。

四、当代心理学流派简介

（一）构造主义心理学

构造派认为，人的心理意识现象是简单的“心理元素”构成的“心理复合体”。它致力于心理意识现象“构造”的研究，分析心理意识现象的“元素”，设想心理元素结合的方式，因此，该学派又称“元素主义心理学”。

构造主义主要代表人物是冯特和其学生铁钦纳。冯特及其心理学体系的主要观点：①心理学是研究直接经验的科学；②元素分析与创造性综合；③实验内省法。铁钦纳一方面继承了冯特的心理学体系，另一方面在一定程度上修正和发展了冯特的心理学体系。冯特认为内省法只能用来研究简单的心理过程，而铁钦纳则把内省法用来研究思维、想象等高级的心理过程；冯特把心理元素分解为纯粹的感觉和简单的情感，铁钦纳则把意识经验分为三种元素：感觉、意象和感情。感觉是知觉的基本元素，意象是观念的元素，感情是情绪的元素。总之，铁钦纳把心理过程分析为感觉、意象、感情，并认为感觉、意象有四种属性，即性质、强度、持续性和清晰性。感情有前三种属性而缺乏清晰性，三种元素在时间和空间上混合形成知觉、观念、感觉、感情、情绪等心理过程。

由于构造主义心理学只重视对心理结构的研究，严重脱离实际，受到了不少心理学家的批评，被称作“砖瓦和泥浆的心理学”。机能主义、行为主义和格式塔主义心理学均表现出了对构造主义的不满和反对。

（二）行为主义心理学

现代心理学的第二个派别是行为主义心理学。行为主义出现在美国，20世纪初，自然科学飞速发展，一些年轻的心理学家对冯特学派不满意，认为心理学不能研究意识，心理学和其他自然科学处于同样的地位，应该像其他自然科学一样研究看得见、摸得着的客观东西，也就是行为。

行为派认为，人的心理意识、精神活动是不可捉摸的，是不可接近的，心理学应该研究人的行为。行为是有机体适应环境变化的身体反应的组合，这些反应不外乎肌肉的收缩和腺体的分泌。心理学研究行为在于查明刺激与反应的关系，以便根据刺激推知反应，根据反应推知刺激，达到预测和控制人的行为的目的。

该学派的主要代表人物是华生和斯金纳。华生认为，心理学是一门自然科学，研究人的活动和行为，要求心理学必须放弃与意识的一切关系。他提出两点要求：一是心理学与其他自然科学的差异只是一些分工上的差异；二是必须放弃心理学中那些不能被科学普遍术语加以说明的概念，如意识、心理状态、心理、意志、意象等，极力要求用行为主义的客观法去反对和代替内省法。他认为客观方法有四种：①不借助仪器的自然观察法和借助于仪器的实验观察法；②口头报告法；③条件反射法；④测验法。斯金纳则属于新行为主义心理学，他只研究可观察的行为，试图在刺激与反应之间建立函数关系，认为刺激与反应之间的事件不是客观的东西，应予以排斥。斯金纳认为，可以在不放弃行为主义立场的前提下说明意识问题。

行为主义强调应用客观的方法，研究可观察到的行为，对心理学走上客观研究的道路无疑起到了积极的作用。但由于它过于极端，否认心理学是研究心理现象的科学，结果成了不谈心理、没有心理内容的心理学。

（三）机能主义心理学

机能主义心理学是与构造主义心理学相对立的一个学派，它与实用主义哲学紧密联系在一起，产生于19世纪末的美国。

机能派认为，意识是机体适应环境达到生存目的的工具，心理学的任务是对意识状态“适应功能”的描述和解释。它认为，意识状态是一个连续不断的整体，称为“思想流、意识流或主观生活流”；人和动物的心理活动都是“本能”冲动的作用。

该学派的主要代表人物是詹姆斯、杜威和安吉尔。詹姆斯的主要观点：心理学研究的对象是意识，心理学是对意识状态的描述和解释．意识状态是一种川流不息的状态，是思想流、意识流和主观生活流，反对把意识分解为基本元素的做法，认为这种做法容易破坏心理的整体性。詹姆斯关于意识的观点有：每一种意识都是个人意识的一部分；意识是经常变化的；每个人的意识都可以感到是连续不断的，每个人的意识状态都是意识流的一部分。安吉尔的主要观点：心理学的方法是内省法（主观观察）和客观观察法，尤其看重内省法，认为它是心理学的基本方法；积极主张心理研究的领域应包括一切心理过程及其生理基础和外部行为，看重心理学的应用性研究，如教育心理学、工业心理学和医疗心理学等。机能主义心理学推动了美国心理学面向实际的发展。

（四）格式塔心理学

格式塔心理学是20世纪初在德国出现的反对冯特构造主义的一个学派。它诞生于1912年，“格式塔”是德文“gestalt”一词的音译，意思为“形式”“形状”，在心理学中用这个词表示任何一种被分离的整体。“格式塔”也被译为完形心理学。

格式塔派认为，人的心理意识活动都是先验的“完形”，即“具有内在规律的完整的历程”，是先于人的经验而存在的，是人的经验的先决条件。人所知觉的外界事物和运动都是完形的作用。人和动物的智慧行为是一种新完形的突然出现，叫作“顿悟”。

该学派的主要代表人物是韦特海默、柯勒和考夫卡。韦特海默的主要观点：似动现象的视知觉问题实验研究。他认为似动现象就是一个格式塔，在心理现象中整体不等于部分之和，整体的性质不存在于它的部分之中，而存在于整体之中。考夫卡的主要观点：心理学的任务是研究行为与心理物理场的因果关系，所谓心理物理场含有自我和环境的两极性，而这两极性的每一部分都有自己的结构。他把环境分为地理环境，即外部实际的环境；行为的环境，即个人心目中的环境。行为产生于行为的环境。

（五）精神分析心理学

精神分析心理学的理论主要来源于治疗精神病的临床经验。如果说构造主义、机能主义和格式塔心理学重视意识经验的研究，行为主义重视正常行为的分析，那么，精神分析学派则重视异常行为的分析，并且强调心理学应该研究无意识现象。

关于精神分析，按照弗洛伊德自己的说法，精神分析是他“研究和治疗”癔症（神经症）的方法。弗洛伊德心理学包含两个不可分割的内容：第一部分是精神病的治疗方法及其理论；第二部分是关于人的心理过程的理解。弗洛伊德认为，人的心理领域是一个深不可测的巨大的世界，它最深层有着神奇的不能被人意识到的东西，这是一个充满魅力的领域。

该学派的主要代表人物是弗洛伊德、阿德勒和荣格。弗洛伊德的主要观点:

（1）无意识学说。弗洛伊德把自己的心理学称为深层心理学。他构筑的心理过程包括三个层次，第一层次是潜意识系统，它是人的动力冲动、本能等一切冲突的根源，是人的生物本能、欲望的储藏库，不受客观现实的调节，构成人们心理的深层基础；第二层次是前意识系统（下意识），是意识系统和潜意识系统之间的边缘部分，它在人的心理活动中发挥着“检查者”的作用，其目的是保证既适合本能，又要服从现实的原则；第三层次是意识系统，是人的心理最外层部分，是人的心理因素构成的“家庭”中的“家长”，它统治着整个精神家庭，使之协调。

（2）释梦理论。弗洛伊德按照精神分析的观点把梦的内容所表示的意义分为两个层次，第一层次是表层意义，是梦的“显意”，指梦者可以回忆起来的梦的情境及其意义；第二层次是深层意义，是梦的“隐义”，指梦者通过联想可以知道隐藏在显意背后的意义。

（六）人本主义心理学

人本主义心理学于20世纪50—60年代在美国兴起，70—80年代迅速发展。它既反对行为主义把人等同于动物，只研究人的行为，不理解人的内在本性，又批评弗洛伊德只研究神经症和精神病人，不考察正常人的心理，因而被称为心理学的“第三种运动”。

人本学派强调人的尊严、价值、创造力和自我实现，把人的本性的自我实现归结为潜能的发挥，而潜能是一种类似本能的性质。人本主义最大的贡献是看到了人的心理与人的本质的一致性，主张心理学必须从人的本性出发研究人的心理。

该学派的主要代表人物是马斯洛和罗杰斯（Rogers）。马斯洛的主要观点：对人类的基本需要进行了研究和分类，将之与动物的本能加以区别，提出人的需要是分层次发展的。他按照追求目标和满足对象的不同，把人的各种需要从低到高安排在一个层次序列的系统中，最低级的需要是生理的需要，这是人所感到要优先满足的需要；最高级的需要是自我实现的需要，它是最大限度地发挥一个人的潜在能力并有所成就。罗杰斯的主要观点：在心理治疗实践和心理学理论研究中发展出人格的“自我理论”，并倡导“来访者中心疗法”的心理治疗方法。人类有一种天生的“自我实现”的动机，即一个人发展、扩充和成熟的驱力，它是一个人最大限度地实现自身各种潜能的趋向。

（七）认知心理学

1967 年，美国心理学家奈瑟尔（Neisser）发表了《认知心理学》一书，标志着现代认知心理学的诞生。认知心理学把人比作计算机，看作信息加工者，一种具有丰富的内在资源，并能利用这些资源与环境发生相互作用的、积极的有机体。现代认知心理学还发展了一些特有的研究方法，如计算机模拟法、发声思维法等。

可以说，现代认知心理学为心理学提供了一种新的研究范式，它的影响遍布现代心理学的各个领域，代表了现代心理学的发展趋势。

第三节　影响高职生心理健康的因素

世界卫生组织把心理健康定义为是一种持续、高效而满意的心理状态，在这种状态下，生命具有活力，潜能得到开发，价值得以实现。影响高职生心理健康的因素主要是环境适应不良，既有生理因素，也有心理因素和社会环境因素，是诸多因素共同作用于个体的结果。

一、社会环境因素

当今社会，人们的生活方式、价值观念和行为模式都在发生着巨大的变化。高职生富有活力，正处于人生观、价值观的形成时期，心理发展还不成熟，社会变化会给他们的心灵带来强烈冲击，使他们感到茫然、紧张，无所适从。长期的心理失调必然带来心理冲突，出现种种社会适应不良的反应。他们的心理承受着各种压力：社会责任、家庭生活、学习成绩、人际关系、个人情感、就业竞争等，这些压力过于沉重易引发心理障碍。

二、学校文化环境因素

校园的物质环境、学习环境及文化氛围对高职生的心理健康产生着直接的影响，是促使其心理成熟的重要因素，对心理发展起着重要作用。

（一）教育体制

在我国高等教育体制中，我国基础教育体制虽大力提倡素质教育，但还是长期偏重智力因素的培养，忽视非智力因素的培养，使高职生心理不能全面健康发展，出现心理失衡。

（二）业余文化生活

高职生思维活跃、精力充沛、情感丰富，入学前往往会把高职生活想象得浪漫美好，但当现实中的单调业余文化生活与理想形成强烈反差时，容易导致其对生活产生枯燥乏味感，甚至产生厌烦、空虚、压抑、失望和苦闷等心理症状，影响高职生的心理健康。

（三）校风、班风与学风

优良的学风，不但能有力地促进和保证学习任务的完成，而且有利于丰富、充实高职生的精神世界，有利于塑造其美好的心灵，有利于推动高职生的人格向着更加高尚和完美的方向发展。良好的校风、班风与学风对高职生的生活与学习会产生积极影响；相反，如果校风不佳，班风涣散，学风不正，将对其心理发展产生消极影响。

三、家庭环境因素

家庭环境对人的个性会产生很大影响，特别是早年形成的人格结构对以后的心理发展影响尤为深远。

（一）家庭结构

家庭结构不全，如单亲家庭、父母离异往往会影响孩子心理的正常发育，使孩子产生冷漠、孤僻、懦弱、早熟、自卑以及仇视心理。

（二）家庭人际关系

家庭人际关系不和，如父母关系紧张，经常吵架，会使孩子形成胆小、敏感和忧郁的个性。

（三）父母教育方式和人格特征

放任型的教育方式会导致孩子形成任性、散漫、无纪律和顽皮等个性；专制式教育往往会导致孩子产生冷漠、盲从、懦弱、胆怯、不灵活和缺乏自尊自信的心理倾向；溺爱式教育则易导致孩子自私、依赖、任性、骄横和情绪不稳定等心理问题；民主式教育一般会使孩子形成热情、诚实、自信、大方和宽容的良好个性。如果父母教育方式出现分歧和互相拆台，子女就容易养成圆滑、讨好、投机和说谎的不良习惯。

四、个体心理因素

（一）自我同一性差

高职生的自我意识往往在理想自我和现实自我的矛盾中难以达成统一。他们在确立“自我同一性”的过程中，往往会经历困惑和迷惘，在情感起伏中，容易诱发心理障碍。

（二）个性缺陷

有些高职生存在不良性格，如自卑、怯懦、孤僻、冷漠、固执、急躁、鲁莽、虚荣、任性、忧郁、自私等，有的甚至存在人格障碍，如偏执型人格、强迫型人格等，这些个性缺陷都有碍其心理健康。

（三）情绪冲突

高职生正处于情绪发展最丰富、最敏感、最动荡的时期，情绪表现出两极性、矛盾性的特点。他们在遭受挫折时，往往会产生种种不良的情绪反应，情绪容易冲动失控，从而导致不良后果。

（四）心理冲突

高职阶段是一个充满矛盾与危机的时期，学生正处于迅速走向成熟而又未真正成熟的阶段，容易产生理想与现实的矛盾、情感与理智的矛盾、依赖性与独立性的矛盾、心理困惑与寻求理解的矛盾、性意识觉醒与性压抑的矛盾，等等。这些心理矛盾如果解决得好，就会转变为心理发展的动力；如果解决得不好，长期处于矛盾冲突中，就会破坏其心理平衡从而影响其心理健康。

（五）性的困惑

处于青春期的高职生，性生理已经发育成熟，性意识开始觉醒，在心理上已经有了性的欲望与冲动，但由于社会道德、法律、学校制度和理智的约束，性的生物性与社会性有时会发生冲突，由此引发一些心理问题。

（六）人生观不明确

在东西方文化碰撞、多种价值观冲突的时代，高职生面对不同于以往的文化背景和多种价值选择时常常感到茫然，导致人生观的动荡不定或出现偏差。例如，在个人利益与个人主义、个性发展与个性放纵、自我意识与自我中心、现实主义与实用主义等问题上认识模糊；求新求异的心理使某些高职生盲目追求西方现代文化，当这些追求与现实发生冲突时，往往造成其在人生道路选择上处于两难或多难境地。

第三章　团体辅导概述

第一节　团体辅导的相关概念与作用

20 世纪 90 年代初，团体辅导传入我国，经过实践尤其是在高职教育中的实践运用，发现其在提高个人心理素质、增强个人自信、发掘个人潜能、提高人际关系处理能力等方面作用显著，遂逐步被推广应用。

一、团体辅导的概念、对象及特征

团体，是指为了满足特定的目的而聚集在一起的两个或两个以上的个体，其彼此之间具有相互依赖的互动关系。团体辅导，则是指在团体情境下进行的一种心理辅导形式，是通过团体内的人际交互作用，促使个体在交往中观察、学习、体验，认识自我、探索自我、接纳自我，调整改善与他人的关系，学习新的态度与行为方式，以发展良好适应的助人过程。团体心理健康辅导的对象并不都是有心理疾病的人群，更多的是正常的人群，不过在某些方面需要一定的完善，如有自卑心理、内向怯懦、缺乏交际能力的人群。他们可以在团体辅导中交流体验，发掘自身潜能，克服自身的不足，最终达到完善自身的目的。实践证实，针对这些人群，团体辅导明显比其他的辅导方法效果显著。

团体辅导以其自身独有的特征，有别于其他一般的心理健康疗法。

（1）团体性：团体辅导把所有的成员聚集在一起，形成一个微型的小社会，消除每个成员内心的不安全感，为他们营造出和谐、温暖的氛围。

（2）人际交互性：在这个小团体中，通过参加一定的活动，个体与个体之间避免不了有所交流，在这些交流中可以锻炼成员的交际能力。

（3）个体性：团体中的每个成员都在现实生活中受到过一定的挫折，因而，团体成员相互之间才会互相体谅与尊重，才可以建立起良好的交互关系，使相互之间降低社会屏障，表现真实的自我，发掘自身的潜能。

这三个特征相辅相成，既有利于每个成员学会如何融入人群，又能使每个成员发现自己的潜能，帮助他们在团体中找到自身存在的价值。

团体辅导是在团体情境下进行的一种心理辅导形式。通过团体内人际交互作用，成员在共同的活动中彼此进行交往、相互作用，能通过一系列心理互动的过程，探索自我，尝试改变自己的行为，学习新的行为方式，改善人际关系，解决生活中的问题。因此，许多人在参与团体辅导过程中能够得到成长、改善适应和加快发展。

二、团体辅导的作用

随着生活节奏越来越快，人们所承受的心理压力也越来越大，各行各业的人、各年龄阶段的人都有不同程度的心理压力。心理困扰是现代社会一个很突出且普遍存在的问题，包括学生的学业发展、异常行为、情绪障碍、人际关系、竞争问题。由于现代人有很多心理困扰与行为问题，因此，社会对心理辅导的需求日益增多，学校中的情况也是如此。但目前我国心理辅导领域中的专业人员非常有限，人手不足。于是就产生了社会需要广泛和心理服务提供不足的矛盾。在这种情况下，开展团体辅导非常必要且紧迫。团体辅导可以在有限的时间为更多的人服务，更好地满足人们对心理辅导的需要，也可以弥补个别辅导的一些不足。

由于团体辅导的独特之处和突出的效果，在国外及我国的香港、台湾地区已得到广泛的发展，应用于教育、企业管理、医疗、公共服务、司法等各个领域。自 1989 年传入我国内地以来，团体咨询越来越受广大心理研究者和工作者的欢迎，逐渐成为心理健康教育、心理咨询工作、管理培训的一种新的发展趋势。团体辅导在许多领域的良好效果得到了肯定，其功效主要概括为以下四点：

1. 能够提高人际交往能力和改善人际关系

团体辅导利用团体的力量——这个“神奇的圆圈”即成员间的相互作用，

通过活动后团体成员的分享和交流来加强对自我、他人的认知和对社会的适应，减轻人际敏感。在团体活动中，成员可以学习新的人际交往方式，改变适应不良的行为，学会建立良好的人际关系并维系这种关系，从而达到提高人际交往能力的目的。

杨宏飞、唐永卿和郭洪芹（2002）对用团体辅导提高高职生人际交往能力的效果进行了研究；王瑶（2004）的研究结果显示，症状自评量表、人际关系诊断量表的前后测试比较表明，多项指标有显著性差异。这表明团体辅导对提高高职生人际交往水平是有成效的。

2. 能够形成积极的自我

团体辅导将具有不同背景、人格和经验的人组合在一起，每个参与者都将有不同角度的分析、观察他人的观念及情感反应的机会；参加者可以更清楚地认识自己和他人，从而建立新的自我认同模式和对他人的接纳态度。这可以使学生在团体中比较分析、自我领悟、自我成长，形成积极的自我概念，促进自我反思。

3. 有助于增强自信心

孙时进等认为，成员进入团体后会发觉其他人也具有相同的困扰，自己的问题并不独特，这种观念的改变本身就具有治疗作用。在团体中，成员不仅会得到多方面的帮助和感情上的支持，同时也会尝试去帮助他人。这种助人的体验会使他对自己有一个新的评价，认识到自己的价值，从而增加自信心。另外，通过“优点轰炸”“水晶球”“学会说不”等活动，促使成员能积极地看待自我，改变成员对自我的否定评价。

李向阳、诺敏等的研究也表明，经过团体辅导，团体成员的个人评价得分有显著的提高，尤其在交谈、影响自信的心境以及对爱情关系的自信这几个纬度上对个人评价水平的提高有显著的作用。

4. 能够让学生改善情绪和获得情感体验

团体辅导将具有类似共同特征和需要的人组织在一起，团体活动的特点和氛围使参加者容易找到共性，体验被人接纳的感觉；团体凝聚力、团体对成员的支持，使成员感到踏实、温暖，有归属感，从而在团体中获得情感支持力量，减少抑郁、焦虑等消极的情绪体验。

第二节　团体辅导的主要理论

团体辅导又称小组咨询、群体咨询、集体咨询、团体咨询，20 世纪 50 年代在欧美兴起。20 世纪 90 年代初，清华大学的樊富珉教授将团体辅导引入我国，并于 1996 年出版第一本团体辅导的著作《团体咨询的理论与实践》。团体辅导有专业的理论体系，包括以奥地利心理学家弗洛伊德（Freud）为代表的精神分析理论、以美国人本主义心理学家罗杰斯为代表的人本主义理论、以美国心理治疗家阿尔伯特·艾利斯（Albert Ellis）为代表的理性情绪理论、库尔特·勒温（Kurt Lewin）为代表的群体动力学理论、以梅奥（Mayo）为代表的人际关系理论、以埃里克森（Erikson）为代表的发展心理学理论以及米勒（Miller）和多拉德（Dollard）的社会学习理论等。目前，我国关于团体辅导的取向主要包括积极心理取向、焦点解决取向、生涯规划取向、认知行为取向、理性情绪疗法取向、叙事取向、音乐疗法及舞动治疗等。

学习团体辅导理论的意义在于：①用以指导与开展团体辅导工作；②更好地理解团体及其工作过程，以及更有效地理解成员在团体中的心理与行为；③提供团体辅导的基本技术。

一、团体动力学理论

20 世纪 30 年代，美国著名心理学家库尔特·勒温发表《社会空间实验》一文，文中首次提出“团体动力学”“心理动力场”等概念，为团体动力学、动力场理论的研究奠定了基础。勒温认为：“任何一种行为，都产生于各种相互依存事实的整体，而这些相互依存的事实具有一种动力场的特征。”团体动力学从整体的视角出发，研究分析团体与个体的行为，发现团体中的个体以及团体本身的行为规律，其核心观点可用一个公式表达：B=f（P，E）=f（LS）。“B”是英文“behavior”的缩写，表示行为；“P”是英文“person”的缩写，表示团体中的人，即行为主体；“E”是英文“environment”的缩写，表示环境；“LS”是英文“life space”的缩写，表示生活空间；“f”是英文“function”的缩写，表示个体与环境的函数。团体是具有动力的整体，团体中每个成员的心理和行为会随团体中的动力场的变化产生变化，通过团体凝聚力、团体目标和团体氛围的相互作用最终推动个体的改变。由此，勒温得出结论，认为先改变团体从而影响个体，比直接改变个体的效果更好。20世纪80年代，费斯汀格、阿隆森、巴克等团体动力学家发表名为《社会心理学的回顾》的著作，进一步推动了团体动力理论的发展。

团体动力学包括团体凝聚力、团体成员间的相互影响力、领导方式与团体生产力、团体目标与团体成员动机以及团体的结构性五个方面的内容。团体间通过互助合作形成凝聚力，通过互相模仿交流产生交互影响力，通过领导者的引导和团队的共同目标促进团队作用的发挥，通过团体成员关系的完善使团体形成结构性和稳定性。有学者认为，基于团体动力理论组织团体活动，有助于团体获得一致的力量，使个体在更安全、更被接纳的环境中得到倾听和帮助，得到团体资源和其他成员的支持，对个体情绪和行为的调整与改善更加有效。团体动力学理论的实践应用比较广泛，对于团体辅导实践具有指导意义。

二、罗杰斯的人本主义理论

职业道德教育要以学生为主体，其教学目的、教学内容以及教学形式，都需要贯彻以人为本的理念。罗杰斯的人本主义教育观包括：培养自我实现的完整的人的目的观、有意义学习的学习观和以学生为中心的非指导性教学观。受存在主义哲学的“以人为中心，尊重人的个性和自由”思想的影响，罗杰斯的人本主义思想主张“人性本善”和“善而能动”，因此，他强调教育应当顺应这种天性，为实现“完整的人”与“自我实现的人”而服务。而要达到“自我实现”这一目的，首先必须唤醒学生的“自我意识”，发展和完善隐藏在内心深处的“自我”。由于“自我意识”是个体道德水平发展的决定因素，因此，道德教育的目的乃至整个教育的目的就是促进个体“自我意识”的形成，这一理念与马斯洛所提出的自我实现理论是一致的。

人本主义的师生观与传统学校教育中的师生观有所不同。罗杰斯强调的“营造良好的气氛”包含三个要素：首先是真诚，即教师和学生之间以诚相待。其次是尊重和认可，即教师对学生给予充分的信任，尊重学生独立思考的权利，而不仅仅是赞同和同意。学生缺乏教师的认可，会使道德教育处于不安全的氛围之中，学生怕挨批评、被看低，因此，避免向教师表达自己的真实情感，从而影响师生间的有效交流。最后是移情性理解，即教师站在学生的角度理解其思想、情感以及世界观，尊重学生间的差异，避免用“权威性语言”对学生思想情感和道德品行作“判断性”的评价。在这一过程中，教师是扮演“催化剂”和“助推器”的“促进者”，通过营造“舒适、真诚、接受和理解”的氛围，引导学生形成“自我意识”，促进“自我实现”。营造舒适的教学氛围从而实现良好师生关系是道德教育中最有决定意义的因素。罗杰斯基于临床心理学的经验提出的“非指导性教学”原则对道德教育也十分适用，包括启发诱导，避免灌输；因材施教，有所侧重；积极疏导，潜移默化；情境感知，营造氛围；强化自我意识等。基于人本主义理论，职业道德教育要注意启发学生形成自我意识，发掘学生善良的本性，促进学生的自我实现。通过营造良好的氛围和情境，启发疏导，促进学生职业道德素养的形成。

三、社会学习理论

社会学习理论是一种在行为主义刺激—反应学习原理基础上发展起来的理论，着重阐明人是怎样在社会环境中学习的。在团体辅导中，社会学习理论能很好地解释团体现象。

（一）社会学习理论的基本观点

社会学习理论的基本观点是个人的行为不是由动机、本能、特质等个人内在的结构决定的，也不是如早期行为主义所说的由环境力量决定的，而是由个人与环境的交互作用决定的，即人的行为受内在因素与外在环境因素的交互作用影响，行为与环境、个人内在因素三者互相影响，构成一种三角互动关系。行为同时受到环境和个人的认知与需要的影响，人的行为又创造、改变了环境，个人的不同动机以及对环境的认知使人表现出不同行为，这种行为又以其结果使人的认知与动机发生改变。

社会学习理论还认为，人的大部分社会行为是通过观察他人、模仿他人而学会的。通过观察而学习的能力使人们能够获得较复杂的、有内在统一性的、模式化的整体行为，而无须通过行为主义设想的那种沉闷的尝试错误逐渐形成这些行为。按照信息加工的模式来分析观察学习过程，可以将观察学习分为四个阶段：注意、保持、动作再现以及动机激励过程。现代社会学习理论指出，人并不仅仅受到自己行为的直接后果的影响，还受到观察他人所遇到的结果（替代强化），以及由个人对自己的评价、认识所产生的强化（自我强化）的影响。

在观察学习中起决定性作用的因素是环境，如果环境发生变化，人的行为也会发生相应变化。人们只要控制这种条件，就可以促使社会行为向着社会预期的方向发展。对榜样的观察是学习新行为的条件，新的行为就是行为的榜样。榜样，特别是受到人们尊敬的人物的行为具有替代性的强化作用。

（二）社会学习理论在团体辅导中的应用

团体是理想的观察学习的场所，团体是社会和家庭的缩影。在团体活动中，团体成员和团体之间有着丰富而微妙的互动。团体成员会将现实生活中自己一贯的行为模式带入团体互动之中，关心、包容、竞争、攻击、诋毁、嫉妒等各种反应都会在团体中淋漓尽致地展现出来。某些不良的行为反应需要被修正，有些积极的行为反应可以被发扬光大。某种行为引起团体的反应后，团体成员就能够检视其行为的意义和适应与否，而其他成员可以通过对此现象的观察，学习新的行为模式。例如，某位成员A暴露了自己的一个秘密——早年曾经偷过他人的东西，虽然价值并不大，但此事一直压在他的心头。原本A羞于启齿，认为他人会嘲笑自己。但是，在自我暴露后，A发现并没有出现被嘲笑的情形，并且带领者和其他成员还鼓励其勇于面对，并在后续的团体辅导中给予帮助。这样，A的自我暴露获得了直接的强化，而其他成员观察学习到此过程，发现在团体中暴露自我是被鼓励的，并且能达到积极的效果。于是，其他成员也开始放下包袱，团体的互动向良性方向发展。

如前面所述，人的行为都是受社会环境的影响，是通过对他人的榜样行为及其结果的观察学习而习得的。在群体的环境中，观察学习更有成效。在个体咨询中，来访者虽然也能观察学习咨询师的行为，如共情、温暖、支持等，但是其强化来源是单一的；而在团体辅导中，每个人的行为都能获得带领者和团体成员的多重强化，这种强化的力量更加强大。此外，团体辅导还存在“多重示范”的优势，团体成员和带领者的行为使来访者能够观察学习多种不同的行为反应，这就使观察者能够学到更多的替代性行为。

四、认知疗法理论

认知疗法理论发展于20世纪五六十年代，这一理论的基本观点是：人的认知过程影响情感和行为；通过纠正不良认知，就能改善来访者的情绪和行为。经过多年的发展，认知疗法成为具有循证证据支持的有效的治疗方法。其中以贝克（Beck）的认知行为疗法和艾利斯（Ellis）的理性情绪疗法最为著名。

（一）贝克的认知行为疗法

1.基本理论

贝克的认知行为疗法最初主要针对抑郁症病人，他认为，抑郁症的核心是对自我、对世界、对未来的消极观念。这种消极的认知图式是关于自我和环境的过分僵化的信念，包括核心信念、中间信念等。抑郁症病人经过歪曲的、自动化的信息加工，就会产生抑郁情绪。因此，贝克提出了他的认知模型：歪曲的或失调的思维是所有心理障碍的基础；失调的思维也对人们的情绪和行为有重要影响。贝克将歪曲的或失调的思维模式归类为：全或无思维、灾难化、去正性化、情绪推理、贴标签、夸大或缩小、选择性提取、读心术、过度概括、个人化等。这些自动化负性思维使来访者无法正确地看待周围事物和自己，用有色眼镜去观察周围，因此，势必出现情绪困扰。

2.治疗技术

用认知行为疗法对来访者进行咨询或开展团体辅导工作，首先，要监控来访者的自动思维，注意这些负性思维在何时、何地出现。其次，通过练习，逐渐学会控制和改变这些消极认知，进而改善情绪，消除症状。最后，带领者需要鼓励成员（来访者）检验自己的认知是否存在偏差，这是认知行为治疗最核心的部分。如果来访者仅仅识别出自己的自动化负性思维，而不加以改变，继续维持这种思维方式，那么原有的适应不良的行为方式就仍然会保持。只有通过现实检验，确定自动化思维的错误性，才有可能触及来访者的内心，进而推动其改变。在团体辅导中，这种检验更加简便易行，团体其他成员的判断是现实检验的良好佐证。

认知行为疗法最基本的技术：通过改变来访者对事件或情景的解释，从而改变来访者的反应。认知行为疗法同时包含认知（如认知重建等）和行为（如暴露疗法、社会技能训练、放松训练等）的治疗方法。

（二）艾利斯的理性情绪疗法

理性情绪疗法，又称合理情绪疗法，其主要观点是：人生来就具有理性以及非理性的思维、有利于和不利于生存的生活态度，因此，人表现出双重性，既能保护自己、与人交往、自我实现等，也会逃避现实、因循守旧、逃避成长。

心理治疗就需要矫正非理性信念、不合理的情感以及不合理的行为。理性情绪疗法的核心理论是ABC理论。

1. ABC理论

在ABC理论中，“A”代表诱发事件；“B”代表个体对这一事件的看法、解释和评价，即信念；“C”代表继这一事件后，个体的情绪反应和行为结果。一般情况下，人们都认为是外部事件A直接引起情绪和行为反应的结果C。但理性情绪疗法不这样看。ABC原理指出，诱发事件A只是引起情绪和行为反应的间接原因，人们对诱发事件所持有的信念、看法、解释，即B才是引起人的情绪和行为反应的更直接的原因。例如，两个员工一起走在路上，迎面碰到管理他们的主管，但对方没与他们打招呼，径直走过去了。这两个人中的一个对此是这样想的：“主管可能正在想事情，没注意到我们。就算是看到了我们而没有理睬我们，也可能是有特殊的原因。”另一个人却可能有不同的想法：“主管肯定是故意这样做的，他看不起我。他有什么了不起的，这样做太过分了！我一定要问个明白。”这样，他们两个人的情绪及行为反应就会不同，前者可能无所谓，该干什么就干什么去；而后者就可能怒气冲冲，以至于无法平静下来做自己该做的事情。从这个例子可以看出，对于同样一个诱发事件，不同的观念可以导致不同的结果。如果B是合理的、现实的，那么，由此产生的C也就是适应的；否则，非理性的信念就会产生情绪困扰和不适应的行为。ABC理论认为，个体的认识系统产生非理性、不现实的信念，是导致其情绪障碍和神经症的根本原因。

非理性信念主要有以下特征：

（1）绝对化要求。这是不合理信念中最常见的特征，人们以自己的主观意愿作为判断，认为某种事情必定会发生或必定不会发生。这种信念常常与“应该”“必须”相联系。例如，有父母认为3岁前的孩子每天晚上必须在八点半之前哄睡着，某女青年认为自己的男朋友应当每天送花。

（2）过分概括化。用一种以偏概全的思维方式来认识事物，如看到对方的某个错误，就全盘否定，认为对方一无是处。

（3）糟糕至极。出现了一件不好的事情，便认为是非常糟糕，要出现灾难性的结果。

2. 理性情绪疗法的基本技术

理性情绪治疗的过程可以用ABCDE模式来表明：A——诱发性事件；

B——由 A 引起的信念（对 A 的评价、解释等）；C——情绪和行为的后果；D——与不理性的信念辩论；E——通过治疗达到新的情绪及行为的后果。这里的关键是 D，即与不理性信念的辩论。理性情绪疗法是一种整合式治疗法，根据当事人的情形采用认知技术、情绪技术和行为技术等多种治疗方法。常用的理性情绪治疗的技术主要有：与不合理信念辩论、合理情绪想象、认知家庭作业等。

（1）与不合理信念辩论。这是理性情绪疗法中最常用也是最具特色的方法，它来源于古希腊哲学家苏格拉底的辩论法，即所谓“产婆术”的辩论技术。苏格拉底的方法是让来访者说出他的观点，然后依照他的观点进一步推理，最后引出谬误，从而使来访者认识到自己先前思想中不合理的地方并主动加以矫正。这种辩论的方法是指从科学、理性的角度对来访者持有的关于他们自己、他人以及周围世界的不合理信念和假设进行挑战和质疑，以动摇他们的这些信念。

与不合理信念辩论是一种主动性和指导性很强的认知改变技术。它不仅要求咨询师对来访者所持有的不合理信念进行主动发问和质疑，也要求咨询师指导或引导对方对这些观念进行积极主动的思考，促使他们对自己的问题深有感触。这样做比来访者只是被动地接受咨询师的说教更有成效。

（2）合理情绪想象。来访者的情绪困扰，有时就是他自己向自己传播的烦恼。例如，他经常给自己灌输不合理信念，在头脑中夸张地想象各种失败的情境，从而产生不适当的情绪体验和行为反应。合理情绪想象技术就是要帮助来访者停止传播不合理信念的方法，其具体步骤可以分为三步：①使来访者想象进入产生过不适当的情绪反应或自我感觉最受不了的情境之中，让他体验到强烈的负性情绪反应；②帮助来访者改变这种不适当的情绪体验，并使他能体验到适度的情绪反应。这常常是通过改变来访者对自己情绪体验的不正确认识来进行的；③停止想象。让来访者讲述他是怎样想的，自己的情绪有哪些变化，是如何变化的，改变了哪些观念，学到了哪些观念。对来访者情绪和观念的积极转变，咨询师应及时给予强化，以巩固其在理性情绪治疗中所获得的新的情绪反应。

（3）认知家庭作业。认知家庭作业实际上是咨询师与来访者之间的一次咨询性辩论结束后的延伸，即让来访者自己与自己的不合理信念进行辩论，主要有两种方式：合理情绪治疗自助量表（RET 自助表）和合理自我分析报告。

合理情绪治疗自助量表是先要求来访者写出事件 A 和结果 C；然后从表

中列出的十几种常见的不合理信念中找出符合自己情况的B，或写出表中未列出的其他不合理信念；接着，要求来访者对B逐一进行分析，并找出可以代替那些B的合理信念，填在相应的栏目中；最后一项，来访者要填写其所获得的新的情绪和行为。完成RET自助量表实际上就是一个来访者自己进行ABCDE工作的过程。

合理自我分析报告和合理情绪治疗自助量表基本上类似，也要求来访者以报告的形式写出ABCDE各项，只不过它不像RET自助量表那样有严格规范的步骤，但报告的重点要以D，即与不合理信念的辩论为主。

（三）认知疗法理论在团体中的应用

认知疗法理论与技术在团体辅导中可以被广泛运用。这种治疗方法操作简便，治疗效果突出。在团体辅导中，首先可以通过心理教育的方式，向团体成员阐述什么是认知和非理性信念；然后通过带领者的示范，向成员展示认知疗法的全过程，教导成员自我识别自动化负性思维及非理性信念，使成员成为他们自己的咨询师。

团体认知疗法还有一个最大的优势——可以利用团体成员的力量来识别和纠正非理性信念，现实检验更容易操作，能起到事半功倍的效果。不过需要注意的是，对非理性信念的驳斥必须是在团体氛围足够安全的情况下进行，否则容易被来访者误以为是团体对其的攻击。

五、人际沟通理论

人际沟通（TA）又称沟通分析、人际相互作用分析，由伯恩（Berne）于1957年提出。沟通分析既是一种人格理论，也是沟通分析疗法的一个组织化系统。

（一）主要理论与观点

1. 自我状态

根据伯恩的理论，两人在相互交往时，会采取三种被称为自我状态的心理定位中的一种。这些自我状态包括家长（parent）、成人（adult）、孩童（child）的心理状态，在沟通或行动时人们可以运用其中的任何一种。

父母式自我状态（parent ego state），简称P，代表父母的价值观和告诫。它是父母在教导子女时将自己的人生态度和是非善恶标准加诸子女身上而形成的子女的标准。表现出保护、控制、呵护、批评或指导倾向。他们会照搬政策和标准，发表类似如下的意见："你知道规则，规则必须遵守。"

成人式自我状态（adult ego state），简称 A。它反映出对环境要求的客观评价，是儿童有能力区别父母所灌输的观念及自己所体验的观念，并思考观念的结果与过程。在其形成初期是试探性的，并以"尝试错误"的方法慢慢摸索体会而形成自己的认知态度。表现出理性、精于计算、尊重事实和非感性的行为，试图通过寻找事实，处理数据，估计可能性和展开针对事实的讨论，来更新决策。

儿童式自我状态（child ego state），简称 C。其反映了由于童年经历所形成的情感。它可能是本能的、依赖性的、创造性的或逆反性的。如同真正的孩童一样，具有孩童状态者希望得到他人的批准，更喜欢立即的回报。从那易动感情的语调中就可以辨别出这种心态，就像当一名员工向他的主管提意见说"你总是对我吹毛求疵"时所用的语调一样。

这三个自我状态与精神分析的人格结构（本我、自我、超我）有本质的不同。伯恩提出的三个自我人格成分都是可以实际观测得到的。对于一个成人来说，他的表现是基于父母式自我、成人式自我还是孩童式自我，是可以明确地进行观测和判断的。当一个成人高兴得手舞足蹈或者痛哭流涕的时候，是在儿童式自我的控制之下；如果他表现得很严厉、很苛求，是处于父母式自我的控制之下；如果他表现得很沉稳，处事很得体，可以认为正处于成人式自我的控制之下。伯恩认为，人的自我状态是可以实际观测到的，而精神分析的本我、自我、超我则是主观臆断的东西，是不可观测的。不过，一般认为这两个理论之间是有关联的。伯恩的理论从某种意义上说明了精神分析本我、自我、超我的实际的社会角色的关系，因为父母式的自我状态代表超我的力量，成人式的自我状态代表自我的力量，而儿童式的自我状态代表本我的力量，彼此间还是有一定关系的。在健全、成熟的人格结构中，P、A、C 三种自我状态都应占有大致相同的分量，三者相互衔接而不重叠。其人格特征表现为身心发展平衡，有社会认可的是非善恶标准，有独立自主的判断能力，有坦诚的个性和温暖的情感。

2. 人生四种基本态度

人际交互作用分析就个人与他人的关系创立了四种生活态度。在童年时代的早期，每个人都会形成一种与人交往的主要方式。这种人生观往往与人相伴一生，除非经历了重大的变故才会改变，因此，也可以称为生活定位（life position）。虽然一种生活定位往往会支配着一个人的交互作用方式，但是，在特定的交互作用中，其他立场也会不时地展现出来。也就是说，一种生活定位居统治地位，但并非个人所采取的唯一的生活定位。

生活定位产生于两种观点的结合：一是人是如何看待自己的；二是总的来说，他们是如何看待其他人的。对每个问题的肯定回答（好）或否定回答（不好）间的组合，导致了四种可能的生活定位。

（1）我不好——你好。这是抑郁者的态度。持这种态度的人依赖他人的施惠，极需要抚爱或承认。这种态度源于幼年时的认知。由于小孩子身体弱小，因此，不可避免地会觉得自己不如周围的人，产生自卑感。如果这种态度没有随着成长而改变，长期下来，就会带来消极的影响，要么放弃自我，要么顺从他人。这种态度一旦被认识清楚并得到改变，就能在成人意识指导下建立一种新的、自觉的生活。

（2）我不好——你也不好。这是严重精神紊乱或厌世者的态度。这种态度源于孩子刚学会走路时，以为“被人照看”的生活已告结束，抚爱到此为止；或他想探究一切而不愿老实待着，可能滚下楼梯，造成伤痛。如果这种身处逆境的状态毫无缓减地继续下去，孩子就会得出“我不好——你也不好”的结论。持有这种态度，儿童的成人意识便停止发育。一旦长大，持这种态度的人常会放弃自我，陷入绝境，最终可能在一种极端的退缩状态下了结此生。

（3）我好——你不好。这是怀疑的和独断的态度。长期被父母虐待、凌辱的孩子会转向这种态度，随着年龄的增大，他开始反抗。他拒绝认识自己的内心，无法客观地对待发生的一切与自己的关系，却一口咬定总是“他们的错”。他们确定，自己所做的一切都是无可指责的，不管做什么都是对的。持这种态度的人极端的表现是伤害他人，也有一些持这种态度的人因为孤傲、仇视等原因而使自己孤立。

（4）我好——你也好。这是健康的态度，认可自己也认可他人。这种态度是我们所期望的，与前三种态度截然不同。前三种态度依赖于情感，常常引发心理适应不良，第四种态度依赖于思考、信仰以及行动的保证。如果一个人一次又一次地被置于能够证明自身的价值以及他人的价值的环境中，就容易形成“我好——你也好”的态度。

理想的定位，同时是在成人对成人的交互作用中，最可能有的定位是“我好——你也好”。它表现了有益的自我接受和对他人的尊重，最可能导致建设性的沟通，有益的冲突和彼此满意的正性结果。其他三种生活定位在心理上不够成熟，也不太有效的基础上。很重要的一点是，无论现在的生活定位是什么，“我好——你也好”的人生态度是可以学会的，并能由此改进个体的人际交互作用。

（二）基本治疗技术

交互作用分析理论的基本假设是人可以改变对过去不幸事件的看法，认为任何人都能够学会真诚地对待自己、思考，做出自己的决策，表达自己的情感。该理论提供了以下四种治疗技术：①结构分析，了解个体内部发生了什么；②沟通分析，描述和分析两人之间或更多人之间所发生的事情；③游戏分析，了解个体之间不良情绪的相互影响；④生活脚本分析，了解一个人的生活风格。

1. 结构分析

结构分析的目的在于协助来访者或团体成员学习如何鉴别和分析他们的自我状态，以便能够改变他们感到僵滞的行为模式。来访者或团体成员意识到父母、成人、儿童的自我状态的内容与功能，探索个人的思维、感觉与行为模式。例如，分析自己的言行受哪一种自我状态的操控，在其人格中哪一方面最突出。结构分析可以使来访者或团体成员发现自己的行为与思考方式，找出自己可能的抉择，并掌握自己的方向。

2. 沟通分析

沟通分析是用来分析人际相互作用模式的，与个体内部的结构分析不同。它的类型有三种：互补模式、交叉模式和隐含模式。

（1）互补模式。互补模式，是指两个人的交互作用反应来自同一个自我状态（C 与 C，A 与 A，P 与 P），或来自一种互补的自我状态（P 与 C，A 与 P）。主要特点表现为人的反应是恰当的，可预知的。例如，A—A 式，甲：“今天气温如何？”乙：“38 度，很高。”

（2）交叉模式。交叉模式，是指自我状态活动方式不对应，产生了一种为他人所不希望的反应。这种沟通模式具有伤害性，当它们发生时，会导致相互间的退缩反应，或导致相互间的沟通主题转移。例如，当一个人从儿童式的自我状态出发时，希望能够得到与之互补的父母式自我状态的反应，而不是一种来自成人式的自我状态的反应。例如，甲：“你能帮我画一下这个人吗？他肯定很难画。”乙：“不就这么几笔吗？你完全能够自己画的。”

（3）隐含模式。隐含模式，是指两种自我状态同时出现，其中一种自我状态掩饰了另一种自我状态，使隐蔽的交互作用常显得像是互补的或是社会可接纳的。例如，在一次游戏即将结束前，一个儿童对另一个儿童说：“你想到我家看看我积攒的邮票吗？”从表面上来看，这是成人式的自我状态，而事实上它隐含着一种儿童式的自我状态："到我家来吧，让我们再多玩一会儿吧"。

3. 游戏分析

伯恩认为，人通过游戏来安排时间、实现认知，与他人保持一定的社会距离，使人们可以充分地暴露自己的思想和情感而感到安全。他强调，无论是成功者还是失败者，最普遍的人生态度都是"我不行——你行"，而对待这种处境的方法就是游戏。

游戏的心理本质是"儿童式自我状态"中"我不行"态度的表现，这种态度常常使人感到压抑，导致一种进攻性的防御机制。在生活中，由于亲情、友情、社会规则等原因，人们常常需要采取压抑的方式，但在游戏中，这种压抑就会消失，因此，游戏是必要的。但很少有人在游戏中提出建设性建议，所以需要进行游戏分析，使每个人都能了解各自游戏所隐含的意义，并针对其内涵，提出改进意见。

4. 生活脚本分析

生活脚本分析，是指在治疗过程中用于鉴别一个人生活风格的部分，它与沟通分析和游戏分析都有关。生活脚本有助于说明来访者或团体成员是以怎样的方式获得一个脚本，以及说明他们如何以这个脚本为基础判断预期行为的策略，目的是要帮助来访者或团体成员获得改变早期规划的机会。来访者或团体成员被要求回忆童年所喜欢的故事，了解他是怎样适应于这些故事及故事怎样融入现在的生活之中。而团体活动重演他生活脚本的各个部分，使来访者或团体成员了解童年时不加批判地接受的种种指令、对这些指令的反应以及所作出的抉择、现在为维持这些早期抉择所运用的游戏和骗局。团体提供支持性的机会，来访者或团体成员能够讨论、探索自己。

第三节　团体辅导在国内外的发展与研究

一、团体辅导的起源

团体辅导的起源要追溯到心理辅导的起源。心理辅导最早源于欧美国家，团体辅导是从心理辅导这种形式衍生出来的，属于心理辅导的一种，它发展至今也有百年的历史了。团体辅导这种形式最早出现在医院里，美国内科医生普拉特（Pratt）利用团体辅导的方式让肺癌患者之间分享、交流，相互鼓励，以提高他们战胜病魔、早日康复的信心。活动收到了很好的效果，这种团体辅导的形式也逐渐发展和应用起来。团体辅导的最早尝试是1907年美国一位中学校长利用英语课教授“职业与道德辅导”，随后精神病学家和心理学家也开始不断地对团体辅导进行探索。例如，1919年精神病学家拉扎尔（Lazell）在华盛顿医院通过团体辅导的形式为病人进行克服恐惧死亡以及相关幻觉的辅导；1920年，维也纳精神科医生莫雷诺（Moreno）首创“心理剧”（psycho-drama），运用到解决人们的心理问题中。此外，相关的团体辅导的实验研究如雨后春笋般出现；如阿德勒（Adler）以及他的同事对团体辅导技术的探索，斯拉夫森（Slavson）研究问题青少年的工作中也进行了实验探究。到了20世纪50年代，团体辅导开始在学校里广泛应用。到了20世纪七八十年代，各种团体辅导活动尤其是以马斯洛和罗杰斯为代表的人本主义理论取向的会心团体在各地如火如荼地展开，其强调对成员的积极的无条件关注以帮助成员的自我实现。其实，纵观其发展史，可以看出，团体辅导在19世纪初到第二次世界大战前的这段时间还未真正普及，直到第二次世界大战以后，团体辅导在抚慰战后人们心灵的创伤方面的需求猛增，才真正迎来它的高速普及应用时期。

二、团体辅导在国外的发展

团体活动可以让人们认识自我、探索自我、挖掘自身潜能，从而获得更多的来自自身的发展动力。目前，团体辅导这种形式的活动已经在社会的各行各业中广泛地应用了。

团体辅导起源于19世纪的欧洲。早在19世纪中叶，英格兰就曾有人将有共同心理困扰的人集中在一起，通过自然风光、艺术陶冶和人文关怀等方式协助他们适应社会的变化，消除他们的心理问题。但这一时期团体辅导的系统性和目的性均不强，因而没有引起人们的重视。

在美国，到20世纪60年代末期，就已经拥有75个会心团体训练中心，并拥有500万～600万的成员。到了20世纪90年代，更多的人参加团体辅导活动是为了让自己获得更好的发展，所以以发展为主题的团体辅导广受欢迎。而在日本的团体辅导也是在第二次世界大战结束后受到美国的带动而发展起来的。20世纪，敏感性训练团体辅导首先被引入日本；1969年，罗杰斯的会心团体也随之被引入；到了70年代，团体辅导在咨询、教育、护理等行业发展得十分活跃；80年代以来，很多机构和个人开设团体辅导活动，并且在日本很多高校里团体辅导也是应用比较广泛的。随着团体辅导活动的火热进行，相关的团体辅导译著和专著也逐渐摆上各大书店的货架。

团体辅导的真正开端始于20世纪的美国。20世纪初，受当时医疗水平的限制，肺病患者无法获得有效的治疗，只能终身带病，并且可能传染给别人。因此，肺病患者在社会生活的各方面都受到他人的排斥，从而导致许多肺病患者情绪低落、心情抑郁、意志消沉，十分痛苦。1905年，美国波士顿的内科医生普拉特将住院的25位肺病患者召集到一起，组成一个团体，称为class。该团体每周聚会1～2次，采取讲课、患者相互交流、讨论等方式，讲解肺病的治疗和疗养方法，交流如何适应现状、树立信心、改善不良情绪等。这种团体聚会发展出来的团体凝聚力和人际交往力，有助于对抗肺病患者常见的忧郁和孤独感，结果收到了良好的效果。这开创了团体辅导的先河，成为团体辅导探索的开端。因此，普拉特被认为是团体咨询与集体心理治疗的先驱。

1919年，美国精神病学家拉扎尔在华盛顿的圣伊丽莎白医院为住院的精神病患者开办学习班，亲自为患者讲述许多心理上的问题并鼓励大家讨论。通过成员之间相互的影响、鼓励和交流，几乎所有的团体成员都收到了良好的效果。1920年，维也纳精神科医生莫雷诺首创了一种以现实生活为模式的团体辅导方法——心理剧。通过心理剧表演的形式，个体得到宣泄，心理压力减轻，个体的主动性和创造性得到激发。1925 年，莫雷诺将心理剧引入美国，并于 1931 年和 1932 年首创“集体治疗”和“集体心理治疗”这两个术语。1931 年，艾伦（Allen）首次正式使用“团体咨询”这个术语。20 世纪 30 年代，美国学者斯拉夫森开创性地运用团体辅导的方式对青少年的行为问题进行诊断和治疗。在团体辅导过程中，他要求辅导者保持随和、宽容和接纳的态度，并强调要鼓励青少年之间的互动，即允许活泼、主动的青少年自由表达情绪、情感，鼓励退缩、胆怯的青少年向同龄人学习新的行为。

第二次世界大战促进了团体辅导的大规模应用。第二次世界大战期间，由于战争的影响，士兵和民众的心理问题激增。而精神科大夫和心理咨询师的数量有限，不能满足社会需求，这就推动了团体辅导的发展。20 世纪 40 年代，英国的福尔克斯（Foulkes）和美国精神分析学家柏恩纳（Berne）相继在军队中试验团体辅导。在团体辅导中，柏恩纳看到团体互动给成员提供了自我了解的途径，使成员能逐渐了解自己的人格结构与功能，并学会了与人沟通。他发现，团体辅导还可帮助成员把焦点放到自己早年的决定上去，提高成员对自我、对他人的觉察力，使他们重新做决定。受到团体辅导工作潜力的激励，第二次世界大战以后柏恩纳与心理学家埃里克森一起进行团体辅导的精神分析研究，从而创立了团体辅导的一个重要基础理论——人际相互作用理论。

1947 年，美国心理学家库尔特·勒温认识到人际关系在现代社会中的重要性，认为个体的人际敏感性及对他人的理解接受态度可以通过训练而提高。为此，他指导成立了著名的 NTL（national training laboratory），即“国家训练实验室”（简称 T 小组，又称“团体人际关系训练实验室”），对个体进行人际关系的敏感性训练。至此，“团体辅导”这一概念开始为人们熟知。从此以后，团体辅导不但针对需要心理和行为矫正的人进行心理辅导，而且为健康人群提供一种可以促进其人格进一步成长和发展的学习机会。

20 世纪 50 年代以后，欧美的团体辅导迅速发展。1951 年，美国心理学会设立了“咨询心理学分会”，咨询心理学从临床心理学中独立出来。20 世纪 60 年代，人本主义心理学兴起，由心理学家马斯洛和罗杰斯等人倡导的“人类潜能运动”对团体辅导产生了重大影响，特别是罗杰斯的会心团体（encounter group）受到社会各方面的欢迎，团体辅导开始受到越来越多人的关注。20 世纪 70 年代，一些临床心理学家及教育家将团体辅导应用于青少年心理障碍问题的矫正，以及普通正常的青少年预防心理与行为问题中。随着研究的深入，团体辅导的理论纷纷确立，并出现了各种学术流派。同时，团体辅导工作的专业准则和伦理准则也不断被规范。1980 年，美国团体工作专业人员学会 ASGW（association for specialists in group-work）设立专业伦理委员会，讨论并制定了《团体领导者伦理准则》，规定了团体领导者必须遵守的 18 个方面的伦理要求，并于 1989 年进行修订更新。1983 年，该学会还讨论并制定了《团体领导者训练的专业标准》，规定一个合格的指导者必须具有知识能力、技能能力和临床团体经验等。20 世纪 90 年代后，发展性团体辅导进一步受到关注。目前，在美国、日本和西欧，各种团体心理辅导广为流行并广泛应用于学校教育、企业管理、军队训练、社会工作、组织行政、领导统筹、人际关系、临床医学、心理治疗等众多领域。对于有心理障碍的人而言，团体辅导可以帮助他们减轻症状，改善适应，增进健康；对于人格健康的人而言，团体辅导有助于他们深化自我认识，学习社交技巧，提高生活质量，更有效地在现实环境中寻求最佳发展，实现自我价值。

三、团体辅导在国内的发展

由于各种原因，团体辅导在我国内地的发展明显滞后，而在我国的香港、台湾地区起步较早，发展也较快。早在 20 世纪 50 年代中期，台湾学者就已开展团体辅导的相关活动和研究。团体辅导在台湾的大学中尤为活跃，许多学校每学期都会针对学生的不同需要，拟定合适的团体辅导计划。台湾的团体辅导类型主要包括：人际关系训练、自我肯定训练、朋辈辅导训练、学习、会心、成长、价值澄清、克服焦虑、男女社交技巧训练等。20 世纪 80 年代后，台湾的团体辅导获得了迅速发展。团体辅导的相关书籍陆续出版。这些书籍的出版对推广和指导团体辅导起到了积极的促进作用。

在我国香港地区，虽然团体辅导在 20 世纪 70 年代才开始受到重视，但作为以培养青少年健全人格为目的的团体辅导却早在 20 世纪 20 年代就已出现。1920 年 8 月，香港基督教青年会组织了“童子营”的团体辅导活动。20 世纪 70 年代，为促进青少年间互相尊重、互相了解，并协助培养青少年的社会性和学习社会规范，香港开始尝试各类团体辅导活动，以利用团体辅导来帮助青少年平安渡过人生中最危险的阶段。20 世纪 80 年代后，香港的团体辅导进入了多元化发展阶段，服务对象从青少年扩大到老年人及其他年龄阶段的人群，服务模式有发展性、康复性、预防性、行为修正性，等等。

团体辅导传到内地的时候是 20 世纪 90 年代，这时候团体辅导这种心理咨询方式已经在国外以及我国香港、台湾地区都发展得很成熟了。这时候的内地比较注重团体辅导咨询师的培养，邀请国内外心理咨询相关学者进行交流，为心理咨询从业人员带来更多、更新的理念、技巧。这一时期也出版了很多书籍。进入21世纪后，随着经济改革步伐的加快，我国政府开始重视心理咨询和治疗，先后出台多个文件，鼓励各大高校培养心理咨询方面的相关专门从业人员以适应当前社会的需要。全国各大高校纷纷开设相关课程并设立培训中心。

我国内地专业意义上的团体辅导是以中日学术交流为契机，于20世纪90年代开始兴起的。1991年6月，日本筑波大学心理系松原达哉教授应中国心理卫生协会大学生心理咨询专业委员会的邀请，在中国第一期大学生咨询员培训班上介绍并带领学员学习和体验了团体辅导的相关理论与操作技巧。此后，团体辅导在我国内地逐渐推广，其中清华大学的樊富珉教授起到了重要的推动作用。1991年10月，全国心理卫生协会大学生心理咨询专业委员会根据大学心理咨询工作的特点以及大学生心理发展特点，特别组织了为期两天的团体心理咨询培训班。培训班由从日本筑波大学心理学系留学归来的清华大学樊富珉教授带领。在这次的团体辅导培训班上，樊富珉教授系统地介绍了团体辅导的理论与技术，培养了一批优秀的团体辅导人才。此后，团体辅导的培训在全国各地火热开展起来。与此同时，还邀请美国以及我国台湾地区、香港地区的心理辅导专业人员，开展团体辅导培训。但由于师资有限，团体辅导培训工作的范围仍较小。1996年12月，清华大学出版社出版了樊富珉教授编著的《团体咨询的理论与实践》一书，该书的出版对我国团体辅导的探索与推广起到了积极的推动作用。为了推动团体辅导在我国内地的发展，樊富珉教授受邀到各地进行专业培训。

进入21世纪，内地的团体辅导开始向专业化方向发展。2001年，劳动和社会保障部颁布了《国家职业标准——心理咨询师（试行）》。该标准明确规定团体辅导为心理咨询师的一项必备专业技能。2002年，卫生部规定了卫生专业技术新职称“心理治疗师”，考试大纲中明确了集体心理治疗的内容，每年考试都有集体心理治疗的部分。与此同时，教育部中小学心理健康教育骨干教师培训教材也设置了团体辅导的专门章节。团体辅导已经成为心理咨询与治疗专业工作者必须具备的专业知识和能力。2003年，北京大学心理系开设了研究生课程“团体心理咨询与治疗”。2004年，清华大学教育研究所在应用心理学硕士培养中开设了“团体心理辅导”。随着专业培训的推进以及社会发展的迫切要求，团体心理咨询已呈现出蓬勃发展的趋势。近年来，团体辅导的使用范围已由大学逐渐拓展到中小学及其他领域。在中小学，团体辅导的运用逐渐增多，实证研究也越来越深刻，显示出良好的发展趋势。然而，相对于高校而言，团体辅导在中小学的应用还很不够，相关的研究也还很缺乏。可喜的是，中小学生团体辅导已受到我国政府和广大心理学专家、学者的广泛重视，相信会有一个较好的发展前景。

团体心理辅导在我国内地的发展只有十几年，目前仍处于发展初期。团体心理辅导在我国台湾和香港地区的发展都较内地早一些。在我国团体心理辅导的研究领域，清华大学的樊富珉教授做了很多工作，也取得了很好的成绩。她先后出版了《团体咨询的理论与实践》《高职生心理健康研究》《团体心理咨询》《香港高职学生辅导》《团体心理辅导》。

团体心理辅导领域的研究主要是团体效能、团体形式与团体规模等方面，目前的团体心理辅导多为结构式团体心理辅导。例如，团体心理辅导对促进大学新生环境适应非常有效；团体心理咨询有利于矫治神经症倾向学生；团体心理辅导有利于促进青少年的人格发展；团体心理辅导有利于改善学生抑郁，能够提高学生的自信；团体心理辅导还可以改善青少年人际交往障碍等。自2001年以来，各类学术会议中关于团体心理辅导与治疗的论文显著增加。

随着研究的不断深入，团体辅导的研究主题从最初的人际关系、心理健康等逐渐扩展到学业倦怠、考试焦虑、学生思想政治工作、就业创业教育等领域。研究表明，团体辅导对改善学生的人际关系、情绪状态、社交焦虑，提高自信心水平、心理健康水平、生涯目标定向和生涯决策能力等有显著影响[1]。有学者总结了团体辅导具有参与者多，交互性强，教育实施的效率高；寓教于乐，投入性强，教育实施的效果好；提升能力，塑造品质，教育实施的维度多等优势[2]。还有学者基于思想教育的团体辅导活动和心理学的团体辅导活动在群体性、时间的集中性和某些技术手段上的关联性，认为可以通过借鉴移植心理学团体辅导的技术和技巧来改进思想政治教育效果。同时指出，思想政治教育的团体辅导重点是对学生人生观、价值观、道德观方面，更多趋向于理性的分析

[1] 郭大勇，黄志国：《高职院校体育教学中职业道德教育策略研究》，《教育理论与实践》，2016年第36卷第9期，第31页。

[2] 宋大力，袁红波：《团体辅导改善高职生人际关系及心理健康水平的实证研究》，《社会心理科学》，2011年第26卷第1期，第39页。

和思考而非心理团体辅导中内心感受的交流[1]。

第四节 团体辅导的技术、方法、模式及方案设计

一、团体辅导的技术

（一）团体辅导各阶段的技术

1. 成员组成技术

成员组成技术包括评估成员的资格，招募成员、筛选成员以及决定团体的性质。如何选定合适的人以及恰当的人数，如何确定团体的性质是同质还是异质、开放还是封闭、志愿还是非志愿等。成员组成不同，则结果不同。成员的参与、资格、评估和筛选是团体中的重要工作。

并非每个人都适合参加团体辅导。不同性质的团体招收的对象有不同的资格限制。如果是治疗团体，大多以人格失常、行为偏差或情绪严重困扰者为参与对象，因此，需要通过与有意参加者面对面直接接触与观察、个别面谈、电话交谈或者与成员家属接触等方法收集成员相关资料，决定其是否适合参加团体。如果是一般任务团体，只要评估成员参与兴趣、专长、个性等因素，普通人就可以参与。不适合参加团体或不能通过团体受益甚至对团体带来不良影响的成员，如极端自我中心者、攻击性强者、反社会人格者、精神障碍者等不能招收入团体。是否适合参加团体，可以从以下几个方面思考：你为什么要参加团体？你了解团体的目标和性质吗？参加这个团体能帮助你达到你的目标吗？你最想探究哪些个人关心的问题？

2. 开始技术

（1）相识技术。相识技术是指尽快轻松有效地使团体成员相识，建立对

[1] 杨萍，徐颖，浦昆华：《团体辅导改善高职生学业情绪、提升核心自我评价的效果》，《中国健康心理学杂志》，2014 年第 22 卷第 2 期，第 206 页。

团体的信任而采取的方式与技术。例如，进行结构式体操活动，使大家拉近距离，减轻焦虑和不安，增进彼此间的了解。有语言形式的，也有非语言形式的。活动方式也有很多种。例如，不同形式的自我介绍、相互介绍，“信任之旅”“信任背摔”和“信任圈”等。

（2）分组技术。在团体辅导中，要将团体分为6～8人一组。如何分组看似简单，其实并不容易，分组适当不仅能形成适合谈话的小团体，也会产生积极功能。例如，在新生适应团体中，如果按照家乡分组，团体成员会惊奇地发现，原来自己的周围竟然有那么多同乡，立刻增强其亲切感，使其更容易融入团体。分组方法包括：报数随机组合法、拼图组合法、同类组合法、分层随机组合法、内外圈组合法、活动随机组合法等。

（3）建立团体契约的技术。团体辅导的顺利开展基于团体带领者和成员之间的互相尊重与配合。为保证团体功能的正常发挥，双方都需要遵守一定的规则。规则的制定可以采取开放的方式，请成员共同讨论，并在团体活动过程中不断引导示范。保密、守时、不可进行人身攻击等也需要强调说明。

团体契约包括对团体带领者的要求和对团体成员的要求。对团体带领者的要求是：①团体带领者准备好每次团体活动；②每次团体活动准时开始、准时结束，提供每次团体辅导所需活动器材等；③只与相关同事或督导讨论团体辅导内容；④自己评估每次活动是否符合成员目的，满足成员需求；⑤提供相关资料以协助成员达到其目标。除了规范的内容之外，还需要带领者和成员各自签名并写上日期。对团体成员的要求包括：①按时参加每次团体活动，遵守不迟到、不早退的规定；②团体中发生的事情绝对不在团体外讲述；③完成团体内布置的任务或要求；④每次辅导完全投入所有活动。

为了使团体成员更好地在团体中受益，强调一些原则会鼓励成员积极参与团体，包括：注意自己的感受，主动参与和积极表达自己；团体成员可以讨论任何与团体目标及个人有关的主题，但自己有权决定自我开放的程度，必要时也可以介入别人的谈话；倾听和关心别人，也尽可能给予别人适当的反馈，但避免忠告、建议和讥讽；合理肯定而不具有攻击性地表达情绪，包括正面、负面的情绪；经常审视反观团体的过程是否能够增进学习，团体的行为是否有助于促进团体目标的实现；带领团体不只是带领者个人的责任，每一位成员都具有带领团体的责任。

3. 过程技术

过程技术是维持和发展团体并有效促进成员改变的技术总称，一般指团体工作阶段常用的技术。

（1）引导参与技术。团体带领者依照团体成员的个人需要去引导他们，提供足够的背景资料，鼓励成员思考、沟通以确定解决问题的行动。团体带领者必须鼓励并协助团体内各成员讨论和决定团体的事务，鼓励并提供每一个团体成员民主参与的机会，不让过于活跃的人剥夺他人的机会，也不让拘谨的人袖手旁观，失去参与活动的机会。引导参与技术还包括以事实为中心，避免无谓的纷争，增进团体的向心力。团体活动进行过程中，当带领者发现以下现象时，应尽快介入加以引导：①团体中某个成员试图替别人表达想法；②团体成员注意力集中在团体之外的人或事；③成员中有人说话前后寻求他人的认同；④有成员说，我不想伤害他人，所以我不说了；⑤有成员认为，其问题是由团体中的某人引起的；⑥某成员认为，我一直都是那样；⑦有成员认为，我只要等待，事情就会转变；⑧团体活动中有不一致的行为出现；⑨团体活动变成无效率的漫谈。

若团体成员中有不同意见或个体差异较大时，可将团体成员分为内外圈，以增进了解并探讨彼此的差异。例如，将较沉默的成员与较活跃的成员分为内外圈，或请赞同或否定某种意见的成员分为内外圈，彼此谈论，倾听成员的感受与想法，最后由带领者归纳整理。

（2）角色扮演技术。角色扮演是用表演方式来启发团体成员对人际关系和自我情况有所认识的一种方法。在角色扮演中，可以提供成员宣泄情感的机会。在表演过程中，表演者的感情和意念可以自由表达出来，特别是对困扰自己的消极情绪起到宣泄作用。角色扮演在接纳、安全的气氛中进行，成员通过投入的演出来了解自己内心的感受，并对他人的行为做出反应。表演者通过活动，深入了解真实情况和他人感受，增进人际关系敏感程度。在模拟的场景下尝试应对方法，甚至尝试错误的应对方式，以发现问题所在，学习和练习应付问题的技术。

角色扮演的程序包括事前沟通、说明情境、选择角色、即兴表演、观察、表演结束、重演、互换角色、总结等。角色扮演的情境可以是团体成员共同关心的事情，也可以是团体成员个人独特的问题情境，其他人可协助其表演。角色扮演要尊重成员的自发性，提供安全的氛围。只有这样，才能使成员减轻防卫心理，认清自己的情感，培养思考能力，适应现实的环境。角色扮演过程中也可以运用道具或通过一些夸大的情绪、行为或想法，以帮助团体成员加深体验，进行领悟。

（3）行为训练技术。行为训练是以学习理论为指导，通过特定程序学习并强化适应的行为，纠正并消除不适应行为的方法。学习理论认为，人的不适应行为是在社会环境中习得的。对它的纠正和重建可以通过学习来获得。在团体辅导中，行为训练是通过带领者的示范和团体成员之间的互动来实现的。行为训练不仅适用于存在心理适应问题的人，也适用于心理健康的人。在学校教育中，行为训练是一种有效促进学生成长的方法。行为训练包括放松训练、自信训练、情绪表达训练等。在团体中进行行为训练要遵循一些基本原则，包括由易到难、提供示范和及时强化等。

4. 结束技术

结束技术包括团体各单元活动结束的技术和团体整个历程结束的技术。团体结束需要运用一些技术。有四种方式：一是结束之前，成员互赠小礼物，道别祝福；二是带领者在结束时对团体辅导作简要回顾和总结；三是团体成员审视自己在团体中扮演的角色，是否达到预期目标，总结自己的收获和感受；四是展望未来，明确今后应该怎么做，巩固团体辅导的效果。

每次团体聚会，带领者至少要留出十分钟的时间，采用一些技术顺利结束团体活动。可以通过邀请成员总结的方法、带领者总结的方法、安排家庭作业、预告下一次活动的时间和内容、安排结束的活动等来结束团体活动。邀请成员个人总结时，要鼓励成员说出此次团体辅导对他的意义。

在团体辅导即将结束时，带领者最好在结束前一两次团体活动时先告诉成员，让成员提早做心理准备，处理想解决但未解决的问题；也可先讨论分离的情绪，整理所得，制订或修改行动计划等。用于团体活动结束的常用活动有真情告白、互送卡片等引发成员回顾所学，互相反馈与展望未来。若是自发性强的团体，可以让团体成员决定最适当的结束方式。团体活动结束后的追踪活动、问卷或访谈等评估工作也是必要的，可以了解团体成员是否可以将团体活动中的所学应用于生活。

（二）团体讨论的技术

团体讨论可以促使团体成员积极参与团体事务，激发参与的动机，引发成员对团体活动的兴趣。在团体讨论中，成员可以明确自己和他人的观点和立场，并学会接纳和尊重彼此的异同，从多个角度理性地思考和作出判断。通过团体讨论，成员思想得到充分沟通，可以增强团体凝聚力。团体讨论形式有圆桌式讨论、小组式讨论、论坛式讨论和辩论式讨论等。团体讨论技术有以下三种：

1. 脑力震荡法

脑力震荡法（brain storming）是由美国人奥斯本（Osborn）在20世纪60年代提出的一种讨论技术。这种讨论技术可以让团体成员非常自由地发表意见、集思广益、群策群力，参加人数通常为6～12人。它可以在很短的时间内为团体提供独特的、创新的思想和方法，同时团体成员在讨论过程中可以增强信心，开阔思路，找到解决问题的办法。一般先有一个开放性的问题，然后团体成员自由地发表想法。

脑力震荡法的操作步骤包括：确定主题—说明规则—鼓励发言—记录提出的意见—归纳提出的意见—共同决定评估标准—根据评估标准共同选取最好的意见。

脑力震荡法在具体操作时必须有明确的主题，而且最好是单一问题，开始前必须界定清楚要讨论的题目，并限定讨论的时间，然后进行10～15分钟的热身活动，让团体成员熟悉起来，并了解须遵守的讨论规则。在活动进行过程中，带领者可以旁敲侧击地促进和提升成员的参与热情和想象力，尽量营造轻松、合作接纳的团体氛围，鼓励积极参与。当时间将至时，带领者要提醒成员。为公平起见，到时间所有成员的讨论必须停止。可以设立一些奖项，良性的竞争可以激发成员参与的主动性和积极性。带领者可以准备一些大白纸或白板，简要记录所有成员提出的意见。

2. 问题揭示法

在团体讨论中，带领者将成员讨论的问题尽可能一一列出，写在白板上，以方便讨论。揭示问题法，能够引起参与者的热情，能够澄清问题，消除误解，使成员主动选择重要问题先讨论，将问题分门别类，易于掌握，有助于团体沟通。带领者要营造良好的团体氛围，接纳每一位成员，鼓励成员积极参与，注意倾听每一位成员的意见，掌握发言要点。必要时，请成员共同澄清问题，增进团体成员之间的互动。

3. 六六讨论法

六六讨论法（Phillips 66 technique）由美国密歇根州立大学菲利普斯（Phillips）首倡，其基本原则是将大团体分成小团体进行讨论和分享，目的在于互相能听得更清楚，而且便于更有效地互动和执行工作。每六人一组，每人一分钟。人人参与，体现平等和尊重，交流充分。时间视具体情况需要可有所调整，不一定是绝对的每人一分钟。与六六讨论法类似的是耳语讨论法，不同之处在于耳语讨论法原则上是两人一组讨论，两人更容易用耳语法。

（三）团体辅导的评估技术

评估是团体辅导总结阶段的一项重要工作，包括：团体辅导是否达到预期目标、团体辅导是否有效、团体成员是否满意、团体辅导可以做哪些改进等。

1.团体评估的常用方法

团体评估是指搜集有关团体目标达成程度、成员对个人及他人在团体中的表现、团体特征、成员对团体活动的满意度等，帮助团体带领者及团体成员了解团体辅导的成效。由于不同的团体评估重点不同，选取的评估方法也会有所区别。在治疗性团体评估中，带领者关注成员思维和行为的改变；在互助和成长性团体评估中，带领者更关心成员间的沟通状况，以及人际关系和相互支持网络的建立。

（1）行为计量法。行为计量法是要求团体成员自己观察某些行为出现的次数并做记录，或者请与成员有关的人，如老师、家长、朋友等观察并记录成员的行为，或者由团体带领者自己设计计量表来评定团体成员的进展，以评估成员的行为是否有所改善。行为计量法除了可以应用于记录外显行为之外，还可以记录成员的情绪和思维。记录方法可以用表格或图示。行为计量法的优点是具体、可操作，记录过程也是成员自我监督的过程，有助于其行为改变。

（2）标准化心理测验法。心理测验是对人的心理和行为进行标准化测定的技术。在因材施教、各类人才选拔与培养、心理障碍、心理疾病早期发现及治疗效果的评定等方面，是一种有效的工具。心理测验的种类很多，通常分为智力测验、人格测验、能力测验、职业适应性测验、临床诊断测验等。在团体评估中，运用信度和效度较高的心理测验量表，可以反映出团体成员行为情绪的变化，以评估团体咨询的效果。

（3）调查问卷法。调查问卷法是指由团体带领者设计一系列有针对性的问题，让团体成员填写，搜集团体成员对团体咨询过程、内容、成员关系、团体氛围、团体目标达成、带领者态度和工作方式等方面的意见。问卷的内容可以是开放式的，也可以是封闭式的。自行设计的问卷虽不一定是科学的，但可以让成员自由发表意见和感受，能搜集到第一手的资料。

（4）量表评估法。每个团体带领者都希望团体成员全部投入团体过程，团体参与程度是行为改变的重要条件。但有时一些团体成员会表现出对团体活动不投入的情绪。这时团体带领者可以设计团体成员参与情况自评表，了解团体成员的反应，估计团体发展的趋势。

除了上述四种主要方法之外，还可以通过成员日记、自我报告、带领者的工作日志、观察记录等方法来评估团体的发展和效果。

2. 总结性评估

总结性评估是团体活动结束时所作的评估。这是团体咨询结束时一项必要的工作。总结性评估可采用团体带领者事先设计好的评估表或测验，在团体结束时让团体成员填写，然后进行分析；通过了解团体成员对团体的满意程度，对团体活动的看法、感受及行为变化状况，带领者客观地评定团体辅导的成果，以利于工作的改进。也有的带领者利用自己参与观察的方式，分析团体互动的情形。还可以请团体成员写总结、写感想，以此评估团体工作的效果，见表3-1。

表3-1 团体效果评估表

学员基本信息	姓名	学院	专业	联系电话
1. 完成了本次团体辅导，你的感觉如何？最大的收获是什么？				
2. 在本次团体辅导中，给你印象最深的活动是哪些？为什么？				
3. 你对本次活动中的哪些地方还不够满意？为什么？				
4. 你对本次活动的带领者有何看法？				
5. 你对本次团体辅导还有什么意见和建议？				

3. 追踪性评估

追踪性评估是指团体辅导结束后，三个月至两年内进行的评估，目的是了解团体辅导的效果能否持续，是否对团体成员本人或其社会环境产生有利或不利作用，同时也观察是否有满意度的变化。研究发现，团体成员对团体辅导刚结束的评价与团体辅导结束后几个月的感受有较大的差异，不同时间的反馈意见都有其价值。

追踪性评估的方法有问卷法、会谈法、观察法和测验法等。追踪聚会也是一种追踪性评估的有效方法。在团体辅导结束后的几个月内，可举行一次追踪聚会，评估团体咨询对每位成员的影响。这样的聚会可以让成员了解学习成果如何运用于日常生活中，带领者也可以通过聚会了解团体辅导的整体效果。一般在团体辅导结束时，告诉成员未来聚会的时间、地点。当团体成员知道他们还有见面的机会，一起愉快地回忆团体辅导中的感受和对目前生活的影响时，他们会愿意继续与他人保持联系，并注意将团体辅导中习得的方式方法向现实生活迁移。

二、团体辅导的常用方法

（一）微型演讲

微型演讲是团体辅导常用的方法，指在带领团体的过程中，带领者针对某些主题所做的 5 ～ 10 分钟的小型演讲。主要目的是通过微型演讲导入主题，帮助团体集中焦点，或协助成员解答心理困惑，或营造团体氛围等。成功的微型演讲的关键是简洁明了地提供新颖而有趣的信息。一个有经验的带领者的微型演讲往往会做到言之有物、生动有趣、切中主题并具有很强的针对性，而且充分考虑到团体的性质和成员的情况。根据微型演讲的不同目的，可分为以下六种类型。

1. 导入型微型演讲

主要用于团体创始阶段的第一次聚会或其他聚会需要导入时。这类演讲旨在阐明主题的内容、意义和要求，起到导入主题的作用。

2. 知识型微型演讲

也可称解说型演讲。多用于成熟阶段，主要为团体成员提供“是什么”的信息，如何为“非理性信念”，它有哪些特征等。

3. 分析型微型演讲

也可称作评论性演讲。主要为团体成员提供“为什么”的信息，如对引起不良人际关系的原因进行分析，对造成沮丧情绪的原因进行分析等。

4. 指导型微型演讲

也可称处方型演讲。主要为团体成员提供“怎么办”的信息，如如何调节情绪，如何重建理性认知，如何学习建立良好人际关系，或具体以某一成员的问题给出该问题的指导意见、解决办法等。

5. 鼓励型微型演讲

主要为营造团体氛围而做。要求带领者及时把握团体成员的表现，以鼓励、表扬和展望、希望为主作演讲，以缓和团体成员初始阶段和过渡阶段的对抗情绪，或驱散结束阶段的离愁。

6. 小结型微型演讲

在某一个问题开展讨论之后，或在某个活动结束之后将团体经验、问题作一小结或团体结束阶段对团体经验作总结，以便强化经验，使团体成员有效掌握这些经验并推广到团体以外的生活中。

微型演讲可以是有准备的，也可以是即兴的。它要求带领者有深厚的团体辅导理论功底、宽广的知识面，并对团体辅导有关主题有充分的了解，对成员的情况有较全面的把握。另外，微型演讲的功能之一是带领者针对团体成员所关心的问题提出建议，给予指导性或参考性的信息，协助成员思考问题并做出决策，旨在使成员从带领者那里以及团体讨论中学习咨询和积累经验，通过带领者的简短评论，可以将适宜的信息或忠告提供给成员。

（二）团体讨论

团体讨论是运用最普遍的团体辅导方法，主要目的在于沟通意见、集思广益、解决问题。团体讨论是带领者引导团体成员对一个共同问题，根据资料与经验，互相合作深入探讨的方法。在团体讨论过程中，成员们可以发表自己的意见，听取他人的意见，修正自己的看法。团体讨论的方法主要有以下五种。

1. 圆桌式讨论

这是一种比较民主的方式，成员围圆桌而坐，彼此容易熟悉，容易营造和谐的氛围，引出讨论。

2. 分组讨论

将团体成员分成若干小组，分别讨论同一主题，然后综合小组讨论结果，在团体内各组发言人作交流，其他成员可补充。由于小组人少，每位成员可以有充分发言、交流的机会。

3. 陪席式讨论

这种讨论方式由一位专家发表意见，做引导发言，然后团体成员针对专家意见发表自己的见解。

4. 论坛式讨论

这种讨论方式先由几位专家或带领者分别阐述各自不同的观点，然后团体成员互相讨论，寻求适当的结果。

5. 辩论式讨论

团体成员分成两组，就一个讨论话题分成正反方，意见对立，然后根据自己所在方的立场，与对方进行辩论。

团体讨论的价值在于它可以帮助成员明确了解自己和他人立场不同的地方，养成尊重他人的态度。它可帮助成员不感情用事，从多角度理性地思考和判断。通过团体内其他成员、旁观者的意见，提高自觉性，树立积极、自主的态度，提供自我表现的机会，并促进成员间的充分沟通，使他们能更好地合作。团体讨论的题目有时是计划中确定的，有时是团体成员共同决定的，有时是由活动内容决定的。团体讨论中带领者的责任是营造友善、接纳和宽容的氛围，使团体成员能自由地、充分地发表各自的意见。因此，带领者要鼓励成员参与倾听，并作出反应。为此，带领者本身应该具有广博的知识，能把握问题的关键，有适度的幽默感，善于引导。同时，要为讨论做充分的准备。

（三）角色扮演

角色扮演是用表演的方式来启发团体成员对人际关系及自我情况有所认识的一种方法。它包括心理剧和社会剧两种表演方式。这两种表演方式难以严格区分，一般认为，心理剧指处理某一个人对他人的态度，如学生对父母的态度；社会剧指处理对社会的态度问题，如对环境治理与环境保护的态度。

角色扮演通常由团体成员扮演日常生活情境中的角色，让成员把平时压抑的情绪通过表演得以释放、解脱，学习人际关系的技巧及获得处理问题的灵感并加以练习。角色扮演的步骤如下。

第一步，事先沟通。带领者向团体成员解释角色扮演的价值，使成员有所了解，并激发其参与的热情。

第二步，说明情境。将要扮演的情境及其特征加以说明，让成员有机会提问并提出建议。

第三步，自愿选择角色。带领者鼓励成员自愿扮演各个角色。如果有的角色无人问津，带领者可暗示某些人扮演。

第四步，即兴表演。在情境确定、角色明确的前提下，带领者要协助成员了解自己所扮演的角色的特点，鼓励其按自己的理解和方式表演，台词自己决定，临场发挥。

第五步，帮助观众做明智的观察。有的剧情人物不多，团体其他成员可以当观众，观看表演，并分析演员的言行，在表演结束时提供个人意见。

第六步，表演结束后共同讨论。当所有扮演者觉得无法继续演下去，或带领者认为已达到目的，随时可以停止表演。带领者要让每个表演者都说出自己的感受，并相互提供意见。最后由观众发表意见。

第七步，重演。为了使团体成员对某种角色讨论得更深入，可以让表演者重演，或换人重演，扮演者可参考讨论的意见，用不同的方法表演。

第八步，互换角色。如果某位成员对某个角色表现出强烈的否定情感时，就可以劝其扮演该角色。这样既可以从不同角度去看当时的情境，又有利于了解对方的心情和立场，增加自我反省的机会。

第九步，总结。带领者组织团体成员讨论整个活动的体会、感受，互相启发，互相支持。

角色扮演的情景选择可以是成员共同关心的事情，如家庭生活、学业问题、交友等。例如，高职生团体可以选择学校的情境，角色有校长、教师及学生代表，共同讨论关系切身利益的问题。

角色扮演要尊重成员的自发性，营造自由轻松的氛围，以使成员减轻防卫心理，认清自己的感情，培养思考能力，适应现实环境。角色扮演可以为成员提供宣泄情感的机会，使表演者通过活动，深入了解真实情况和他人的感受，提高人际关系的敏感程度。因此，角色扮演是团体辅导中常用的方法。

（四）行为训练

行为训练是指以行为学习理论为指导，通过特定程序，学习并强化适应的行为，纠正并消除不适应行为的一种心理咨询和治疗方法。行为学习理论认为，人的不适应行为是在社会环境中习得的。因此，对它的纠正与重建只有通过学习才能获得。团体咨询中的行为训练是通过带领者的示范和团体成员之间的人际互动来实现的。行为训练既适用于存在心理适应问题的人，也适用于正常健康的人。在学校教育中，行为训练也是一种有效促进成员成长的方法。行为训练包括放松训练、自信训练、情绪表达训练、社交技能训练等。行为训练的步骤如下：

第一步，情境的选择与描述。由团体带领者或成员简单描述一个情境，让其他成员能清楚地了解问题。情境必须符合三个条件才能训练：必须是互动的，必须有一个明确的关键时刻，反应结果必须是不愉快、不喜欢、焦虑不安的。

第二步，确定训练目标。确定在该情境下想达到的目标以及愿意冒的风险。

第三步，团体讨论。团体成员提供在这种情境下各种可能的反应，并可以自由地、有创见地提供各种建议。不需评价各种建议的可能性，只要充分收集资料。

第四步，示范。团体带领者或指定一位成员扮演情境中的一个人，而另一位成员扮演遇到问题的人，使提出情境的人可以通过他人的表演来观察别人的反应。

第五步，正式训练。团体成员两人一组，或多人一组，公开练习自己在特定情境中的反应，然后相互评估，提出反馈意见。

第六步，综合评估。团体带领者对情境做出分析，对成员的训练进行总结，并鼓励、支持适应的行为。

（五）理性情绪方法

理性情绪方法是带领者将艾利斯的合理情绪疗法理论与方法运用于团体辅导，以帮助成员纠正或清除非理性观念，重建理性认知，以促进个体行为改变的方法。一般步骤如下：

第一步，带领者介绍 ABC 理论。该理论是理性情绪方法的指导理论。人的情绪不是由某一诱发性事件本身引起的，而是由经历这一事件的自我解释和评价引起的。在 ABC 理论中，A（activating events）指诱发事件，B（belief system）指个体在遇到诱发事件后相应产生的信念，即对这一事件的看法、解释和评价；C（emotional consequence）指与特定情景相伴随而产生的个体情绪与行为的结果。ABC 理论认为，诱发事件 A 只是引起情绪及行为反应的间接原因，人们所持的信念 B 才是引起人的情绪及行为反应的直接原因。简言之，是 B 决定了 C，而不是 A 决定了 C。因此，人们应为自己所构建的情绪困扰承担起绝大部分的责任，而人们有能力改变自己的认知，进而改变情绪和行为。

第二步，引导团体成员运用 ABC 模式。即带领者引导团体成员运用该模式来分析与解决日常生活中的实际问题，着重引导成员找出引起个人情绪及行为反应的信念 B。说明像“必须”“可怕化”“灾难化”“自我贬抑”等非理性观念是如何导致人们的情绪困扰的，并引导成员把握非理性化信念的三个典型特征：绝对化要求，它通常与“必须”“应该”这类字眼连在一起；过分概括化，这是一种以偏概全的非理性思维方式，如自我贬抑等；糟糕至极化，它通常与“非常可怕”“灾难”想法相联系。这些都将使人陷入不良情绪体验。

第三步，引导团体成员驳斥非理性信念。带领者应鼓励团体成员对自己和他人的非理性信念进行积极有力地驳斥。这种驳斥的过程包括三个 D：探测（detecting）非理性信念以及认识到其不合逻辑、不符合现实的地方；辩驳（debating）这些非理性信念，提醒自己它们是不被任何证据所支持的；辨析（discriminating）非理性思考和合理考虑。经过 D 的过程将产生驳斥的效果 E（effect），即当事人放弃自我贬抑的观念，获得相对比较理性与合乎现实哲学的认知以及对自我、他人和日常生活中不可避免的挫折能有更大的包容力。在驳斥的过程中，带领者应积极主动地、不断地向当事人发问来挑战与质疑其非理性信念，其提问方式可以是质疑式提问，或者是夸张式提问。带领者还可以引导团体其他成员帮助当事人进行驳斥，也可采取当事人持非理性信念与其他成员辩论的方式予以驳斥。

第四步，带领者协助当事人进行因应式自我对话。带领者引导当事人以有意义的自我陈述性对话来对抗非理性信念，以因应式自我陈述取代自我毁灭性语言。例如，当事人原来的自我毁灭性语言为：“我必须表现好，若犯错误，无疑是可怕的，当我不能尽善尽美时，我就无法忍受”，取而代之的因应式自我陈述则是：“即使我并不完美，我仍能接受我自己，因为金无足赤，人无完人”等。

第五步，带领者为团体成员布置认知家庭作业，作为巩固理性认知的手段，同时准备下次团体活动时与大家分享。

（六）结构式团体练习

结构式团体练习（structured exercises or group exercises）也称习作、团体活动、游戏，是针对团体成员的需要、个人行为、建设性反馈、过程作用和心理整合而设计的演练性活动，是一种经历性的感受体验。这种结构式的团体练习非常适用于特定团体的需要、某种训练目的。它是许多团体带领者的重要资源，团体带领者可根据需要加以革新和变通，运用于各种团体辅导的不同发展阶段。常用的结构式团体练习有很多，从练习的形式上，可以分为以下八类。

1. 书写练习（written exercises）

书写练习也称纸笔练习，这是团体辅导过程中运用最多、最有效的团体练习形式。它是通过列举表格、回答问题、完成语句、记录自己的反应等书写的方式来表达成员的观念和想法，然后与其他成员分享讨论自己的观点，深化对主题的认识和思考的团体活动。这类活动有助于集中成员注意力，引发成员兴趣，激发积极思考，如我是谁、生命线、临终遗言、生存选择、价值拍卖、脑力激荡等。

2. 身体活动（body movement）

身体活动在各类团体中都经常被使用，它是通过肢体活动的方式来表达某些主题或思想。可以用来作为热身、营造团体氛围，也可以增进团体成员的互动，达到提升团体信任度的作用，还可以通过身体活动，改善成员感觉与行为，达到治疗的目的，如轻柔体操、肌肉放松法、呼吸放松法、冥想放松法等。另外，还可采取变化座位、兜圈子、目标走路、塑造形象等形式来进行身体感受。

3. 接触活动（touching activity）

接触活动又称触摸活动，是指伴随其他活动或单独实施的，通过成员肢体上的接触，如接触手、脸、肩膀等来强化彼此感受的活动。在运用这类练习前，要向成员说明练习中可能出现的情况，避免活动中成员的不舒服感。要注意成员的感受，如果成员觉得不自在、不习惯或不情愿时，应尊重成员的感受。

4. 美术工艺练习（arts and crafts）

指请团体成员运用不同的材料来绘画、剪贴、切割、捏塑以创造一些视觉化产品，表达内心世界和真实自我的活动。运用美术工艺练习要配合团体目标选好主题。作品完成后，邀请团体成员分享自己作品的意义，其他成员可以通过询问等方式，促进作者思考和探索自己的作品，从而使其进一步了解自己、了解他人，如自画像、家庭像、T恤衫设计、绘画接力等。

5. 幻想练习（fantasy）

带领者运用团体成员的想象力以及借助听觉资料、视觉影像资料，协助成员清楚了解自己的感受、愿望和各种情绪的练习。这种练习常用于支持、成长、咨询治疗的团体辅导。道具幻想是带领者运用一些道具，如塑料杯、啤酒瓶、橡皮圈等，让成员想象或体验某些团体主题。例如，橡皮圈可用来想象与体验压力应付等。幻想练习还有残枝幻想、小溪幻想、智者幻想、葬礼幻想等。

6. 阅读练习（reading exercises）

指由带领者提供某一主题的阅读资料，可以是一首诗、一个故事、一篇散文等，引导成员先看，或请成员朗读，然后围绕主题进行较深入讨论。阅读练习进行得是否顺畅主要在于资料是否合适，若资料选择合适，就可活跃成员的思想，激发成员的想象力，引发成员热烈的讨论，如姑娘与水手、谁不应上救生艇等两难练习，都是采用阅读练习的形式。

7. 互助性练习（interactive activity）

指促进带领者与成员、成员与成员间分享彼此感受和想法的练习。包括为促进人际交往能力提高的一些沟通练习，如优点轰炸、真情告白等；一些增强团体凝聚力的练习，如金鱼缸、乒乓球接力、技艺大赛、击鼓传花等也属于这种练习。

8. 家庭作业（homework）

也称团体外练习。指团体辅导结束时，带领者特别布置给团体成员在下次聚会前需要做好的练习。家庭作业的目的是鼓励团体成员在真实的生活中尝试运用在团体中学到的东西，减少对团体的依赖。家庭作业的类型多种多样，可根据团体目标、对象和团体进展来选择，如行为练习、认知作业等。

为了有效地运用结构式练习促进团体发展，带领者要充分认识到练习只是手段而非目的，不要为了练习而练习，应充分考虑团体目标、阶段、主题、特点、成员状况和团体氛围，选择安排练习。切忌把团体辅导计划做成结构式练习的堆砌而不注重练习的效果。对已有的练习，可根据自己的团体辅导目标和需要进行修改、丰富和调整。

三、团体辅导的模式及方案设计

（一）团体辅导的模式与过程

团体辅导过程一般包括团体构建、团体活动设计、团体活动实施、团体效果评估四个步骤。团体辅导主要分为小组辅导、班级辅导、心理辅导活动课程三种，较为常见的模式有情境体验式团体辅导模式、发展性团体辅导模式、“萨提亚治疗模式”等[1]。默汉德（Mohamed）等人（2008）通过实证举例强调了不同文化下采用不同模式的重要性，并着重阐述了两种对立的模式：埃及模式和英国模式。提示在选择团体领导风格时，应该考虑到社会文化的影响。

在课程开始之前，根据团体辅导的一些规则对团体的人数、活动规则进行

[1] 黄慧兰，刘新民：《团体人际心理干预与团体认知行为干预对社交焦虑的疗效》，《中国心理卫生杂志》，2011年第25卷第5期，第327页。

设置，保证组内异质性；课程主题的设计要围绕学生存在的共同性和相似性问题展开，使团体具有共同目标，形成团体动力；在团体活动实施过程中真诚地分享，互动沟通。实施方法包括团体游戏、日记记录、冥想、绘画、时间线技术、角色扮演等。团体效果评估通常采用填写团体满意度评估表，开始和结束时分别填写团体成员自我评估表，每个活动结束后记录团体活动日记和团体辅导结束后分阶段多次访谈等方法。要注意团体辅导与一般群体游戏的差别，体现在其重视团队的作用和活动结束后的交流分享。

（二）团体辅导方案设计

1. 建立关系阶段

在团体建立初期，团体成员对团体活动较陌生，还处于观望、试探状态，往往只做少量且表面的自我表露。此时组织者要介绍自己，解释团体辅导的概念、形式、内容和作用等。同时，要明确个人目标和团体辅导目标，拟定团体辅导契约，建立初步信任。

2. 转换阶段

在这一阶段团体成员开始尝试有冒险性的自我揭露，团体中的联盟形成，进一步增强团体成员间的信任感和团体凝聚力，激发团体辅导动力。

3. 工作阶段

这一阶段团体成员展现出成熟的支持行为，主动地做更多的自我洞察，并且从人际互动中进行学习，引发深度的自我表露，促进行为改变。团体的冲突减少，且能迅速地主动协调。

4. 结束阶段

回顾团体辅导历程，团体成员总结和分享自己的心理体验和收获，对于彼此的努力给予肯定和鼓励。评估团体辅导进行的状况，处理好团体成员的离别情绪。

团体辅导的一般技术包括积极倾听、复述技术、反应技术、澄清、提问、总结等；促进团体互动的技术包括建立关系、联结、催化、阻止、调停、反馈、团体聚焦等。例如，在提问技术方面，一般开放式提问可以获得更多的信息，而封闭式提问得到的消息则少得多。此外，作为带领者的教师在关系层面除了保持亲和度及亲密感之外，其与成员间的距离也必须拿捏到位，即温暖亲和的同时保持一定的距离和界限。教师角色定位是支持者、引领者、共情者。教师的领导风格包括亲职导向领导、友伴导向领导、教练导向领导及顾问导向领导，在不同的情境中会发挥不同效用，影响团体辅导的历程与成效。积极、接纳、包容、开放的团体氛围是成员改变的重要条件。还有学者从布迪厄的场域、惯习理论角度解释团体辅导时间的长短对其效果的影响。

第四章　高职生活与新生适应

第一节　高职生活与新生适应阶段

一、新生适应高职生活的教育内容

（一）编发入学教育资料

编发入学教育资料是国内大学普遍通行的做法，通过编发系统的教育资料，可以帮助高职新生尽快了解学校的基本情况，有利于新生适应环境，解决一些实际困难。常见的做法包括以下三种：①学校编发的材料，如招生部门随录取通知书一并下发的学校简介、报到流程、学院及专业介绍等，学生工作部门编发的入学指南、学生纪律管理规定、新生生活指南等，教务管理部门下发的学籍管理制度、选课及专业调换制度等；②各学院编发的资料，是对学校编发的材料的补充，重点突出本学院特有的入学阶段的工作；③各学生组织（包括社团组织）编发的资料，包括学习指南、生活指南及社团介绍、加入程序等。编发入学教育资料能比较全面地介绍校园的基本情况，便于新生收集学习、生活和学生组织等方面的建议，特别是学生组织编发的材料具有一定的针对性，对常见问题和困难能提出相应的具体建议，对新生尽快熟悉、适应校园环境、人文环境和学习环境有着积极的作用。

（二）组织集中教育培训

这是国内高职院校长期以来最为主要的入学教育方式，将新生组织起来，集中开展各类通用课程的教育。常见的方式包括以下六种：①组织军事训练，绝大多数高职都将军训安排在新生入学报到后的一周内或一个月内；②举办开学典礼，这是新生入学适应教育中最重要的仪式，一般都安排学长、教师和校领导讲话，这标志着新生正式进入高职学习；③组织校规校纪及学籍管理方面的培训，多由学生工作部门、教务教学管理部门及辅导员实施；④组织参观，有的高职院校通过组织新生参观校史馆、规划馆、知名教授展、优秀校友展等形式，培养新生的爱校意识；⑤开展专项思想政治教育或专业学习教育，有的高职院校通过开展党员集中再教育、心理健康教育、养成教育等活动为思想政治教育搭建平台，有的高职院校通过开设专业指导课，指导学生了解专业概况，掌握学习方法；⑥开展安全教育，包括人身安全、财产安全、消防安全等。集中教育培训这种模式有利于新生在一定时期内专注于了解到高职所需的基本知识，比编发资料有更强的易接受性，但由于扩招后高职新生数量庞大，一般高职院校都面临着集中教育时的硬件条件不够的问题。另外，过于密集的集中教育也会使个别新生产生消极思想，使教育流于形式。

（三）组织校园文化活动

校园文化活动丰富多彩，是校园文化的传承和发扬，每所高职院校都会举办自己的传统性、品牌性活动，既丰富新生的生活，也宣传学校的文化。一般来讲，新生参与的校园文化活动主要包括运动会、文艺汇演、辩论赛、演讲赛等，也包括学生社团组织的各类专业、专项的文化活动。校园文化活动是寓教于乐的教育方式，能让新生在参与过程中受到潜移默化的熏陶，为新生提供了展示自我的平台，可以增进新生间的相互了解和促进其集体意识的养成。

（四）其他教育方式

随着信息技术的发展和高职新生的基本情况变化，许多高职院校都结合时代特色，结合办学传统与方向，采用了各种新的入学适应教育方式。一是部分高职院校将网络技术运用于新生适应教育，建立网络报到、网上校园等平台，建设校园论坛、校园短信平台、信息交互平台等，既减少了教育人员的投入，还易于被新生接受；二是重视学长在新生入学适应教育中的作用，建立学长工作制度；三是关注新生心理健康，通过开展心理评测、建立心理咨询室、开设心理健康教育课等形式，解决新生入学适应过程中的心理困境；四是重视学术活动和科研精神的培养，有的高职院校开展适合大学新生的科技创新活动，举办科研方法、创新精神等讲座。

上述大部分做法，在我国高职已经成为一种比较稳定的模式，对于新生了解学校、了解专业，适应高职的生活、学习和环境，尽快完成从中学生到高职生的转变，取得了积极成效，为新生融入高职生活发挥了积极作用。

二、新生适应阶段与问题

（一）新生适应反应及其阶段

高职生活，从一定意义上来说，真正开启了青年人独立生活的大门。所有的一切都蕴含着新意：新的环境、新的人际圈、新的学习方式、新的发展任务，以及新的自我。刚进高职的你，是否因为远离父母、家乡而感到焦虑？是否因为没有朋友而感到孤单？是否因为全新的学习和生活方式而感到茫然？如果是，请不要急于否定现状，因为你并不是唯一有这样体验的人，这是新生适应反应，是大一新生都要经历的一个阶段。新生适应反应是指一系列与高职新体验相关的心理困扰，包括孤独、焦虑和抑郁等情绪反应。一般来说，大部分新生面临新生适应问题时，会以尝试交新朋友、调整认知让自己快速融入校园生活中，但也有部分学生在适应和调整的过程中，问题没得到及时解决，遗留下来，甚至激化，导致更为严重的心理问题。

人们在受到危险、持续性压力或出乎意料的外界情况变化时，会引起一种情绪状态反应，我们称为应激反应，表现为生理、情绪、认知、行为等多个方面的变化。不要害怕，这是人类在应对危险时的一种自我保护的本能，是正常的反应，它在提醒我们做好准备去避免那些可能的危险。一般来说，学生面对新环境的压力时出现的应激反应分为三个阶段。

第一阶段警觉期。表现为焦虑、尝试调动自身资源。一些新生在适应阶段出现逃避行为，如总请假回家、高频率地给家里打电话、厌学、网络成瘾等，这其实是处于应激反应的警觉期，需要家庭、学校、教师和同学的帮助。

第二阶段抵抗期。表现为情绪低落、抑郁等。需要好好梳理当下所面临的压力，积极寻找应对资源，调整情绪，也要注意保持健康的饮食及合理的作息时间。

第三阶段衰竭期。如果抵抗期过长，又没有有效的措施来应对，那么，机体就会进入衰竭期。例如，有的学生产生退学的想法，甚至引发较为严重的心理问题。如果出现以下症状，如长期持续的焦虑、低落、悲伤，且已经影响了正常的社交、学习和生活，长期处于一种无力感的状态，没有明显理由地感到绝望或是抑郁，无法与他人建立友谊，非病理性头痛、腹泻、皮疹、胃痉挛等，则需要寻求专业心理咨询的帮助。

（二）新生适应问题

1. 自然环境适应问题

自然环境是指大学所在地区的气候、风俗、语言等环境。从高中到大学，自然环境的变化会深刻地影响学生。一般来讲，高中阶段都在家乡或附近上学，各方面的环境熟悉，同学们的饮食、生活习惯几乎一致，而高职往往要离开家乡，到陌生的环境，与生活习惯完全不同、地域文化差异较大的同学一起生活，自然环境的变迁使高职新生面临着语言、饮食、生活习惯、文化等各方面的适应性问题。而随着我国高职扩招，多址办学情况普遍，往往新生都被安排在新的校区，地理位置较为偏僻，交通、周边环境、公共服务设施等都存在着不便利的因素，尤其是北京、上海这种土地资源比较紧张的城市，新校区一般都设立在郊区，离市区较远，硬件设施建设从一定程度上影响了学生的感知和感观，有些甚至还不如高中学校的条件好，学生心理上会存在一定的落差。

2. 人文环境适应问题

人文环境是指学校所蕴含的文化内涵，主要包括三个层面的内容：①通过物表现的物化环境，即通常说的硬环境；②通过人们的环境行为表现的行为环境，即精神文化环境，包括学校精神、校园历史文化传统、校园文化、校园人际关系等；③通过学校行为表现的制度、课程环境，即管理文化环境。

新生对高职人文环境的适应是一个渐进的过程，需要在学习、生活中慢慢地理解和感受。在接受校园人文环境的熏陶中，学生的认同度和时间跨度对新生能否尽快适应大学有着重要的影响。在高中阶段，学生接受以教师管理为主、学生自我管理为辅的管理模式，而进入高职后发生了转变，形成以教师引导为辅、学生自我管理为主的管理方式，在课程教学、教务管理、考试制度、学生评价、宿舍管理和饮食服务等方面都发生了不同程度的改变，这些都严重影响着高职新生的角色转变思维和速度，为学生适应高职教育带来了挑战。

对于安排在新校区学习生活的新生，校园文化和校园精神的传承、发展对新生适应影响更为重要。尽管高职院校在建设新校区时，也非常关注校园文化和大学精神的体现，但由于校区建成时间短、校址较偏远和校园文化自身演化缓慢等，新校区的校园人文环境往往存在着诸多的问题和困难，其突出特点就体现在校园文化的匮乏，与老校区的校园文化缺乏深层次的对接。例如，在硬件环境上缺少学校历史性和学校精神体现的建筑物，文化底蕴不足；授课教师一般都是采用两边跑的方式，除正常的授课之外，不会在新校区有长时间的停留，所以师生沟通和交流方面相对比较欠缺，师生感情较淡；将新生和高年级学生及研究生分校区办学，造成了文化传承上的困难，低年级学生很难从高年级学生身上感受到校园文化的熏陶和学校精神的传承，从而造成了朋辈教育的断层。

3. 学习环境适应问题

对高职生活的现实状况，有些新生过于理想化地向往高职生活，有些只是以好奇或随遇而安的心态面对，普遍缺乏全面的了解和充足的心理准备。北京化工大学对 2016 级、2017 级新生教育调查显示，对专业非常满意的仅占 22.5%，对专业不满意的占 16%。笔者认为，学习适应问题可分为四类：①部分学生对专业不满意，特别是被调剂、转专业不成功和相对弱势学科的学生，学习的积极性会受到很大影响；②由于大学前的应试教育体制，学生压力巨大，有明确的学习目标，而面对高职相对宽松的学习氛围，有些高职新生迷失了求学的方向，对学习产生厌倦情绪，表现为学习动力缺失；③高职新生要花时间和精力去适应新的环境，表现在学习方面就是注意力分散了，影响了学习效果；④上课教师和学习科目的影响，很普遍的现象是有些学科学生很重视，学习认真，而有些学科学生不重视，影响其学习效果。

4. 人际关系适应问题

高职校园里的学生来自全国各地，他们有着不同的地域风俗、不同的家庭结构、不同的语言和行为方式、不同的价值标准和思想观念、不同的性格爱好和道德品质，致使在人际交往过程中有着不同程度的障碍。新生相互之间的友情尚未固定，又离家较远，加之高职生自尊心较强，遇到问题后没有合适的倾诉对象，因此，许多新生面临着孤独感和交往困境。高职中人际关系环境最显著的特点是师生关系明显淡化，而同学之间互动相对频繁。高职阶段同学之间交往的重要性增加，与此同时，发生矛盾冲突的机会也大为增多。一方面由于他们在生活习惯、性格、经验等方面存在很大差异，另一方面现在独生子女的增多使得在同学关系方面会出现种种问题。人是群居性的，高职生正处于青春期，渴望交往，向往爱情，活泼外向，期望被同学接受和认可，这种心理上的需求与人际关系的现实交往困境容易使学生产生孤独感。

5. 心理环境适应问题

高职是一个小社会，现实生活不只是一种享受，其中也蕴含着许多艰辛，这是一些新生始料未及的，对学生的心理会产生很大的冲击，可能会有失落，也会有失望，如果在学业、人际交往等方面产生适应问题，心理适应就会更加凸显。大学丰富多彩的学生活动，各类选秀、竞争性比赛以及学生干部选拔等，部分学生在许多方面都能成功，成为校园明星，而有些学生却可能处处碰壁，因此出现失落感、自卑感，甚至变得孤僻、内向。针对高职新生入学后面临的一些挫折，如果引导教育不及时，可能会引发严重的心理问题。例如，武汉大学针对首批“90 后”新生开展的调研表明，“高职生心理素质偏弱，抗压能力明显不足，有 72.3% 的人表示在遭遇挫折后，自己心理会留下阴影；有 5.1% 的同学表示自己会因此一蹶不振；只有 9.4% 的新生表示愿意‘总结经验，从头再来’。”

6. 网络环境适应问题

新时代的高职生对网络的运用和需求巨大，特别是随着智能手机、社交网站和互联网工具的普及，网络已成为一张无形的网，在高职新生的学习和生活中占据着重要的地位。面对新的网络环境，高职新生容易出现网络依赖症，表现为时时离不开网，离不开手机或电脑，甚至上课时都不能短暂关闭。网络适应问题还表现在高职新生对网络游戏的钟爱上由于管理模式上的宽松，个人时间上的自由，新生接触网络游戏较为容易，网络游戏成瘾者除了更容易产生学习倦怠以外，上网游戏时间越长，对网络的依赖性越强，情绪就越低落，不良学习行为越多，在现实环境中出现的人际关系问题、健康问题以及时间管理问题也越多。另外，网络信息量大，各种消息混杂，难分真假，各种价值观、各种思潮都有自己的网络阵地和网络代言人，对于正处在人生关键期的高职新生来讲，其对信息的辨别力还不足，世界观、价值观、人生观易受到网络言论的影响，需要高职教师在思想政治工作中给予积极、正向的引导。

第二节　新生适应高职生活的对策

有效帮助高职新生适应入学所设计的策略体系主要包括两个系统和五方面内容。两个系统即：学校支持系统及个人应对策略系统；五方面内容即：环境适应、生活适应、学习适应、人际关系适应和身心适应，为进一步有效帮助高职新生入学适应和干预学生入学适应不良提供参考。

一、学校支持系统

（一）积极创造更利于新生入学适应的大环境

高职新生入学适应能力的培养是一个系统的工程，从学生的角度而言，能够积极地在入学之后与新环境、新校园、新的人际关系进行互动是改善自己入学适应不良最重要的求助方式。因此，对于学校来说，就是要为学生创造良好的校园活动环境，完善学生的求助平台。高职院校可以为帮助新生适应入学做以下方面的努力：

第一，从学校层面增强高职新生入学适应情况对其心理健康重要性的认识，将一般教育与个别辅导相结合，需要了解高职生在学校适应过程中的心理诉求，建立有利于满足学生心理诉求的学校文化和管理文化，从而帮助学生有效地实现对学校生活的适应。

学校可以考虑将原本设置在大一第二学期的公共基础课“高职生心理健康教育”调整至大一第一学期。利用课程向刚入学的新生普及心理健康基本知识，介绍有效地相对较短时间内适应新的校园生活的方方面面，增进心理健康的方法和途径以及心理调适的方法。在新生入学后的一定时间内，对全校新生进行一次心理普查，这种做法可迅速、准确地掌握高职新生的心理健康状况和入学适应情况，并能通过课程让心理健康课程的教师与学生接触，参照评价体系，筛选出需要帮助的学生，主动提供适宜的心理辅导和危机干预，帮助新生消除心理困惑，增强克服困难、承受挫折、适应新环境的能力。

第二，完善师生交流的平台。在调查问卷中我们可以看到，学生反映出的问题是，专业教师上课的时候来，上完课就走，和学生没有太多的交流，更别说课后的关怀和帮助了。有的教师把工作重心放在科研上，上课反而只是为了完成学校安排的教学任务，更不用说在教学过程中关注学生是否适应新的学习环境、心理健康水平如何。因此，学校应当建立科研与教学相结合的管理导向机制，注重教育、管理、服务等环节对新生的影响，完善师生交流的平台。对专业教师进行统一培训，关注学生的心理健康水平，对入学适应困难的学生给予更多的支持和帮助，努力把培养学生心理健康、提高新生对新环境的适应性渗透到教书育人、管理育人、服务育人的过程之中。鼓励教师多和学生沟通交流，及时发现问题，尽早解决问题，预防新生由于入学适应不良引起突发事件。

在加大教师培训的同时，也要注重培养学生尤其是大一新生交往能力。有学生在问卷中反映出的状态是，“比起同班或者同寝室的同学，更愿意和高中的同学和朋友交流，用 QQ、微信都比跟他们交流好。但是，因为他们和自己在不同的学校，进入新环境知道他们也很忙，这种朋友不在身边的感觉让人觉得很孤独，有时也很无助。想在新的学校、新的环境里交到新的朋友，但是交到真心的朋友，却非常的难。感觉大家都过得去，但是不怎么交心，和教师也基本上没有什么交流。”所以，培养大一新生的人际交往能力，让他们学会怎样结交新的朋友，如何从同学、教师和朋友那里获得支持，不但利于他们顺利适应入学，而且对他们一生的成长都有帮助。

第三，建立更加丰富多彩的课外活动平台。调查研究显示，大一新生对课外活动的参与度与入学适应水平呈现正相关。因此，学校可以为在校学生搭建更为丰富的校外活动平台，为学生的社团活动提供更为便利的条件，并鼓励教师、学生积极参与到课外活动中来。通过丰富多彩、有趣有益的课外活动来吸引教师、学生积极参与，而尽量避免以强制措施使学生被动参与，如与学分、学习成绩或者奖助学金挂钩等。强制地要求学生参与活动会让学生认为活动本身“没意思”，而忽略了学生的内部动机，甚至让一部分原本有兴趣的学生丧失了对活动本身以及其他类型课外活动的热情。比较好的做法是创建宽松的平台，鼓励学生自己参与社团活动，甚至自己筹备有趣的活动，学校层面、相关的教职工给予支持和辅助。

第四，优化教学方式，使学生从中学的应试学法到大学的自主学法能够平稳过渡。在入学之初，一般会安排集中的新生入学教育。在新生入学教育课程中，加入关于自主式学习方法的介绍。完善校园内图书馆、网络图书馆、自主学习室、自修室等配套措施的建设和使用。在大一新生的教育教学工作中，教师应该结合刚入学的大一新生的学习特点，适度调整教学方法，在教学的过程中逐渐转换，给予刚入学的大一新生一段时间逐渐接受自主式的学习方法。例如，在课程安排的前期，安排一部分的思考题，要求学生在课后通过自己的方式查找相关资料，得出自己的结论。再在之后的课程中请学生自己来讲解自己的结论和想法，教师作为辅导、帮助的角色。在课程的中后期布置相对更难、具有更大工作量的项目让学生组成学习工作小组共同完成。

（二）注重更利于新生入学适应的细节

第一，在全校范围内推广普通话。学校可以在全校范围推广使用普通话，在教学区和行政区以及生活区如学校食堂、校内超市等地方设置醒目的提示，要求使用普通话。鼓励学生在寝室，特别是有外地学生的寝室，使用普通话，以方便相互沟通，减少距离感。

第二，一般的高职院校不像综合性大学，建校时间不长且每年招收的新生有限，所以相关配套条件也不尽如人意。因此，建议学校适当考虑学生的生活习惯，在午餐和晚餐增加面食供应，口味上提供更丰富多样的选择。

第三，增设既有趣又对新生入学适应有切实帮助的选修课程或者讲座。主要针对，如如何理财、如何增强人际吸引力、如何对高职生活进行规划、如何做好时间管理、如何对抗自己的“晚睡强迫症”、如何更好地管理自己的情绪、如何恰当地表达不同的意见等。这些讲座可供刚入学的新生自主选择，既不会给他们造成过于沉重的学业负担，又可给有需要的学生提供良好的意见和建议，还可以为新生的课外生活增添更多的色彩。

第四，在安排新生寝室的时候，适当地考虑将生活习惯相同或者相近的学生安排在一起，而不是在安排的时候图方便，将学生按照报到顺序挨个地“塞”进寝室，之后再花更多的时间去调节寝室同学因为生活习惯的不同而产生的矛盾。例如，就以睡觉习惯为一个指标，将同一个专业的学生按照习惯早睡或者习惯晚睡分别安排，就可以减少因为睡觉时间安排而产生的矛盾。

二、个人应对策略系统

（一）增强生活适应的能力

高职新生进入大学以后，都得离开父母独自生活，许多学生还远离家乡，衣食住行等日常生活都要靠自己安排。很多学生以前从没有这样生活过，在家都是父母操办一切，离开父母的怀抱之后总是为完全陌生的环境中的生活琐事所烦恼，如打水的时候总是被开水溅到、食堂拥挤饭菜难吃、衣服总是难以洗干净、床铺狭小得难以入睡等。以前中小学时同学几乎都是来自同一个地方，习惯、生活方式各个方面都差不多相同，而现在同学们却来自“五湖四海”，“异质化”程度很高，地区的差异使他们在思想观念、价值标准、生活方式、生活习惯等方面存在着很大差异。刚入学的高职新生必须有这样的意识：自己已经是成年人，必须学会独自面对这些生活中的琐事。对于他们而言，要真正融入大学校园、适应高职生活，每一名高职新生就都要学会独立。

很多高职生对于理财、管理自己的生活费感到困难，不太适应。因此，建议每个刚入学的高职新生学会简单地记账和预算编制，这是控制消费最有效的方法之一。有个记账簿，就可以掌握自己的收支情况，看看哪些是不必要的支出，哪些是可以控制的支出，哪些是可有可无的支出，对症下药，对今后的开支做出必要的修改，以达到控制的目的。根据家庭的经济能力和自己勤工俭学的收入来进行日常消费，学会精打细算，量力而行，养成良好的生活习惯，把有限的钱花在最需要的地方，不要每到月底就出现经济赤字。

（二）增强学习适应的能力

很多学生认为经历了高中“魔鬼式的训练”的高压生活进入大学后，就应该放松。有这种想法得尽快调整。大学和高中在教学方法上有许多不同，高中教师事无巨细、严格督促，手把手地牵着学生往前走，采用题海战术，通过反复的练习提高准确率，学生对教师有很强的依赖心理，而大学更强调学生学习能力的培养。这是入学的高职新生学习适应不良最主要的表现。一方面是学习习惯在高中时本来就不算好，另一方面是不适应大学课堂外松内紧的特点。高职课程安排看似很轻松，不像高中从早自习到晚自习全天的时间安排得满满的，但是在课堂上教师讲的内容却很多。对于刚入校的高职新生而言，一节课讲十几页甚至几十页的课本内容根本不可思议，通常几节课下来就慌了神。所以，刚入学的高职新生不但应注重课堂听课效果，而且应该做好预习和复习，跟上教师的教学节奏。如果不能适应教师的快节奏而采取放弃的做法，上课听不懂就不听，课后又不及时复习，这样就会越来越跟不上。

另外，高职新生入学后对学习不适应的方面还有：大学更重要的培养学生独立思考问题和解决问题的能力，跟高中用对错和分数来判断截然不同。尤其是高职院校，除了理论知识的学习，更注重实践教育和与未来职业相关的匹配度。

大学的教师讲课一般都是开放性的，如就某一现象发表看法，他们会引述很多人的意见然后再说出自己的观点，但不会下对或错的结论，只是供学生们参考，学生们在实践中去判断，这就无形中培养了学生的独立思考问题能力。这也就要求刚入学的高职新生摒弃高中时等着教师“喂食”的学习习惯，积极参与课堂的讨论和案例分析，积极思考尽快跟上教师的节奏。

因此，对刚入学的高职新生而言，针对“自由支配的学习时间增多，学习的自主性大大增强”这一最重要的学习特点，克服刚入学时学习的随意性过强的问题，对学习目的和学习时间的分配进行具体的安排和规划，列出具有可行性的实施方案。

养成晨读、自习等自主学习行为，充分利用图书馆和互联网搜集资料和掌握信息，掌握科学的学习方法，培养自主学习和独立思考问题、分析问题、解决问题的能力，学会学习是这个阶段学习的最重要任务。

（三）增强人际适应的能力

与同学、教师的关系其实折射出来的是个人的交往沟通能力。很多新生在人际交往方面适应不良时，都会历数交往过程中别人的缺点与不足，一再抱怨“×× 太难相处了”……和人际适应不良的学生的交流中发现，他们几乎都感慨大学的人际关系复杂，与别人很难相处，但事实上可能并非如此，甚至相反，与大学期间结识的朋友之间的友谊无论是在当时，还是在以后，都将是一个人生命中最重要的情感之一。处理好大学里与教师、与同学的人际关系也是高职生活乃至人生道路上的重要一课。一味地抱怨别人和慨叹世态并不能帮助自己找到建立人际关系的捷径，更为理智的做法是，积极地解决问题。

在高职生活中学习和发展成熟的人际关系，培养人际交往的能力。在最初出现意见不合或观点不一致的时候，不是一味地忍让或者冲动地行动，而是懂得有效、合理地提出自己的意见和看法。特别是在出现人际适应问题的时候，不要因为大家有些误会就避免交流和沟通，而更应主动与大家交流，参与大家的讨论与活动。只有这样，才能更好地了解自己和他人，消除彼此之间的误会，加深相互的理解和信任。

就以最常出现矛盾的寝室关系为例，可以尝试如下努力：

（1）定下寝室同学大家都能达成共识的基本规则，每个同学互相监督，共同遵守。例如，晚上十一点熄灯后还不睡觉的同学不能吵闹，寝室有人在学习就不要去打扰，卫生每个同学轮流做，每个月搞一次宿舍活动，一起去聚餐、看电影、打游戏或者其他共同感兴趣的活动等。

（2）在刚开始入住寝室的时候，同寝室的同学可以坦诚地积极沟通，让别人知道自己的习惯，也了解别人的习惯。例如，不接受别人乱用自己的生活用品，坚决不接受与别人共用自己的餐具，习惯晚上十一点睡觉，等等。这个过程非常重要，但更为关键的是，在相互了解对方的生活习惯之后，相互尊重，每个同学都要注意约束自己的行为，不要打扰到别人。这样看似很麻烦，但却可以给每个同学最大的空间，所有同学都舒服地相处，并且避免矛盾产生。

高职新生在入学时还应该注意在与人交往的过程中注意方法和交流的艺术，保持诚实、宽容和谅解；要学会表达自己的观点、意见和见解，也要学会倾听，理解和尊重对同一问题的不同观点和态度；要学会与他人合作，共同完成学习和成长的任务，培养合作精神和合作能力；懂得发自内心地赞美他人。

（四）增强对环境的整体认同感

步入校园，大部分学生对进入新环境的整体认同感良好，但是，有一部分学生却对新的学校以及自己新的校园生活表现出较低的整体认同感。这是因为这部分学生认为，自己高考失利，没有发挥出自己的真实水平，从而落入录取的最后一批次，所以看不起现在的学校，但是他们也不愿意复读，那要承担更大的压力和风险，他们很难下定决心，就一直犹豫不决，左右徘徊。而犹豫不决、患得患失反而是最消耗时间和心理能量的“选择”，随之而来的便是焦虑与不安。要对抗这种整体认同感低所带来的不适，最好的方法就是去做。所以，我们鼓励学生们自己去权衡利弊，与父母好好沟通，做出对得起自己人生的选择。因为他们基本上都是已经成年的独立的个体，完全有能力为自己的选择负责。对于那些选择继续留下来的新生，则应该全然接受现状，从心底认同自己的选择，认同自己的新环境，通过努力，让自己的选择闪闪发光。

还有部分同学对自己新的校园生活表现出较低的整体认同感，因为他们认为现在所学的专业他们不喜欢，面对自己不熟悉甚至不喜欢的专业领域，他们觉得很迷茫，所以对现状完全不认同。除非是有特别明确的目标，否则一般情况下不建议新生自己随便转专业。虽说大学的学习风格和自我管理的特点决定了学习要以兴趣为主导，但对于自己完全不了解的领域，兴趣也是靠培养的。高职新生可以多和师兄师姐沟通交流，对于所学的专业以及未来的计划多请教，一定会受益匪浅。等了解之后再做决定，会更加理智。

（五）减少因适应不良产生的身心症状

（1）刚入学的高职学生应该尽快地适应入学后的生活，学会健康地安排自己的生活，合理地分配各个部分所占的时间。懂得计划足够的时间参与体育锻炼，合理安排饮食和睡眠。

（2）积极参加课余班团活动。参加课余班团活动，可以扩大与同学的交往，丰富课余生活，消除孤独与寂寞的心理，同时通过参加课余活动还可以充分展现自我，增强自信。

（3）对自己由于适应不良所产生的不良情绪进行及时的调试。如果自己一个人处理自己的不良情绪觉得很困难，可以寻求身边的同学、教师以及专门的心理辅导教师的帮助。要懂得因为适应不良产生的一些情绪问题就像水土不服造成感冒或者闹肚子一样，是很平常的事情，不要产生羞愧或者不好意思的心理，及时地寻求帮助有利于减少因适应不良而产生的身心症状。

第三节　高职新生适应的团体辅导方案设计、实施与效果分析

一、团体辅导需要的研究工具

（一）症状自陈量表（SCL–90）

症状自陈量表用来评定近期心理健康状况的症状。分为躯体化、抑郁、人际敏感等 10 个有关精神症状的因子，共 90 道题，按 5 级评分。量表总分或因

子分越高，说明精神症状越严重，健康水平越低。10个因子及其特征如下：①躯体化：主要反映主观的躯体不适感；②强迫症状：它与临床强迫症表现的症状、定义基本相同；③人际关系敏感：主要指某些人存在的不自在感和自卑感；④抑郁：反映的是与临床上抑郁症状群相联系的广泛的概念；⑤焦虑：包括一些通常在临床上明显与焦虑症状相联系的精神症状及体验；⑥敌对：主要从思维、情感及行为三方面来反映受检者的敌对表现；⑦恐怖：它与传统的恐怖状态或广场恐怖所反映的内容基本一致；⑧偏执：主要指思维方面，如投射性思维、敌对、猜疑、关系妄想、被动体验与夸大等；⑨精神病性：其中有幻听、思维播散、被控制感、思维被插入等反映精神分裂样症状的项目；⑩其他：主要反映睡眠及饮食情况。

（二）大学新生适应量表（FARS）

大学新生适应量表由中国台湾学者吴秀碧编制，用来评定大学新生心理适应状况。量表共 3 道题，按 4 级评分。量表综合考虑了大学新生普遍存在的各种适应因素，将其适应问题分为：学习方法困扰、资源利用困扰、独立生活困扰、职业目标困扰、人际关系困扰 5 个维度（因子）。量表总分或分量表得分越高，说明适应的困扰越大。

（三）班级气氛自评量表

用来评定新生班级的凝聚力，量表包括真诚、了解、尊重和接纳 4 个因子，分数越高，说明班级气氛越佳。

（四）高职新生适应性自我评估问卷

用来评价团体辅导效果及新生适应的情况。问卷根据主题辅导的内容来制作，反映新生目前的高职生活学习和人际交往的基本情况，包括 14 个项目，按 9 级评分。项目得分越高，该方面的适应性越强。在问卷的最后设置一道适应高职生活用时的项目，主要是筛选至测试时尚未适应的新生，为进一步跟踪和提供个案服务提供依据。

（五）团体单元反馈自评表

该表参照樊富珉教授的《团体心理咨询》一书有关内容制定，目的是让团体带领者了解班级成员对每次团体活动的满意度、意见和建议，以便为下一次团体活动做适当的调整和准备；同时为了让团体成员能在每次活动后进行回顾和反思。自评表的内容主要包括：对团体活动进行过程的评价、对团体带领者带领方式的评价、对团体成员间的互动的评价、对团体讨论的内容与主题的评价；对团体活动效果的评价、对团体氛围的评价等。另外，还包括团体成员对团体辅导活动中最喜欢的环节和最大的收获方面的评价。

二、团体辅导的干预方案设计与效果分析

高职新生是一个特殊的大学生群体，作为高考的低分人群，刚经历高考失利，进入大学后遭遇环境、学习、人际关系等诸多方面的困难和挑战，是适应性心理问题集中暴发的时期。厌学、退学、休学等中断学业行为多发生在适应不良的新生中。有研究者指出，适应是大学新生发展的关键词。大学第一学年的适应好坏不仅直接决定高职生大学阶段的成功与否，还影响其以后的工作和生活。因此，做好高职新生的适应教育，为其构筑第一道心理安全防线尤为重要。

自20世纪80年代开始，国内外学者从心理学、教育学和社会工作学等角度，对大学新生适应的测量评估、影响因素、问题表现及其原因等方面进行研究，提出了不同的教育干预模式。团体辅导作为一种适应教育模式，其可行性和有效性已得到证实。此案例以积极心理学理论和积极心理治疗模式为基础，针对某高职新生心理普查的适应状况设计干预方案，采用自然教学实验法探讨心理选修课团体辅导对高职新生适应状况的干预效果。

（一）对象与方法

1. 对象

（1）基线测查对象。整群抽取河南某高职院校8个班级的全体新生（共369名）为研究对象。基线测查共发放问卷369份，回收有效问卷365份，有效率为98.91%，其中男生187名（51.23%），女生178名（48.77%）。

（2）干预对象。将选修“大学生心理素质培养与训练”课程的4个班级共191名学生作为实验组，实施心理选修课程干预；未选修该课程的4个班级共178名学生为对照组，只实施常规的新生适应教育，不进行上述心理课程干预。剔除无效问卷和未完全参与全部课程的学生后，得到实验组有效被试186名，对照组169名，有效率分别为97.38%和94.94%。

2. 方法

采用实验组、对照组前后测的实验设计，通过问卷调查法和自然教学实验

法进行研究。

按统一时间和指导语，由辅导员担任施测员，分别于某年10月和12月以班级为单位利用团课时间集体施测。前测时间为入学后第7周（此时适应问题表现较为突出），确定基线水平。实验组接受8周（第8～15周）的整体心理教学实验干预。入学后第16周进行后测，评估干预效果。

（二）干预方案设计及实施步骤

1. 确定团体性质

实验组为同质群体组成的心理成长团体，通过发展性团体辅导帮助学生更好、更快地适应大学生活。

2. 制定团体辅导方案

根据该学年全体新生心理普查中"中国大学生适应量表"7个因子的得分，了解总体适应状况，结合心理咨询过程中学生普遍存在的适应性心理问题，设置8个干预主题，分别是适应大学生活、认识自我、学会学习、人际沟通、情绪管理、职业规划、提升幸福感和优化人格。干预结束后，布置学期作业，分享自己对大学生活的适应状况，以及学习该课程的内心感受和变化。

3. 干预方法

将积极心理学取向的团体辅导理念融入课程，采取理论学习、小组讨论、角色扮演、案例分析、心理行为训练等方法，由同1名专职心理教师对实验组进行心理干预，分成2个教学班，每周1次，每次2课时，每课时50分钟。

4. 评估干预效果

由于传统统计显著性检验结果的可靠性可能会受到显著水平、样本量和总体效应的影响，因此，采用元分析方法，用统计参数g评估效果量，g表示以对照组标准差为单位的实验组和对照组的差异，$0.2 \leqslant g < 0.5$时效果量中等；$g > 0.5$时效果量大。因此，本文采用统计学传统显著性检验方法和元分析方法分析前后测数据，评价干预实效。同时把学期作业中自我报告的"感受和收获"作为数据的补充材料，通过质的分析评估干预效果。

（三）干预者及其训练背景

干预者为1名应用心理学专业毕业的硕士研究生，专职从事心理咨询和教学，积累案例千余人次，有着扎实的心理学理论基础与实践经验。多次参加、主持团体心理辅导，并接受 1 名心理学教授的专业督导。

统计分析：采用 SPSS 12.0 对数据进行分析，主要采用配对样本 t 检验和元分析等，统计学检验水准为 $\alpha = 0.05$。

（四）干预的质量控制

为保证研究对象的同质性，选取相同辅导员所带相同专业的班级分为实验组和对照组，在性别比例、年龄、生源地、生源类型等方面均衡可比（P 值均 > 0.05）。为避免干预过程中可能出现“霍桑效应”和“重复实验效应”等，采取单盲设计，同时将后测的问卷题目顺序随机排列，见表 4-1。

表 4-1　干预前和干预后各量表因子得分实验组和对照组比较（$x \pm s$）

适应量表因子与SCL-90总分	干预前				干预后			
	实验组（n=186）	对照组（n=169）	t 值	P 值	实验组（n=186）	对照组（n=169）	t 值	P 值
人际关系	3.57 ± 0.64	3.49 ± 0.81	1.04	0.312	3.80 ± 0.54**	3.61 ± 0.59	3.17	0.002
学习适应	3.29 ± 0.63	3.24 ± 0.64	0.74	0.455	3.39 ± 0.52	3.29 = 0.48	1.88	0.065
校园生活	3.31 ± 0.62	3.33 ± 0.56	−0.32	0.541	3.54 ± 0.58**	3.52 ± 0.53**	0.34	0.542
择业适应	3.54 ± 0.69	3.49 ± 0.74	0.66	0.513	3.79 ± 0.77**	3.62 ± 0.72	2.14	0.034
情绪	3.58 ± 0.83	3.52 ± 0.86	0.67	0.513	3.96 ± 0.79**	3.64 ± 0.77	3.86	0.001
自我	3.64 ± 0.68	3.73 ± 0.69	−1.24	0.205	4.03 ± 0.74**	3.88 ± 0.73	1.92	0.054
满意度	3.28 ± 0.54	3.23 ± 0.58	0.84	0.329	3.48 ± 0.57**	3.32 ± 0.59	2.60	0.010
总体适应	3.52 ± 0.45	3.47 ± 0.57	0.92	0.326	3.67 ± 0.47**	3.51 ± 0.51	3.08	0.003
SCL-90总分	156.62 ± 45.90	155.71 ± 42.33	0.19	0.654	142.53 ± 41.31**	151.94 ± 40.51	−2.16	0.032

（五）结果

1．实验组和对照组前后测得分比较

从表 4-1 可知，在基线测查中，实验组在人际关系、学习适应、择业适应、情绪、满意度和总体适应方面得分均高于对照组，而对照组在校园生活、自我和 SCL-90 上的得分高于实验组，但差异均无统计学意义（P 值均＞0.05）。干预后，实验组总体适应和各因子得分均高于对照组，在人际关系、择业适应、情绪、满意度和总体适应方面与对照组差异有统计学意义（P 值均＜0.05）。

干预后，实验组除学习适应外，其他 6 个因子和总体适应均显著高于基线水平，差异均有统计学意义（P 值均＜0.05）。对照组后测的适应各因子得分均有所提高，但只有校园生活适应显著高于基线水平。

从元分析效果量 g 指标上看，实验组接受干预后，除学习适应外，其总体适应和各因子的效果改变量均≥0.21，达到中等水平。元分析结果和传统显著性 t 检验一致，表明心理选修课团体辅导促进高职新生适应状况的效果显著。

2．实验组干预后的自我评估

干预后，实验组学生最大的收获是积极应对大学生活、学习等方面的变化，形成积极的生活观，发展和丰富了大学生活（89.78%）；其次是形成积极的自我观，培养积极个性品质，重新自我定位，获得了心灵成长（86.55%）；排在第三位的是积极建立新的人际关系，提高了人际理解、敏感和倾听等交往技巧水平，获得了新友谊（85.46%）；还有明确未来目标、有效管理时间（74.19%）、合理认知情绪（68.27%）、职业规划意识（65.59%）等。

三、班级团体辅导方案

为使实验组学生尽快适应入学环境，围绕入学后高职生的心理特征，笔者对实验组设计了六次团体辅导活动，每 1～2 周进行一次团体心理辅导，见表 4-2。

表 4-2　班级团体辅导方案表

序号	实施时间（同年）	团体辅导主题	目标	活动设计（内容）
1	10.19	相逢是首歌——小组建立	增加学生之间的熟悉程度，拉近彼此的距离；在班级中体验归属感	接龙、微笑握手、组队漫画等

续表

序号	实施时间（同年）	团体辅导主题	目标	活动设计（内容）
2	11.2	亲近校园——熟悉资源	熟悉学校的环境，增加对学校历史的认识，增强归属感；了解与生活和学习息息相关的资源，以增强适应力	接龙、我的新家、行为规范的脑力激荡等
3	11.10	相亲相爱一家人——人际适应	促进小组人际发展，加深组员之间了解；通过团体辅导促进学生对人际冲突的思考；加深宿舍成员之间的情谊	夹气球、宿舍人际关系调查等
4	11.24	学海无涯——学习提升	探讨大学学习的特点及学习自觉性的重要性；认识到大学学习的主动性；增强学习的紧迫意识；促使学生反思自己的学习动机与方法	情境讨论：中学与大学学习的差异； 小组讨论：影响学习效率的因素等
5	12.21	我的未来不是梦——职业规划	引导学生科学地安排时间；引导学生清晰自己的职业方向；引导学生思考自己的未来，合理建构职业目标	寻找自己的目标——我的大学梦、目标搜索、生涯故事——我的自传、成功秘诀等
6	12.28	把心留住——成长分享	通过集体活动提升自信、促进团结；处理好团体中未完成事件；分享收获与感悟，强化团体辅导的效果	观看团体活动、回顾、我的收获等

第五章 高职生的自我意识与人格发展

第一节 自我概念概述

一、自我概念研究综述

（一）自我和自我概念

认识你自己（know yourself），相传是刻在德尔斐的阿波罗神庙的三句箴言之一，也是其中最有名的一句。根据第欧根尼·拉尔修的记载，有人问泰勒斯："何事最难为？"他应道："认识你自己。"尼采在《道德的系谱》的前言中，也曾说："我们无可避免跟自己保持陌生，我们不明白自己，我们搞不清楚自己，我们的永恒判词是：'离每个人最远的，就是他自己。'——对于我们自己，我们不是'知者'……"等，这些名言都试图揭开"我是谁"这一谜底，即都想知道什么是"自我"。

在心理学领域，有两个基本不同的概念都被译成"自我"。一个是概念的原文"self"，被译成"自我"，指的是个人的反身意识或者自我意识（self-consciousness）。

西方绝大多数的心理学家在讨论自我的时候，从詹姆斯（James）到米德（Mead），从罗杰斯（Rogers）到格根（Gergen），都是在这一意义上进行的。我国的心理学家也是如此，他们关于自我的理解，也大多数与"self"的内涵相一致，都是在个人反身意识的基础上进行研究的。例如，韩进之教授等（1990）有关儿童青少年自我意识发展的研究，孙非等人（1987）有关自我问题的讨论。

另一个同样被译成自我的概念原文为“ego”，它是弗洛伊德精神分析理论中的核心概念之一，指的是人的本性中从本我（id）分化出来，指导个人适应现实社会生活，使个人行为超越简单快乐原则而遵循现实原则的个性部分。它是个人与现实之间的协调者。虽然，“ego”的概念中也包含一定的反身意识的意思，但在弗洛伊德的概念体系中，“ego”不仅有观察个人本我需要的作用，还具有在意识环境要求下，协调本我与超我（super-ego）关系的功能，甚至直接与无意识的心理活动相联系。当“ego”有不能同时协调本我和超我的冲突的要求时，它还会发起各种防御机制来解除自我（ego）的压力，以使机体免受侵害。所以，根据弗洛伊德的理论，自我（ego）功能，大多是在无意识的状态下发生的。也就是说，这种防御机制功能是与无意识的心理活动紧密联系在一起的。

虽然，关于自我概念问题的讨论从詹姆斯开始就已经非常明确，但自我概念（self-concept）的提法直到罗杰斯的自我理论发展完善时才受到人们的普遍关注和广泛接受，这一课题才重新被人们重视，从而得到更多的应用。

詹姆斯率先对自我进行了研究，他的著作《心理学原理》被视为心理学的经典著作，其中关于自我的理论奠定了现代讨论自我观念的基础。该书中他对主格“我”（I）、宾格“我”（me）这两个概念进行了区分。

主格“我”指的是作为在情境中活动者的自我，也就是作为观察者的“我”，而宾格“我”指的是作为经验客体的自我，也就是观察对象的“我”。他还把自我概念分为身体与物质的、社会的、精神的自我概念和纯粹的自我概念。而其中身体和物质的、社会的和精神的自我概念又统称为经验自我概念，就是宾格“我”。

“经验自我”（the empirical self）指的是人们可能经验到的一种对象，即与世界其他对象共存的存在物。詹姆斯认为：“每个人的经验自我，就是他试图用‘我’（me）来称呼的一切。”他不主张将“从属于我的东西”与“真正的我”区别开，因为自我和世界之间并无很明显的界限，“我”的身体、财产、衣物及妻子儿女都是自我本身具有的各种社会关系，都参与了构成自我。詹姆斯认为，物质自我的核心部分就是身体，因为人的一生当中总是根据身体的各种需求，不断地与身体周围的事物发生关系。伴随物质自我的评价产生自豪或自卑的情感，在物质自我的控制下，个人会表现出追求身体的外表、物质的享受、财产拥有的欲望和维护家庭利益的行为。社会自我则指的是一个人能够从同伴那里得到的承认，也就是他在别人心目中的整体形象，包括对自己在社会群体中的名望、地位，自己的亲属朋友和经济条件等各方面的认识和评价。在社会自我的控制下，个体表现出追求名誉地位、与他人竞争、争取他人的好感等行为。精神自我作为属于“经验的自我”部分而言，具体来说，指的是个体对自己的心理活动的知觉，包括对自己的心理活动、心理状态、心理特征、能力、性格、态度、信仰和价值等的认识和评价，其实就是一个人内心的或者主观的存在。在精神自我的控制下，个体会表现出追求信仰，注意行为符合社会规范，要求能力和智慧得到发展的行为。从层次上来说，精神自我高于社会自我，社会自我又高于物质自我，其中精神自我是自我最核心的部分。纯粹自我，又称先验自我、能动自我或者主格我，指的是一个人知道一切东西，包括自我的那些东西。“当下思考”是詹姆斯提出的一个概念，指每时每刻存在的把自己的一切思想对象都占为己有的一种特殊的心理状态。

米德是符号相互作用论的先驱，他也把自我分成主体我(I)和客体我(Me)，并对两者的关系做了进一步的论述。他认为，客体我是自我意识的对象，同时也是自我意识的本体，它是通过接受社会对自己的有组织的态度系统而形成起来的；而主体我是自我的动力部分，是自我活动的过程，虽然它在客体我的框架内活动，但它面向未来，具有前瞻性。它可以使人超出现有的客体我的活动框架，从而使人的行为更具有自由性、创新性与新颖性。米德还认为个人与社会的变化、发展与改良都源于主体我的特性。在对主体我与客体我的关系的认识上，他认为客体我是自我活动的本体结构，制约着主体我的活动，而主体我是客体我发展变化的引领者，前一时刻的本体我的活动将成为后一时刻的客体我的活动内容。

罗杰斯认为，自我概念是个人现象场中与个人自身相关的内容，是个人自我知觉的组织系统和看待自身的方式。他认为，对于一个人的个性与行为都有重要意义的是自我概念，而不是真实的自我；自我概念不但控制并综合着对于环境知觉的意义，而且决定着个人对于环境的反应。这样一来，罗杰斯就把詹姆斯和米德的主体我和客体我的概念整合在一起，使自我概念的内涵具有了对象和作用两个方面。

英国心理学家伯恩斯（Bums）在总结自我概念结构时，也沿袭了罗杰斯的理解，把对象自我和主体自我并列为自我概念的两个部分，并明确提出了一个同时包括主体自我和客体自我的自我概念结构图。这一结构以詹姆斯的经典理论为基础，将自我概念理解为自我态度系统。

奥尔波特（Allport）曾提出一个新的概念“统我”（proprium），来代替罗杰斯的自我概念的提法。他将个人的躯体自我感觉、自我同一性、自我扩展、自尊、自我意象、理性活动的自我意识、对统我的追求及主体自我等概念和内涵都统归到统我这一概念中。他的这种理解实质上与罗杰斯的自我概念是一致的。后来，奥尔波特又将主体自我的内涵从统我概念中独立出来，认为“自我”，指的就是主体自我，而其他以自身作为对象的各个方面就是统我。此时，他的自我概念与米德的主体我相似，而统我则与相应的客体我类似。

（二）自我概念的功能

自我概念作为人对于自身的强大统治力量，把个体的一切智慧、能力、气质、性格、爱好、习惯等组织起来，成为一个完整的统一体，并以此来寻找与周围环境的结合点，进而与周围的环境发生作用，并参与社会生活。那么，自我概念到底具有怎样的功能和作用呢？伯恩斯在其著作《自我概念发展与教育》中，比较系统地论述了自我概念的心理作用，提出了自我概念的三个功能：即保持自身的内在一致性、决定个人对经验的解释以及决定人们对自身的期望。

1.保持自身的内在一致性

保持自身的内在一致性，关键在于个人是如何理解和看待自己的，因此，个人需要保持自身想法的一致，并按照这种想法行动。达顿等人发现，当人们自认为自己没有种族歧视时，一旦遭遇可能被怀疑有种族歧视的情境，就会努力表现出显示自己没有种族歧视的行动，以证明自己在反对种族歧视这一问题上的一致性。国内大量的新近研究都表明和确认了自我概念在引导个体做出一致行为方面的作用。特别是在儿童与青少年的发展过程中，更加容易遇到自我一致性的问题，也就是如何保持自己的形象始终一致的问题。这种“自我概念的一致性危机”是十分普遍的，而且是青少年所特别能够体验到的，很多青少年都会为自己感到正在形成与自己行为不一致的，甚至是矛盾的观点和态度而苦恼。所有年龄段的人也都会发现自己努力去解决自己所注意到的自我心理中的不一致，而这种不一致是推动一个人不断改进自己态度和行为的动力。

心理学家认为，信念系统中最重要的部分是个人的自我概念，第二位的是价值观，而最不重要的是具体的态度。而自我理论认为，当价值观和自我概念发生不一致时，人们将改变价值观来维持自我概念的一致。总之，自我概念是整个个体行为的前提、基础和根据。

2. 决定个人对经验的解释作用

一定的经验对于个人具有怎样的意义，是由个人的自我概念决定的。每一种经验对于不同的个人，其特定意义也是不一样的。不同的人可能会有同样的经验，但他们对于这种相同的经验可能会有不同的解释。而这种经验解释的方向取决于一个人的自我概念。一个自认为成绩一般，只该取得平均成绩的学生，对于75分的成绩结果会认为是取得了很大的成功，其心理反应可能是十分高兴和满足；而对于同样的75分的成绩，一个自认为成绩十分优秀、应该获得高分的学生，会自我解释为遭到了很大的失败，并因此受到很大的挫折。詹姆斯在关于自我的论述中曾提出过一个自尊的经典公式：自尊 = 成功 / 抱负。这一公式很好地表明了，一个人的自我满足程度，并不是简单地取决于他获得多大的成功，还取决于他怎么解释这种成功对于他个人的意义。

人们总是倾向于按照与自己自我概念相一致的方式来解释自己的行为，要改变人们已经形成并发挥作用的自我概念是非常困难的。因此，作为教育者，在儿童时期，就应该积极引导儿童形成积极乐观的自我概念或自我看法。教育者应该全面地了解儿童既有的自我概念的状况，并知晓每一种教育措施经过儿童自我概念的过滤后对于他们的意义，这样才可能真正找到有效地促进儿童社会化的方法和策略。

3. 决定人们对未来的期望

在不同的情境中，自我概念对于人们关于事情发生的期待、对于情境中自己和其他人行为的解释等都起着决定性作用。伯恩斯指出，儿童的自我期望是在自我概念的基础上发展起来的，并与自我概念相一致，其后继行为也决定于自我概念的性质。例如，一个认为自己成绩很差的学生，他对自己学习成绩的期望值也是很低的；而一个认为自己成绩比较好的学生，则会对自己学习成绩的期望值比较高。而这种差别不是由于两者努力程度不同，而是源于二者不同的自我概念和自我认识。正因如此，落后的成绩是差生自己期望得到的结果，而且理所当然地接受，而周围的老师、家长和同学也同样认为那就是他们应得的成绩和结果。因此，消极的自我概念不但导致消极的自我期望，而且导致人们只能从外部社会得到消极的评价和对待，致使他们更倾向于接受消极的行为后果，并且对学习不再抱有应有的积极性，从而导致学习兴趣低下。

由于自我概念能引发与其性质相一致或自我支持性的期望，并促使人们倾向于运用可以导致这种期望的方式来行事，因此，自我概念又具有预言自我实现的作用。很多关于这方面的研究有效地证明了自我概念的这种作用。因此，在教育中应该高度重视培养高职生积极的自我概念。

二、自我概念的发展与影响因素

自我概念并不是一成不变的，随着年龄的增加，自我概念会发生重要的变化。而在此变化过程中，周围的环境因素也会对其产生非常重要的影响。20 世纪初，社会学家库利（Cooley）提出了著名的“镜像自我”理论。他认为，别人对儿童的态度和行为（包括表情、评价和对待）就像一面镜子，儿童通过它们来界定自己，并由此形成相应的自我概念，而这一过程又叫“镜像过程”。通过这一过程，能塑造儿童的自我意象；通过儿童自我概念引导行为的作用，可以塑造儿童的实际自我。从这一理论来看，周围人对待儿童的态度和行为，不仅影响着儿童自我概念的形成，还影响着儿童整个人生的成长和发展。当然，儿童时期如此，在个体不同的发展阶段，也是如此。只是发展阶段不同，别人（重要他人）的构成也不同。儿童时期，主要是父母及父母的教养方式；学习阶段，教师和同伴依次逐渐发挥超过父母的影响力。

新精神分析学派的著名代表人埃里克森在其著作《童年与社会》中提到，人的自我意识的发展有八个重要的阶段，即婴儿期（出生到 1 岁）、儿童早期（1 岁到 3 岁）、学前期（3 岁到 6 岁）、学龄期（6 岁到 12 岁）、青年期（12 岁到 18 岁）、成年早期（18 岁到 25 岁）、成年期（25 岁到 50 岁）和成熟期（50 岁至死亡）。他认为，人的一生发展是按照既连续、又不同的阶段来发展变化的。在每个不同的阶段，都可能出现一个新的因素与个体发生作用，即个体与社会的相互作用出现新的方面的内容，从而形成一个新的社会任务需要完成，或者说是一个新的核心问题需要解决，埃里克森称为“心理危机”。如果这种心理危机解决得好，就能形成积极的人格品质；反之，则形成消极的人格品质，即会对自我概念的形成产生积极或消极的影响。本书研究的高职生，按其年龄和经历来判断，正是从青年期逐渐跨入成年早期，从建立同一性（稳定角色）的发展任务转为获得亲密感、克服孤独感、体验爱情的实现。

第二节　人格理论及高职生的人格发展

一、人格理论

人格理论属于探讨完整个体与个体差异的心理学领域，人格包含着“个体遗传因素、过去的影响及对现在和未来的所有复杂建构”，它赋予个人适应环境的独特模式，即我们通常所说的“个性”。

（一）人格的概念

因对研究的侧重点和取向不同，国内外学者对于人格概念的认识亦是仁者见仁，智者见智。我国心理学家彭聃龄综合各家的看法，认为：“人格是构成一个人的思想、情感及行为的特有模式，这个独特模式包含了一个人区别于他人的稳定而统一的心理品质。”

黄希庭与郑涌则认为:“人格是个体适应环境时在需要、动机、价值观、情绪、气质、性格和体质等方面的整合，是具有动力一致性和连续性的自我，是给人以特色的身心组织。”虽然学者们对“人格”定义的表述不尽相同，但无不体现了一个具有现实意义的、完整的、有别于他人的个体所具有的丰富内涵。

（二）人格结构

众多人格心理学流派均提出了各自具有影响力的人格结构理论，其中，最具代表性的是类型理论、特质理论及整合理论。

1.类型理论

彭聃龄认为人格的类型理论主要用来描述人格类型的差异，包括单一类型理论，如 T 型人格；对立类型理论，如 A—B 型人格、内—外向人格；多元类型理论，如气质类型、性格类型等。出于本书研究需要，这里仅将气质类型学说作一简要介绍。

气质（temperament）是人格的先天基础，是个人典型的情绪反应方式，即我们常说的脾气、性情、秉性。气质主要受神经系统活动所制约，是一种先天形成的、稳定的、不易改变的心理特征，其性质上无好坏之分，但能影响工作效率、性格特征形成的难易及对环境的适应。体液学说将人的气质分为胆汁质、多血质、黏液质和抑郁质四种类型。

巴甫洛夫依据大脑皮质神经活动过程（兴奋和抑制）的三个基本特性：强度、平衡性和灵活性，划分了四种神经类型，并以此解释了四种相对应的气质类型，从而从生理学角度给予了气质类型充分的科学划分依据，见表 5-1。

表 5-1 高级神经活动类型与气质类型对照表

高级神经活动过程			高级神经活动类型	气质类型	行为特点
强度	平衡性	灵活性			
强	不平衡	—	兴奋型	胆汁质	争强好斗，热情直率，刚毅顽强，易冲动，刚愎自用，不易约束
强	平衡	灵活	活泼型	多血质	感情丰富，活泼好动，适应力强，好交际，稳定性差，缺少毅力
强	平衡	不灵活	安静型	黏液质	安静稳重，内刚外柔，耐受力高，有节制，主动性差，缺少生气
弱	—	—	抑制型	抑郁质	感情细腻，自制力强，思维敏锐，爱想象，多愁善感，孤僻离群

2. 特质理论及整合理论

彭聃龄认为“特质（trait）是决定个体行为的基本特性，是人格的有效组成元素，也是测评人格常用的基本单位”。鉴于本研究需要，本文仅简要介绍艾森克的人格特质理论。

艾森克（Eysenck）将因素分析方法和传统的实验心理学方法相结合，提出了人格的“三因素模型”：外倾性（extraversion，即性格的内外向）、神经质（neuroticism，即情绪的稳定性）和精神质（psychoticism，即倔强、冷酷、怪异等负面人格特征），并据此编制了“艾森克人格问卷”（Eysenck personality questionnaire，简称 EPQ）。此外，艾森克还把特质理论与类型理论的特点整合起来，绘制了著名的艾森克人格维度图（图 5-1）。在此图中，艾森克以两个连续维度——内外向和情绪稳定性，把人格划分为四大类，且与四种气质类型相对应，在四个象限组织起了 32 种基本人格特质，从而使对人格的描述更全面、系统、直观，且更具有层次性，得到了心理学家的广泛认可。

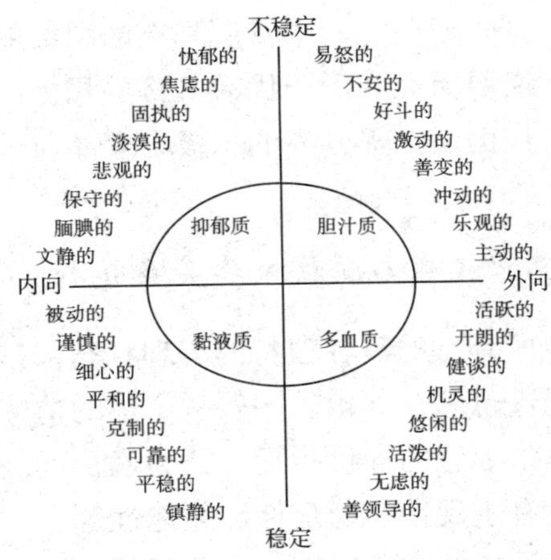

图 5-1　艾森克人格维度图

二、高职生积极人格培养分析

（一）幸福感与积极人格的内涵

幸福感是一种心理体验，也是一种人格特质。它既是对生活的客观条件和所处状态的一种现实判断，又是对生活的主观意义和满足程度的一种价值判断。它表现为在生活满意度基础上产生的一种长久的、内在的、积极的心理体验。

影响幸福感的因素复杂多样，如政治因素、经济因素、社会因素、文化因素、心理因素等。幸福感强的人，内心充满激情，生活充满活力，工作激发无限潜力，愿为社会积极创造财富，能给周围人带来快乐。

人格是构成一个人的思想、情感及行为的特有的统合模式，是各种心理特性的总和，也是各种心理特性的一个相对稳定的组织结构。在不同的时间和地点，它都影响着一个人的思想、情感和行为，使一个人具有区别于他人的、独特的、稳定而统一的心理品质。积极人格的研究始于 20 世纪末美国心理学界兴起的一股新思潮，即积极心理学。积极心理学被称为“帮助人类发挥潜能和获得幸福的科学”，它致力于研究人的潜能、美德等积极心理品质，重点研究积极人格特质以及影响人格形成的积极因素，强调积极潜能在人格特质形成中的作用，并提倡用一种积极的心态来看待人和事物，从而帮助人们最大限度地获得幸福感。

积极心理学认为幸福感是积极人格的核心特质。在积极心理学看来，名誉和财富只是实现幸福的手段，幸福感才是人生至高的目标和永恒的主题。积极心理学一直强调人格心理学要研究人本身所具有的积极能力，既要研究克制和削弱人格的消极方面，又要研究有助于优秀人格的积极因素。积极人格就是要通过激发人潜能中的积极因素，提升人的积极心理品质，培养既能创造幸福、又会感受幸福的人。

（二）高职生主观幸福感与积极人格关系分析

主观幸福感是个人所具有的一种独特的心理状态，是评价者根据自定的标准对其愿望的达成情况进行综合评价。一般从个体的情感出发，将自身快乐情感的主观评价作为个体幸福感的评价指标，认为幸福就是要拥有愉快的情感体验。主观幸福感一般具有主观性、稳定性、整体性等基本特点。主观性，即评价者的评估标准是自己设定的；稳定性，主要指相对稳定的长期情感体验或满意度；整体性，是对整体情况给予的综合评价。

主观幸福感作为个体对其生活质量的整体评估，在一定程度上反映了人的心理现状。人格特征是影响主观幸福感的重要因素，一项国外研究表明，人格因素是预测幸福感的最稳定和有效的因素之一，在列举的148项影响幸福感的因素中，有137项同时属于人格因素范畴，如自尊、信任、外向、情绪稳定性等。

1. 影响高职生主观幸福感的因素

在高等教育由大众化向普及化迈进的今天，高等职业教育呈现出前所未有的发展势头，高职生也正在成为大学生中一股庞大的群体，同时被称为“最幸运和最幸福的一代”。但在国家重视高等职业教育发展，广大高职生文化和物质需求得到了相对满足的今天，许多高职生却表现出主观幸福感的缺失。影响大学生主观幸福感的因素有很多，相对于本科生而言，影响高职生整体主观幸福感的因素具体如下：

（1）自尊自卑感过强，影响主观幸福感体验。大部分高职生理想化的自我期待是考上本科大学，但因高考失利，没能上理想大学而自卑或失去自信，对上高职院校准备不足，没有建立起归属感。因此，一些高职生学习目的不明，学习动力不足，学习兴趣不浓，感到学习、生活无聊。较为悲观和被动的情绪，过强的自尊心或过重的自卑感，既不利于个体对环境的适应，也不利于主观幸福感的形成，直接影响了他们主观幸福感的积极体验。

（2）自我期待值过高，导致主观幸福感降低。社会上某些舆论引导或学校过分宣传高职中个体的高就业率，现实环境与理想存在巨大反差，高职生渴望成才的愿望强烈，普遍自我就业期待过高，不能正视现实环境与实际情况，对自己的就业岗位抱有过高的期望值。随着人才市场竞争日益激烈，基层的应用型岗位对学历的要求也越来越高，高职生面对当前极高的就业压力，将自己的条件与其他更高层的毕业生相比，深感无法在就业竞争中占据优势地位。面对自我发展问题充满烦恼，甚至常有高职毕业生受到“门槛”的限制，以致一部分高职生心理受挫，导致主观幸福感降低。可是，高职院校的教学情况使学生往往无法进行客观的自我评价。

（3）自我认知过偏，致使主观幸福感缺失。高职生的情绪是通过认知的折射而产生的，正确的认知会产生积极的情绪，不正确的认知则产生消极的情绪。一部分高职学生由于理论知识不扎实，社会阅历少，对事物的判断能力弱，因此，容易受一些消极观念和负面事件的影响，产生消极情绪。还有一些高职生因人际关系不良而心情烦躁，整天沉迷于虚幻的网络世界或热衷于游戏型的小说，久而久之，易于导致主观幸福感的消极体验和负面消极的情绪体验，必然会使主观幸福感缺失。

2.主观幸福感在高职生积极人格培养中的意义

主观幸福感坚持“快乐幸福观”，即“幸福就是快乐”。主观幸福感还强调通过充分发挥自身的潜能来达到完美人生意义的体验。从积极心理学视角来看，主观幸福感不仅包含获得快乐，还包含要保持愉悦，甚至要发挥潜能追求快乐的实现，以体现人生真正的价值和意义。

积极心态是主观幸福感所要求的重要心理素质，也是积极人格的核心因素体现。心态即心理态度，对人的行为起导向和支配作用，是由当前事物和过去经验引起个体心理活动在一段时间里出现的相对稳定的持续状态。积极情绪体验是积极心态的主要内容，积极情绪体验又是个体愉悦的和幸福的主观体验。也可以说，这就是主观幸福感的具体体现。

有关研究和相关理论已经证明，培养积极情绪体验，提升主观幸福感有助于培养积极心态。因此，培养高职生积极的情绪体验，也就是提升其主观幸福感，并使其成为一种习惯性的思维方式，这样就可以促进其积极人格特质的形成，有利于高职生积极人格的培养。由此我们要在高职院校素质教育中进一步推进幸福教育，使高职生在创造幸福、追求幸福、享受幸福的过程中，充分发挥自己的潜能，不断完善职业人格。

（三）以幸福教育为抓手的高职生积极人格培养策略

积极心理学认为，后天生活体验会影响人格形成。也就是说，在不同的生活体验中，会出现不同的人格面貌。著名教育家乌申斯基认为："教育的主要目的在于使学生获得幸福"，教育不仅是"知识的加速器"，而且是"人格、快乐、幸福的加速器"。高职院校实施的幸福教育，本身就是提升素质和完善人格的教育，所以说，幸福教育与积极人格培养是相互依托、互相促进的。

1.树立正确的幸福观念，培养高职生积极心理态度

幸福感教育，先要引导学生真正理解幸福的含义，树立正确的幸福观。要明白什么是幸福，每个人对幸福的理解都不一样，因为幸福没有固定的标准，幸福与否要看个体如何理解，关键在于每个人对人生所持的态度。青年学生有理想、有目标是幸福，努力追求理想、刻苦实现目标也是幸福；实现理想、达到目标是幸福，在挫折中振作，在失败中警醒，锲而不舍地追求更是幸福。

有些高职生因缺乏理想和目标而缺乏幸福感，因此，高职院校在对学生进行幸福教育的过程中，应该帮助学生树立正确的人生观和价值观，引导学生确立切合实际的、积极的人生目标，改变学生对幸福的片面理解，把幸福观教育与世界观、人生观、价值观以及理想信念教育结合起来。积极心理学是让人们以积极的心态去认识自我、认知社会、追求幸福，以乐观的态度看待一切。

部分高职生由于理想目标不明、学习动力不足、求职压力过大、人际关系困扰等原因，在学习生活中常感到沮丧和无奈，很少感受到真正的快乐和幸福，只有在网络游戏和聊天中，才能获得一些所谓的满足感和快感。因此，在高职院校的幸福教育中，要教育学生人生必须认真、人生本当务实、人生就应乐观、人生更要进取，这才是积极向上的人生态度。只有以积极的价值观作为基本生活理念，才能保持一种积极的、乐观的心态。积极向上的心态，才是积极人格的基础。

2.提高主观幸福感受，培养高职生积极情绪体验

高职院校学生幸福感调查，反映出多数高职生对目前的学习和生活满意度低，缺乏幸福感受。笔者认为，当今的高职生并不是不幸福，他们不缺乏优越的物质和精神条件，他们缺乏的是感受幸福的能力。幸福在于自身的感受，个体感觉自身幸福就幸福，否则就不幸福。同样的生活境遇，有人感到幸福，而有人就感觉不幸福。感觉是一种主观体验，高职院校的幸福教育，主要是培养学生感受幸福的能力，开展感动教育，提高学生的主观幸福感。

积极心理学认为，积极情绪不是分离的，积极情绪具有很强的相关性和一致性。也就是说，当个体在某一方面有积极情绪体验时，那么，在其他方面也

会产生积极的情绪体验。因此，培养高职生乐观、满意等积极情绪，有利于其形成较强的情绪调控能力，从而能较好地协调和控制自己的情绪。高职生的情绪体验与情感调控，直接影响着他们心理品质和能力的培养。良好的、丰富的、积极向上的情绪体验，可以引导学生有效地感知幸福，提高感悟幸福的能力，因此，提高主观幸福感，培养积极的幸福体验，是高职院校幸福教育的基石和有效途径。提高高职生主观幸福感，并使其成为一种习惯，就要关注学生的情绪状态和情感体验，适时调整自己的期望值，尽可能地让学生体验更多的愉快情感。指导高职生满意地回忆过去，幸福地感受现在，满怀希望地憧憬未来。这样才能培养高职生积极的情绪体验，有利于他们积极人格特质的形成。相反，人格也影响着个体的幸福感体验，积极的人格能够带来积极的情感体验，使个体获得更强烈的主观幸福感。

3. 提升创造幸福能力，培养高职生积极心理品质

幸福教育的主要任务不仅包括积极感知幸福、体验幸福，还包括要善于创造幸福、追求幸福。积极心理学认为，幸福教育就是培养既能感知和体验幸福，又能创造和获取幸福的人。

获得幸福与感知幸福同样重要，创造幸福的能力是构成人幸福能力的重要方面，幸福感教育的目的就是要使人感到幸福或通过一定的方法获得幸福，因此，高职院校幸福教育就要培养学生创造幸福和获取幸福的能力。

在高职院校的幸福教育中，要重点教育学生学会努力创造幸福资源，积极面对幸福资源，善于享用幸福资源。幸福教育过程本身也应该是幸福的，无论教育者，还是受教育者，在教育过程中，都应该获得幸福的享受。因此，高职院校的教师要先教会学生愉悦体验和享受生活，让学生在自我实现、自我调适以及与人合作中感受幸福，帮助学生认识到自身不同时期及不同层次的幸福需求，并找到合适的方法来满足这些需求，同时还要不断地提升自身的幸福层次，追求更高境界的幸福。

积极心理学认为，人人都有积极的心理潜能。积极的心理因素可以发展成积极的心理品质，积极心理品质的形成是一个心理体验过程，也是一个行为学习过程。因此，在高职院校幸福教育中，要树立“行行出状元”“人人能成才”的高职教育观，以发展的眼光和积极的态度，发现学生内在的积极力量，帮助学生正确分析并认真对待现实生活，帮助他们认识自己的优势，正确地进行自我评价，注重潜能激发，达到快乐学习。对学生要有爱心、耐心和毅力，尊重

学生的个性差异，特别是在学生有不良品行时，我们要以理解和接纳的态度，相信他们有改善自我的积极愿望和巨大潜力。善于运用激励性语言，调动学生的积极性，让他们充分体验幸福的美好感受，体会创造幸福的价值感。

4.提倡构建幸福环境，培养高职生职业人格魅力

环境会潜移默化地优化人的心理品质，环境在很大程度上影响着一个人的成长与发展。高职院校要大力加强幸福教育的环境建设，幸福教育就是要营造积极的外部环境。

积极心理学认为，人格是在人的内在因素、外部行为与社会文化环境的交互作用中形成的，影响幸福感和人格培养的除了个体因素，还有学校、家庭、社会等环境因素。因此，在高职院校的幸福教育中，必须注重学校、家庭和社会等幸福环境的构建，让幸福环境“春风化雨，润物无声”，真正起到促进职业人格培养的作用。

高职院校特色环境建设，特别是职业精神和文化环境建设，是高职生形成职业人格的重要基础，这样的职业氛围更有利于滋养、巩固、提升高职生的主观幸福感，培养其积极的职业人格。高职院校幸福教育需要以积极的教育理念，构建积极的教育体系。例如，国内已有一些学校借鉴了美国哈佛大学“幸福课”的经验，教导学生如何更快乐、更充实、更幸福。

高职院校要积极尝试开设“幸福课”，通过课程、讲座、讨论、实践等多种方式，开展幸福教育，营造幸福氛围，建设幸福环境，引导和强化学生的积极心理体验，使学生提高感知幸福的能力和创造幸福的技巧，从而真正提升主观幸福感。

家庭不仅是学生成长的摇篮，还是学生思想启蒙、情感依托之要地。良好的家庭氛围能让孩子体验到幸福与快乐，家长的粗暴和家庭的不和谐等都会让孩子的幸福感降低。因此，家长应注重自身积极人格的培养，营造良好的家庭氛围，给孩子以积极向上的示范力量。社会是每个人都要面临的生存环境，和谐的社会环境和社会对学生价值的肯定，能有效地提高学生的幸福感。学校应主动建立与家庭、社会共同开展幸福教育的桥梁，学校的幸福教育要与家庭、社会的幸福教育相结合，使教育形成合力，这样才能有效提升学生创造幸福和感受幸福的能力，培养和塑造其职业人格魅力。教师、学生、家长既是营造幸福氛围的实施者，也是幸福环境的受益者，彼此在共同营造的幸福环境中，才能更好地发展自己、成就未来。

第三节　自我探索与认知的团体辅导方案设计与实施

两千多年前，古希腊人就把“认识你自己”作为铭文刻在德尔斐神庙的门柱上。“认识自我”，即自我探索，是个体意识发展的高级阶段，是个体对自己存在状态的认知，是人格的自我调控，是个体人生观、世界观、价值观在形成过程中与现实冲突并自我调整的过程。

认识自我，是我们每个人自信的基础和依据。一个人在自己的学习、生活、工作经历中，在自己所处的社会环境中，能否真正认识自我、肯定自我，塑造自我形象，把握自我发展，如何抉择积极或消极的自我意识，将在很大程度上影响或决定一个人的前途和命运。

大学阶段是个体自我意识急剧增长、迅速发展和趋于完善的重要时期，处于青春期的一些高职生由于没有形成对自我的正确认识，而导致不良的生活体验及情绪，这些会严重阻碍他们的发展。开展高职生自我探索的团体辅导，对于帮助高职生自信、自尊、自爱，正确认识自我、接受自我、悦纳自我，挖掘个人潜能，具有重要意义。

一、团体辅导设计方案

（一）团体目标

通过团体辅导，帮助学生认识自我、悦纳自我、超越自我，提升学生自我觉察和觉察他人需要的能力，树立客观的自我认识形象，不断完善自我，正视自己的人生。

（二）团体对象

在校高职生。希望了解和认识自己、通过努力改变自己、积极规划未来、把握大学阶段的学生。

（三）团体时间及次数

团体辅导 5 次，每周 1 次，每次时间为 90 ～ 120 分钟。

（四）招募方式及人数

利用海报、传单或校园媒体平台宣传招募。团体人数为 16 ～ 24 人。

（五）团体领导者

指导教师一名，协助者一名。

（六）团体辅导框架（见表 5-2）

表 5-2　团体辅导设计方案表

模块	活动	目标	主题活动	备注
1	有缘相聚 ——组建团队	促进成员快速相识，形成小组，认可并服从团队规则	一块钱和两块钱，自我介绍，抛物唤名，签订契约	
2	我是谁 ——自我觉察	促进自我觉察，了解自己的性格特点，认识自己的价值观	我的自画像，个性名片，小小动物园，分享与总结	
3	独特的我 ——自我肯定	鼓励成员欣赏自己的长处，反思自己的优点和不足，展示独特的自己	反向练习，投射练习，独一无二的我	
4	未知的我 ——自我调适	学会舒缓压力，发现自我潜能，增强自信心	风雨雷电，手有千千结，我的人生曲线，个人盾牌	
5	面向未来 ——自我超越	总结过往，规划未来，结束团体辅导	突围闯关，我是最棒的，回顾与总结，结束团体	
团体辅导效果评估				

二、团体辅导模块

本节根据上述的团体辅导设计方案，挑选几个经典模块进行简要分析，其他模块不再赘述。

【模块 1　有缘相聚——组建团队】

总目标：激发成员参与团体的兴趣，促进成员之间相互了解和认识；建立团体规范，形成团体，明确团体目标，帮助成员明确团体辅导的目的与意义。

主题活动：一块钱和两块钱，自我介绍，抛物唤名，签订契约。

时间：60 ～ 90 分钟

过程：

1. 一块钱和两块钱

目的：活跃团体气氛，使成员以愉快的心情参与团体活动，增加团体的凝聚力，加深彼此的认识与了解。

时间：20 分钟。

操作步骤：

指导教师根据男女组员人数来判断，如果男生人数多于女生，女生就当“两块钱”，而男生则是“一块钱”；反之，女生就当“一块钱”，而男生则是“两块钱”。如果男女人数相等，则可以抽签或者掷硬币决定哪组当“一块钱”，哪组当“两块钱”。

指导教师说出钱数，所有组员根据钱数手拉手组成相应的数字，没有按要求组成钱数的组员被淘汰。例如，指导教师喊出“6 块钱”，所有组员必须和身边人迅速搭配并拉手，使面值加起来等于 6 块钱。

剩下的组员继续组合，直至剩下 4 ～ 5 人为止。游戏结束后，请第一轮被淘汰的组员表演小节目。

2. 自我介绍

目的：让组员相互熟悉并认识，掌握向别人介绍自己的技巧，知晓在人际关系建立初期应该注意的问题，锻炼人际觉察的敏感性。

时间：30 分钟。

操作步骤：

所有人自由组合，一对一互相介绍并认识对方。每人限定 1 分钟。

所有人围成大圈，依次站在圈中间，简要介绍自己。（在多次重复中，快

速地记住他人的信息）

3. 抛物唤名

目的：帮助成员尽快熟悉并记住其他人。

时间：20 分钟。

操作步骤：

成员站成一圈，由指导教师将一物件（气球、红旗等引人注意的物件）抛给任何一人并叫出被抛者姓名，然后，被抛者再抛向另一人并叫出姓名。如果名字被叫错，被抛物者就要及时纠正，“我叫某某某”。以此类推，不中断大约进行 5 分钟。

活动结束后，叫错名字的成员要表演一个小节目。

4. 签订契约

目的：形成团队，讨论并签订团队活动契约，形成团体规范，明确团体目标。

时间：15 分钟。

准备：团体契约、团体辅导成员名册。

操作步骤：

形成团队小组。指导教师请全体成员站成一圈，按照 1、2、3、4 的顺序报数，所有报“1”的为第一组，其他团员依次为第二、第三、第四组。人数少的时候可以分为两组或者三组，一般 4 ～ 6 人为一组。

小组讨论：参加团体辅导过程中应该遵守哪些规则？各组选派一位成员报告讨论结果，并说明对团体辅导的期待。

指导教师总结团队规则，并要求大家在团体活动期间共同遵守和维护团体契约。

全体成员在团体契约上签字。请一名成员将团体契约贴在活动室的墙上，大家共同遵守。

给每位成员发放团体辅导成员名册。

团体契约文本模块如下：

（1）我愿意自始至终参加本次团体辅导，不中途退出，在活动中全心全意投入，关闭手机，以免影响自己和他人。

（2）我愿意尊重每位成员的个人隐私，保守秘密。

（3）我愿意信任组员，开放自己，真实表达内心感受。

（4）我愿意对他人的表达真诚地反馈信息。

（5）不批评别人说的话。

（6）我真诚地相信：在团队中投入越多，收获越大。

（7）我遵守以上承诺，尊重自己，尊重他人。

（8）在活动中注意安全，遵守规则，一切行动听从指导教师指挥。

签名：__________

【模块2　我是谁——自我觉察】

总目标：引导高职生了解和认识自己，发现真正的和全新的自己，以发展的眼光看待自己、分析自己、完善自己。

主题活动：我的自画像，个性名片，小小动物园，分享与总结。

时间：90 ～ 120 分钟。

过程：

1. 我的自画像

目的：通过非语言的方法将画者的内心世界投射出来，进行独特的自我探索、自我分析、自我展示，促进成员深化自我认识，同时加深对他人的认识和理解。

时间：30 分钟

准备：每人一张 A4 纸，每组一套彩色笔。

操作步骤：

协助者发给每位成员一张 A4 的白纸，彩色笔放于每组桌上，供需要者自取。

指导教师要求在 5 分钟内，每人在白纸上画一幅“自画像”。

指导教师温馨提示：“自画像”可以是形象的肖像画，也可以是抽象的比喻画；可以是一色笔画成，也可以是多色笔画成；可以有标题，也可以无标题。若有标题，如高职生活中的我、我的梦等；若无标题，成员随自己的意思，可以用任何形式来画出自己，抽象的、形象的、写实的、动物的、植物的都可以。

时间到！请大家在小组内依次讨论交流“自画像”，同组成员可提出疑问。

小组讨论，指导教师巡视全场，发现典型案例。

团体分享，指导教师请典型案例分享“自画像”。

注意事项：有的学生可能因绘画技能差而为难，教师提醒这只是游戏而不是绘画比赛，只要求画的内容、形式等形象地反映对自我的认识即可。

2. 个性名片

目的：鼓励组员把自己最想与他人交流的信息简洁明了地公布出来，学会推荐自己，在交流的过程中更好地认识自己。

时间：20 分钟。

准备：每人 1 张胸卡、彩色笔若干。

操作步骤：

协助者发给每位成员一个空白的胸卡，彩色笔放小组桌上公用。

指导教师：请大家在 10 分钟时间内为自己设计一张“个性名片”，插入胸卡内。要求不少于 5 条个人信息，除文字外，可用图形等多种形式表示，可以使用多种颜色的笔。

时间到！请大家在小组内交流，推荐出最佳胸卡，集体分享后佩戴胸卡。

3. 小小动物园

目的：促进成员自我了解，了解他人，学习接纳每个人的独特性。

时间：约 30 分钟。

准备：每组一盒彩笔、一张卡片。

操作步骤：

协助者将笔和卡片发给成员，然后要求成员想一想：你最喜欢哪种动物？会选择哪种动物？思考一会儿，在卡片上写上此种动物的名称。

等所有成员写完后，请每位成员看看这个小小的动物园里都有哪些动物，哪些与自己相似，哪些与自己不同，思考在这个动物园中的感受如何（可能会缺乏安全感，焦虑不安等）。

请每个成员轮流介绍自己为什么选择这个动物，有些成员选择的动物是因为像自己的特质，如老黄牛；有些成员选择的动物则是自己期望成为的，如狮子，希望像狮子一样强壮，不受欺负。

当成员介绍自己时，其他人可以一起讨论，给予回应，促使当事人进一步思考。

4. 分享与总结

（1）每人用一段话表达参加这次活动的感想。

（2）指导教师总结：对自我的认识是一个不断完善的过程，对潜在的自我探索，可以真正反映自我的内在需要，深化自我认知。

【模块5　面向未来——自我超越】

总目标：让成员通过活动对自我突破方面有更多了解，学会勇敢地在自己比较擅长的或者无法做到的方面实现突破。

主题活动：突围闯关，我是最棒的，回顾与总结，结束团体。

时间：100 ～ 120 分钟。

过程：

1. 突围闯关

目的：培养成员在面临巨大危机的时候的冷静的头脑与克服困难的信心和勇气，培养成员智慧解决问题的能力和坚持到底不服输的精神，从而使成员对自己充满信心。

时间：15 分钟。

操作步骤：

小组内部选出两位成员作为突围闯关者，其余成员作为关卡。活动分突围和闯关两个程序。

突围：由选出的两位成员站在团队中央，其他成员手臂互相勾住，对两位队员形成包围。受包围者可以任意用钻、跳、推、拉等方式以求挣脱突围。

闯关：全体成员面向四周站立互相以手臂紧紧勾住，请两位成员站在圈外，设法竭力闯关进入圈内。

指导教师提醒成员注意安全。突围闯关开始。

活动结束后，小组内交流分享：

（1）突围成功的感受是什么？失败了又有什么感受？

（2）闯关成功用了什么方法？失败了是什么原因？

（3）在生活中遇到困难吗？你是怎样面对的？这个活动给了你什么启示？

2. 我是最棒的

目的：引导成员采用自我暗示的方法，努力克服自卑，增强自信心，相信自己能完成任务。

时间：40 分钟。

准备：A4 纸、笔。

操作步骤：

协助者给每位成员发一张 A4 纸。指导教师要求组员用下面的句式完整地写三句话，这三句话是概括成员目前想做但暂时做不了的事，如学习、生活、人际关系等方面。

我不能 ______________________________

我不能 ______________________________

我不能 ______________________________

全体成员写完后，指导教师要求所有成员反复读出这三句话，体会此刻的感受。

指导教师要求每位成员把“不”字划掉，熟记更改之后的三句话。每位成员依次站在小组中大声地、充满激情地说出三句话，其他组员给予回应：“是的，你能！你可以的！加油！”

小组交流分享：成员依次分析组内每位成员“我不能”的原因，给出达到“我能”的方法途径，做彼此的参谋和军师。

注意事项：第三步中，其他成员回应当事人的语气应专注、大声且肯定，使当事人感受到其他人的支持和鼓励。

3. 回顾与总结

目的：让成员回顾活动中的点点滴滴，感受自己的成长，并选出自己最难忘的单元活动，分享最难忘的活动给自己带来的成长与感受。

时间：30 分钟。

操作步骤：

指导教师请每个成员回顾前几个单元，思考自己最难忘的活动和感受。

小组交流：小组成员共同分享参与团体活动的感受和体会。

团体分享：每组选派一个成员跟大家分享。

4. 结束团体

目的：让成员对期待的未来许下心愿，激发成员成为更好的自己的愿望，为今后的奋斗提供动力、指明方向。

时间：30 分钟。

操作步骤：

小组分享：一句话感言——给自己一个承诺。成员在各自的小组中分享自己对未来的规划和对未来的“一句话承诺”。

全体成员站起来，围成一个大圈，每个人用一句话，给自己的未来许下一个承诺。其他成员用热烈掌声给予回应和鼓励。

团体成员合影。

填写团体辅导效果反馈调查表（表 5-3）。

表 5-3　团体辅导效果反馈调查表

年级：________　专业：________　团体辅导主题：________________					
各位学员：我们的团队训练活动就要结束了，谢谢大家的参与和投入。虽然即将结束，但我们希望它不是个终点，而是另一个新的开始！不知道大家的收获如何，为了能够评估这个团队的效果，帮助我们了解它对你的帮助，在此需要你的反馈信息，以作为下一次团队训练活动的参考。答案没有正确错误之分，希望你能将最真实的感受表达出来，也让我们知道。谢谢！请用圈选的方式回答。（A 为非常符合，B 为符合，C 为不知道，D 为不符合，E 为非常不符合）					
1. 参加团队后，我更了解自己。	A	B	C	D	E
2. 参加团队后，我对自己有了更清楚的认识。	A	B	C	D	E
3. 我了解自己的各项特征，并希望有所发展。	A	B	C	D	E
4. 我知道自己所重视的价值观对我生活的影响。	A	B	C	D	E
5. 我能了解自己的能力并加以自我肯定。	A	B	C	D	E
6. 我能知道成长环境及团队期望对自己的影响。	A	B	C	D	E
7. 我能了解自己内心所真正期望的生活。	A	B	C	D	E
8. 我能初步掌握与人沟通的技巧。	A	B	C	D	E
9. 在团队训练过程中，我感觉到自在、安全。	A	B	C	D	E
10. 我喜欢指导者的训练方式。	A	B	C	D	E
11. 整体而言，我觉得这个团队对我是有帮助的。	A	B	C	D	E
12. 如果下次有机会，我还愿意参加。	A	B	C	D	E

第六章　高职生的情绪调节与管理

第一节　情绪概述

一、情绪

“情绪”一词源自拉丁语动词“行动”，意指采取趋吉避凶的行动。

人类在认识外界事物时，会产生喜与悲、乐与苦、爱与恨等主观体验。我们把人对客观事物的态度体验及相应的行为反应，称为情绪（emotion）。情绪的构成包括三种层面：①在认知层面上的主观体验。它是人的一种自我觉察，如我知道“我很高兴”，我意识到“我很痛苦”等；②在生理层面上的生理唤醒。如激动时血压升高、愤怒时浑身发抖、紧张时心跳加快；③在表达层面上的外部行为。如言语表情、面部、体态、身段表情等。当情绪产生时，这三种层面共同作用，构成一个完整的情绪体验过程。因此，在评定情绪时三者缺一不可。

情绪有正面情绪和负面情绪之分。

正面情绪：即积极肯定的情绪，如爱与感恩、好奇、振奋、热情、坚毅、自信、快乐、自由、乐观、轻松等。正面情绪可以提高一个人的自信心，促使他创造性地学习，养成良好习惯，从而不断地健全人格。

负面情绪：即消极否定的情绪，如憎恨、冷酷、妒忌、愤怒、抑郁、紧张、狂躁、怀疑、自卑、恐惧等。负面情绪使人意志消沉、兴致低落，阻碍人们的健康成长和自我发展。

情绪、情感对于人们的认知过程具有或积极或消极的影响作用。良好的情绪、情感会提高大脑活动的效率，提高认知操作的速度与质量。而不良的情绪如恐惧、悲伤、愤怒等，会干扰或抑制认知功能，对认知活动具有抑制作用。因此，情绪的调控功能是非常重要的。情绪的好坏与唤醒水平会影响人们的认知操作效能。

二、情绪理论概述

情绪理论就是关于情绪概念、情绪体验的生理和心理的关系的解释。心理学上有关情绪理论的研究已有一百多年的历史。下面四种情绪理论受到了广泛的重视。

（一）詹姆斯—兰格理论

一般认为，当我们遇到一只老虎时，先感到恐惧，情绪被唤起，之后出一身冷汗，再大叫逃跑。而美国心理学詹姆斯和丹麦的生理学家兰格对此提出疑问。他们认为，对情绪状态的感觉出现在生理反应之后，情绪源于对生理反应的意识。也就是说，我们感到难过，是因为我们哭泣；我们看到老虎后开始跑，肌体反应被唤起，然后人开始意识到自己的肌体反应，感到了害怕。他们认为情绪源于躯体反馈，此学说被称为情绪的詹姆斯——兰格理论。该理论强调情绪外周的作用，很明显外周的生理反应不是情绪的唯一来源，大脑中枢神经系统对情绪起着相当的调节和控制作用。

（二）坎农—巴德理论

生理学家坎农反对詹姆斯——兰格理论，而主张和支持中枢神经对情绪的调节作用。他提出内脏反应与情绪无关。动物实验表明，切断内脏同中枢神经系统的联系，实验动物仍然会继续存在情绪反应。他还为自己的理论作了解释，自主神经的反应速度很慢，不能具有产生快速情绪反应的条件。情绪反应要求大脑在输入刺激和输出反应中起作用。来自丘脑的信号到达皮层某一区域产生情绪反应，到达另一个区域就引起情感反应。坎农的学生巴德也提出了同样的观点，即内脏反应不是情绪反应的主要内容。他认为，输送到大脑皮层的信息产生情绪体验，输送到内脏和骨骼肌的信息激活生理反应。身体变化和情绪体验是同时发生的，而情绪感觉是由大脑皮层和植物性神经系统共同激起的结果。

他们的观点被称为坎农——巴德理论。根据坎农——巴德理论，当人看到老虎后，丘脑被激活，然后激活大脑皮层和下丘脑，人开始行动。大脑皮层负责情绪感觉和情绪行为，下丘脑负责肌体唤起。如果人认为老虎很危险，大脑的活动就会同时启动肌体的唤起、逃跑的动作和害怕的感觉。

（三）沙赫特的情绪认知理论

情绪既来自生理反应的反馈，也来自对导致这些反应情境的认知评价。情绪经验源于人们对刺激情景性质的认知和对自己身体生理变化的认知。这一理论的主张者是沙赫特（Schacher）和辛格（Singer），被称为沙赫特的情绪认知理论。该理论强调个体对其生理变化与刺激性质两方面的认知。人们对于同一生理唤醒可以作出不同的归因，产生不同的情绪。认知在情绪中的作用在于判断刺激物对个体需要的符合情况。

沙赫特有关认知与情绪关系的实验，说明了认知因素和生理唤起状态对情绪的影响。实验过程如下：他告诉被试者实验的目的是调查一种新的维生素化合物对视力的影响。被试者注射后，在一个房间内等待药物产生效应。一半被试者接受肾上腺素的注射，这种物质通常引起心率和呼吸率的加速、肌肉颤抖和一种“极度紧张不安的”感觉。另一半被试者作为控制组，接受盐水注射，他们不会产生生理效应。注射肾上腺素的被试分为三组，第一组被正确告知将有生理反应，第二组未被告知任何可能的症状，第三组被告知错误的信息，即他们将麻木、发痒并可能伴有头疼症状。沙赫特假设后两组被试者将会部分地受环境暗示的影响，因为他们将可能寻找一种标记去解释自己的唤醒状态。环境条件由一个“滑稽演员”实验者的同伴所操纵，每个被试者来到房间里，可能还有其他被试者在实验中。这个“滑稽演员”或表示“欢乐”，或表示“愤怒”，对必须填写的问卷愤恨不已，最后撕掉问卷并把它扔出室外。实验中可以通过单向玻璃观察被试的反应，实验基本证明了沙赫特的假说。控制组的被试和被正确告知注射肾上腺的被试，很少被这个“滑稽演员”的行为所影响。其他被告知或错误告知的被试者对其生理状态没有合理的解释，倾向于从“滑稽演员”的行为中得到暗示，当“滑稽演员”表演快乐时，也做出快乐的行为，当“滑稽演员”愤怒时也表现愤怒。这表明人们往往通过与周围人进行比较来评价自己的情绪。从沙赫特的实验可知，认知对情绪可能有三种作用：对情绪刺激的评价、对唤醒源的认知分析、对情绪的标签以及对所标签的情绪的再评价。

后来人们以沙赫特和辛格的情绪理论为基础建立了一种错误归因训练法，

即按照一定的训练程序，引导个体对不同生理唤起状态进行正确的认知解释，以形成所期望的情绪归因，从而改变情绪，形成比较积极的归因模式。

（四）拉扎鲁斯的情绪认知评价理论

德国社会心理学家拉扎鲁斯也是一位情绪认知评价的倡导者，他强调认知评价在情绪中的作用，并指出评价是在无意识状态下发生的。如果以前有过相关的经历，你就无须再刻意对你的情绪唤醒进行环境上的解释。他的这种主张被定义为情绪的认知评价理论。该理论既承认情绪的生物因素，也承认情绪受社会文化情景以及个体经验和人格特征的制约，而这一切又随时发生在对任何事物的认知评价中。

第二节　高职生情绪的特点

弄清高职生的情绪情感特点，有意识地培养高职生的健康情感，既是搞好心理健康教育的必要条件，又是心理健康教育的目标之一。加强对高职生情感的培养与引导，就是培养他们良好的情感品质，促使其情感不断升华为情操，成为一个具有健全人格、成熟思想、稳定行为的人。

时代的发展、知识的爆炸、综合国力的竞争，要求高职生必须具备健康的情绪情感，以适应纷繁复杂的社会变革。当代高职生热情奔放，情感世界丰富复杂而又强烈。其情绪情感的两极性特征鲜明，不良的消极情绪情感随时都会出现，新思想、新观念必然造成他们心理上的不平衡，有时他们会因不能适应客观环境变化而陷于消极的情感之中，影响他们健康成长和对正确生活道路的选择。其情感的一般特点主要表现如下。

一、情绪比较容易冲动

高职生年龄一般在 17 ～ 23 岁，身心发展处在走向成熟而又未完全成熟的阶段，情绪反应不稳定，易走极端。他们往往受到鼓励就极其振奋，遇到挫折就灰心丧气。例如，考试的失败、受到了批评、要求没得到满足等，都可能让他们懊悔、惆怅多时；当受到表扬、取得优异的学习成绩或某项工作得到肯定时，则会手舞足蹈，甚至“大摆宴席”。随着时间的推移，其外部动作的表现会减少，如愤怒时有的会采取沉默以示对抗等。

二、热爱祖国、有社会责任感但自身修养不够

绝大多数高职生热爱祖国，基本能把自己的学习和祖国的建设、人民的利益结合起来，勤奋学习，自觉地培养优良品德。但是，由于他们涉世不深，缺乏实践经验，还不能全面地把握道德规范和准则，从伦理道德的深层意义上去看待社会现象和他人行为；特别是有些学生还不能严格要求自己，加强自身的道德修养，在谈论问题时热情洋溢、义愤填膺，当要按道德规范去履行时，又有或多或少、这样那样的怨气，甚至产生抵触情绪，形成认识、情感和行为的脱节。

三、自主、自立意识强但自理、自律能力较弱

他们具有成人感、自尊感、自我表现感，希望被他人理解，渴求友谊。青年学生中最流行的一句话是：“走自己的路，让别人去说吧！”他们喜欢自己设计和组织各种活动，表现出自主自立意识的增强，但由于在中学时代基本上是在教师的关怀和家长无微不至的呵护中度过的，因此，自尊感特别强，独立生活又不适应，自理、自律能力差，个别学生甚至因此荒废了进入大学后的学业。

四、有强烈的审美要求但缺乏对美的真正认识

现在的高职生比较重视自身的外在美，也在积极探索内在美，有意识地塑造自己的内心世界。但从总体看，高职生偏重外表美而忽视内心美。这与他们对美的真正含义、美的标准等有关知识匮乏、体验肤浅有关。在现实中，他们有许多不美的表现，但自己还意识不到，如有的学生在教室和公共场所吸烟、酗酒、打架斗殴、出言不逊、举止粗野，还有常见的“课桌文学”等。

五、情操处于发展阶段

所谓情操，也叫品行，是指道德感、理智感和美感在个体身上的完美结合。它是一种高尚的社会情感，是人的情感形成和发展的最高形态。高职生的社会情感虽然在大学时期有了充分发展，为情操的形成奠定了一定的基础，但由于缺乏社会实践，体验还属低层次，他们中的大多数在处理社会和个人的各种关

系问题上，在看待社会各种现象上，在与他人的交往关系以及价值观的取向上，还未完全摆脱个人和家庭的小圈子，对人生目标的追求还未确定或尚不坚定，因此，情操还处在逐渐形成中。

六、有明显的理智感和强烈的求知欲

他们在现实生活中感到知识的价值，初步意识到学习与以后工作、成才的关系，了解到要想在社会上立足，增强竞争力，做出一番事业，没有知识、不发展智力、不增强能力是不行的，因而产生了强烈的求知欲望。当然，也有些学生因对人生责任认识不清和受市场经济建设过程中消极面的影响，缺乏学习的主动性和积极性，产生“混文凭”和急功近利的思想。

第三节　高职生情绪的自我调节与管理

人在接收信息时会按照自己的认识对信息进行加工和判断。不同的认知会导致不同的判断，从而产生不同的情绪应对。因此，我们要增加对情绪调节的认识和对信息的包容度。

一、加强心理辅导，提高心理素质

高职生的三观正处于形成、发展和完善的阶段，部分学生刚刚脱离父母的庇护，遇到挫折时往往不能很好地处理。因此，教师需要对学生进行团体辅导和有针对性的个体化指导。可以组织高职生学习党课、团课，鼓励高职生参加社团活动，进行团体辅导，从而使高职生放松心情，有效地调节情绪。

二、加强校园文化交流，营造良好的集体氛围

高职院校要努力为学生营造凝聚力强、积极向上、互助友爱的集体氛围。教师要多关注学生的日常生活，多关心他们的情感世界，而不是仅仅关注分数。要培养学生的集体归属感，有了归属感，学生才能感受到集体的温暖。学校、教师和班干部要尽可能地发挥组织领导作用，多关心后进生和有自卑心理的学

生，通过开展集体活动让每一名学生感受到集体的温暖。

三、加强引导，使学生接受自身的不完美

合理引导学生，教会学生认识情绪、调节情绪并管理情绪。人无完人，要教导学生接受自己的不完美，在薄弱处不断进步。学生遇到困难、情绪低落时，要引导其主动找身边的亲朋好友、教师倾诉，寻求情感支持和解决办法。也可以鼓励学生通过运动、旅行等方式来舒缓不良情绪。

四、引导高职生读懂他人情绪，学会“察言观色”

读懂他人情绪，是指能及时准确地认识他人的情绪波动，并做出适当反应。高职生在人际交往过程中，要学会从对方的语调、表情、眼神和手势读出对方的内心感受，读懂对方的情绪变化，通过细节了解对方的情绪状态。这样既可以帮助对方疏导负面情绪，又可以巧妙地避免冲突，防止自己成为不良情绪的牺牲品。

五、指导高职生合理表达想法，适当释放情绪

高职生人际冲突事件大多是情绪失控引起的。如果过度地压制情绪，到一定程度后，情绪就会像决堤的洪水一样喷涌而出，引发冲突甚至产生过激行为。因此，当高职生产生负面情绪时，教师要充分了解学生的诉求，指导其合理表达想法，适当地释放压抑的情绪。例如，可以让学生在电影、书籍中寻求慰藉，或是向亲朋好友、教师倾诉以释放情绪，这些都是释放情绪的良好方法。每一次的情绪释放都是一次内心的洗涤和心灵的升华。通过释放情绪，高职生会更加坚强，更有助于其成长与成功。

我们要引导高职生认识到，情绪是可调节、可转化的。生活中有痛苦也有快乐，面对痛苦时，要善于调节情绪，学会始终保持乐观的心情，积极面对，做自己情绪的主人。

第四节　积极情绪管理的团体辅导方案设计与实施

前文简略提及积极心理学的应用，本章将会详细地分析积极心理学在团体辅导中的应用。积极心理学是利用心理学的测量手段，以研究人类的积极情绪和道德情感体验为目的一种心理学思潮。它有助于培养高职生积极的情绪及正确的情感取向，培养他们的创新思维，促进他们的身心和谐发展，进一步提升高职生情绪管理团体辅导活动的效果。积极心理学可以分为三大类，分别是积极心理暗示、积极情绪、积极行为表现，促进高职生积极道德的发展，对高职的心理健康教育起着催化剂的作用，为高职生情绪管理团体辅导提供理论支持。

一、积极心理学中积极情绪与身心健康的关系

（一）积极情绪与生理健康的关系

积极心理学专家研究发现，积极的情绪能够很好地促进人类心理健康的发展。通过观察身边人的心理发现，人们经常将自己的心理变化比作天气的变化，有时候是变化无常、难以捉摸的。但是，科学实验研究发现，人们的情绪是可以控制的，并且有研究证明对自己情绪的有效控制，有助于促进自己身体健康成长。经常参加一些社会活动或者娱乐项目，可以在与人们交往的过程中产生愉悦的情感体验，而这种情感体验会给人类的身心带来快乐，进而促进人类的积极情绪和生理健康的发展。积极心理学研究证明，积极情绪可以使人的体力和精力充沛，使人充满活力、容光焕发、思维敏捷，工作积极有动力，工作效率直线上升，从而给人们带来积极的心理感受，有助于促进人类生理的良好发展。

（二）积极情绪与心理健康的关系

情绪对人的心理发展有着很大的影响，积极情绪能够促进人类知、情、意、行的发展，增加人们的心理资源，这是积极情绪对个体心理健康作用的核心。心理学研究者指出，当人们的精神能量得到满足时，对人类的情绪发展能起到推动作用。要使人的心理得到满足，必须让人的心理资源得到发展，这样才能支撑每个人成长过程中知情意行的心理活动和外在行为。由此可见，人的精神资源与情绪有着不可分割的关系。例如，要参加体育比赛时，平时训练得好的运动员把握也大，他们的心里是很平静的，心理暗示是“自己一定行”。这种积极情绪会对心理产生正强化，使精神能量很充足；而平时训练不行的运动员，则往往提前几天就会担心，焦虑不安，心理暗示是“明天比赛输了怎么办”，这样会使自己的精神能量亏损。长时间下去，这些运动员的心理压力不能得到很好的释放，导致精神能量失衡，心理问题重重，甚至严重的会患上抑郁症。因此，积极心理学研究发现，积极情绪能够帮助人们消除消极情绪，如焦虑、抑郁、难过、伤心等，有助于人类转化消极情绪，促进人们积极健康地发展。

（三）积极情绪与适应社会的关系

对社会的适应主要是指适应周围环境和社会交往两个方面。社会交往指的是与身边人和群体、社会关系之间的交往，这也是社会适应的一个重要表现，积极情绪会对其产生影响。目前，高职生的心理问题主要有对新环境的适应、人际关系的建立以及毕业就业和感情纠结这几个方面，而这些问题主要通过情绪表现出来。由此可以看出，社会适应与高职生情绪的调整有着密切的关系。有的学生因人际关系不错，常常会很好地调节自己的情绪，使自己的情绪一直处于积极状态；而有的学生因不愿与人交往，人际关系不好，往往会采用消极情绪调节，使自己的情绪越发低落。因此，在人际交往中要用采用积极的策略进行调节，从而使自己积极地面对生活中的每一个挫折，更好地适应社会。

二、积极心理学在团体辅导中应用的重要性

（一）团体辅导需要积极心理学提供理论依据

根据积极心理学理论得出：积极心理学能够很好地促进人类的生存和发展，因此，团体辅导需要积极心理学提供理论依据。团体辅导时心理教育所采用的形式不同，依照积极心理学理论的原则是：弘扬正能量，沐浴阳光，共享喜悦，

传递幸福；依据心理学的主要方法是：探索与辅导、暗示与训练、激励与观察等。除此之外，创建一定的情景，让学生通过积极参与活动、亲自体验来培养其积极情绪，学生自我调整可以为管理和调整情绪提供帮助。

（二）团体辅导需要积极心理学提供科学模式

教育对象的特点和心理健康教育的目标、思想认识是团体辅导方式的主要依据。积极心理学主要以培养积极心理为目的，并且将积极心理品质作为研究内容，以便有效地激发人类的潜力，激发人的生机与活力。情绪管理团体辅导把积极的心理体验作为主要的研究方法，通过积极的渠道培养学生积极的心理品质和提高学生的健康心理水平。这种辅导方法可以将情绪管理团体辅导的时效性充分地体现出来，同时将学生的幸福感作为奋斗的目标，以便更好地引导学生积极情绪的发展，塑造积极的人生。

（三）团体辅导需要积极心理学提供教学目标

团体辅导需要积极心理学提供教学目标，积极心理学的教学目标是让人们拥有积极的心理和精神，用开放、乐观、赞赏的眼光去挖掘人类的潜能，使人们的幸福感和满足感得到更好的提升。例如，积极的思维方式、良好的情感体验、坚定的意志以及积极乐观的心态等都会帮助人们积极情绪的发展。让学生在团体辅导活动中感受幸福与喜悦，学会分享快乐与幸福，激发每个人的最大潜力，是情绪管理团体辅导的目标，是每个生命健康快乐成长的需要。

三、积极心理学在高职生情绪管理团体辅导活动中的应用策略

根据积极情绪的理论策划团体辅导活动。情绪管理团体辅导活动的策划要在深刻理解积极心理学与身心健康关系的基础之上，从活动的目标、参加活动学生的心理特点以及策划的过程着手，如活动实施方案的制定、突发事件的应急、最后的评估等。为了使活动充分地体现出积极心理培养的目的性，每一个环节都应该做好准备，确保学生所接收的信息准确、简洁，使团体辅导的效果达到最佳。

一份科学、实用，具有指导意义、针对性强的情绪管理团体辅导策划能够使积极心理学的教育作用有效地发挥出来，能让学生身心健康成长和发展。为高职生创建一个宽松安全的环境，有助于高职生改善情绪状态。例如，团体辅导教师可以创设一个小社会的情景，让学生在这个社会里找到自己的存在感和

被别人接受的感觉，并且通过他们分享的快乐，找到彼此的平衡点和共同点，帮助学生放松自己的情绪。

（一）把培养高职生积极情绪作为团体辅导的重点

目标是活动开展的依据，只有围绕目标，才会让学生在活动中不但有积极的心理感受，而且对自己的心理有客观而全面的认识，培养学生积极心理素质的目的才能得以实现。

由于班级中个体能动性变化多端，高职生心理特点和对团体关注度以及角色的不同，辅导者团体辅导时也应有所不同。这就要求辅导者对积极心理学情绪管理和调节的相关专业进行学习和培训，创新团体辅导的方法，挖掘学生的积极情绪，让学生在辅导中体验到积极情绪的价值和优点，并且要以培养学生积极情绪作为团体辅导的重点，采用积极的评价方法，从而促使学生积极健康成长。

（二）根据高职生情绪的特点来进行团体辅导

如果用惯用的说服教育的方法来对高职生进行情绪管理团体辅导和调整情绪，会造成一些不良的影响，甚至导致团体辅导对象动力不足。因此，在对高职生进行心理团体辅导时，对高职生接受教育的方式应该根据他们的情绪特点进行。例如，在团体辅导时，有些高职生表现出对感情迷茫和恐惧的情绪，辅导者就应该对造成这种感情迷茫和恐惧情绪的原因进行分析，并且对其进行正确的引导，让他们能够客观分析自己对待感情的态度，认同积极心理的优点，从而使团体辅导的效果发挥得更好。

总之，对高职生进行情绪管理团体辅导时，既要充分了解积极情绪与身心健康的关系，也要明白积极情绪对高职生情绪管理团体辅导的重要性。开展高职生情绪管理团体辅导活动时，要以积极情绪的理论为依据，根据学生情绪的特点把积极情绪团体辅导作为重点，促使学生积极、健康、快乐地成长和发展，使团体辅导的效果发挥到最佳。

四、情绪管理团体辅导的探索实践与方案设计

（一）深入了解高职生的情商水平

以往的研究表明，高职生的总体心理健康状况显著低于全国成人常模和青

年常模。

大部分高职生的心理健康水平处于亚健康状态。笔者从自我情绪认知、情绪调控、自我激励、他人情绪认知、人际关系管理五个方面对某高职学生的情商状况进行了问卷调查，结果显示学生的情商总体情况良好，但离高情商水平（EQ=120 以上）还有较大距离。在调查问卷的基础上，又进行了个别访谈、小组访谈等，进一步了解到学生的情绪管理能力较弱，主要表现为：

（1）易冲动，情绪自控力差，缺乏理智性和控制力。当受到外界刺激时，容易冲动，感情用事，产生特别强烈的某种情绪体验，如高度的兴奋、激动，或是过度的悲观、愤怒等极端情绪。

（2）冷漠，常常对周围的人和事表现为无动于衷、漠不关心。他们往往封闭自己的内心体验，表现出对学习缺乏兴趣、对社会缺乏责任感、对生活缺乏信心。

（3）自我调节能力欠缺。当处于负面情绪时，不能进行及时调整，会耿耿于怀，导致某种负面情绪呈持续状态，如长时间的压抑、抑郁等，从而影响正常的学习生活。

（二）制定和实施团体心理辅导方案

根据高职学生情绪特点，以情绪的识别体察、情绪的积极认知、情绪的合理表达、情绪的合理宣泄为单元主题，确定目标和活动流程，按计划定期进行团体辅导。

1. 情绪的识别体察

目标：了解各种情绪，体察自我及他人情绪。

【活动一】

指定一名学生抽取一张情绪卡，按上面的指示来表演这个情绪下的行为（主要情绪有愉快、满足、伤心、激动、生气、气愤、痛苦、难过、紧张等）。再随机请一名学生上来，让他来猜前面学生表演的是什么情绪。

【活动二】

请十名学生上台抽签表演一下生活中的各种笑，如微笑、大笑、奸笑、苦笑、冷笑、偷笑、嘲笑等，并用数码摄像机记录下来。让台下的学生指出每个台上学生的笑是哪种笑，并解释这种笑的潜台词。

2. 情绪的积极认知

目的：认识情绪的积极性和消极性，学会从两方面看问题，找到支持自己的理由。

【活动一】

把全体学生分成两个对抗小组，一个小组说出某句俗语，如兔子不吃窝边草；另一小组要尽量找到相反的俗语与之辩驳，如近水楼台先得月。最后让各组派代表分享感受。

【活动二】

以小组为单位，每人先在纸上写出最近自己被情绪困扰的事件，然后折成纸条，放在盒子里。以抽签的形式让每个人抽取一张纸条，每个人都要用积极的认知代替消极认知，想方设法解决自己抽到纸条上所写的困惑。最后，大家分享感受。

3. 情绪的合理表达

目的：学会尊重他人，关注他人的感受，适时、适当地表达个人的情绪。

【活动一】

当我们遇到情绪时，采取什么方式来表达？在与人交流沟通时，怎么表达情绪才能让别人接受？让学生以生活中曾经遇到的事件为例子，分小组讨论自己当时是怎么处理的，讨论结束后，每个小组派代表分享感受，教师再对这些方法进行点评。

【活动二】

在表达负面情绪时，尤其是在指责别人时，容易把注意力集中在他人身上，过分强调他人的过错，但往往我们自己也有错。以小组为单位，根据设定情景，如在指责别人“你怎么又迟到了”“你怎么又忘了”等情绪表达时，充分使用“我……”信息，让别人更多地了解自己，因此，更容易让他人接受。每个人都练习如何用“我……”来表达，小组代表分析感受。

（三）团体辅导干预的成效

通过为期两个月的团体心理辅导干预后，采用量表施测、小组访谈、个别交流等形式，发现团体辅导取得了比较满意的效果，将其归纳为：

以积极心理学为基础的团体心理辅导，促进了高职生自我情绪管理能力的提升，表现在学生能调整心态、积极地看待外部世界、自我接纳程度有所提高、学会了情绪表达和情绪控制、人际关系比以前更和谐、幸福感有所提升等几个方面。

团体辅导提供了宽松的环境、和谐的氛围，使各成员之间在互动和体验过程中不仅彼此加深了了解，还分享了经验。

（四）自我情绪管理团体辅导的反思

需要进一步改进团体辅导的具体设计方案和实施情况。例如，在进行团体辅导活动时，时间把控不够准确，有时过长，学生感到疲劳感；有时过短，学生又感觉分享不够充分。

在团体辅导中会发现个别成员有特殊性问题，团体辅导不能解决，具体的问题需要相应的个体咨询来辅助解决，但由于事前估计不足，没有做好充分的方案设计。

团体辅导促进了高职生信息交流和多样化价值观的形成，从而在一定程度上有助于学生全面提高自身素质。在这个过程中，教师也应做好正确引导，以防给学生带来负面影响。

团体辅导对学生情绪管理所起到的持久影响需要校园强大的环境支持系统，为学生提供情绪释放的途径，帮助学生把负面情绪以各种方式排解出来，如体育文化场所、校园文化活动等。

第七章　高职生的人际关系与恋爱心理

第一节　高职生的人际关系与人际交往

一、人际关系和人际交往

人际关系是社会关系的一种表现形式，它是指人在相互交往过程中，彼此间相互影响而形成的一种心理上的和社会上的联系，它反映的是人与人之间的心理距离，即交往双方寻求满足其社会需要的心理状态。

人际交往是指人与人之间通过一定方式进行接触，从而在心理上和行为上发生相互影响的过程。人际交往作为一种社会现象，有两个特点：一是交往双方互为主体，二是交往双方行为互动，即在影响他人的同时，也在接受他人的影响。

人际交往是建立人际关系的基础，人际关系是在人际交往的过程中形成的。一个人的人际关系状况如何，与其人际交往的好坏有着直接的、密不可分的关系。人的一生都是在与他人交往中度过的。通过交往，人学会了说话，学会了生活；通过交往，人掌握了知识和技能；通过交往，人才能不断成长、成熟和完善。可以说，没有交往，一个人就不可能成为社会的人，更不可能成才。

高职生人际交往是指高职生互相之间以及高职生与他人之间沟通信息、交流思想、表达情感、协调行为的互动过程。在班集体里、宿舍中以及各种活动中，高职生之间必然经常性地发生交往和相互作用，他们在一起互相学习、互相帮助，寻求理解和接纳，并通过积极的人际交往建立融洽和谐的人际关系。

二、高职生人际交往的意义

高职生在学校中要面对许多关系，如同学关系、师生关系、老乡关系、朋友关系等，这些关系处理好了，对己对人都有益；处理不好，对己对人都有害。因此，对高职生的人际交往进行探讨是十分必要的。

（一）人际交往是人的社会化的必由之路

所谓社会化，就是指一个自然人成长为一个社会人的过程。一个人在婴儿时期，犹如一个“无能为力”的小动物，只会吃、睡、哭；随着时间的推移，婴儿慢慢学会了爬、走、吃、穿、说话，学会了这个社会所需要的知识、技能和规范，发展了自己的社会性。由一个自然人变成一个社会人，这个过程就叫社会化。

人的社会化是通过交往来实现的。如果一个人长期被剥夺与人交往的权利，不论小孩还是大人，都将失去心智及人性。例如，印度的“狼孩”在狼群中长大，一切习性都似狼，无论再怎样教育和训练都无法达到同龄孩子的心智水平。

（二）交往活动是促进高职生认识自我、完善自我的基本途径

人对自己的认识总是以他人为镜，通过与他人进行比较，把自己的形象反映出来加以认识。例如，一个人希望知道自己的观点正确与否，对自己的能力大小作出评价，但很多时候并不存在赖以判断和评价自己的客观标准和手段，这时，人们就必须把自己的观点、能力与他人进行比较，产生对自我的评价。只有通过这种方式，才能增强自我评价的客观性；也只有通过这种方式，一个人才能不断地调整自己，使自己与群体协调一致，使自己不断完善。一个人如果没有交往的参照物，就容易盲目自信。

（三）交往是高职生保持心理平衡的有效方式

心理卫生专家丁瓒先生曾说过：“人类的心理适应，最主要的就是对人际关系的适应。所以人类的心理病态，主要是由于人际关系的失调而来。”人际交往不但是一个人生存发展的需要，而且是满足人身心健康的需要。人际交往的时间与空间越大，人的精神生活越丰富，得到支持与帮助的机会越多，就越

能够保持心理平衡；而交往需要得不到满足，人的情绪就会低落，产生心理失衡，从而导致身心疾病。

心理学家曾做过一个实验，让自愿参加实验的人，一个人待在一间房里，这间房子没有窗户，只有一盏油灯、一张床、一把椅子、一张桌子，以及洗漱设备，没有钟表、电话、收音机、电视、书报、纸笔，传送带按时送饭，被试者看不到任何人，测试他能待多久。这是一个“剥夺”实验，剥夺被试者与人交往的权利。短时间内，他还可以睡觉、思考问题；时间长了，被试者则受不了。最初会感到恐怖、焦躁；如不停止实验，则可能使一个人心理变态、精神崩溃。

三、高职生人际关系的特点

（一）自我为中心

目前，很多高职生都是独生子女，娇生惯养，“00后”的高职生喜欢从自己的观点、立场出发看待周围的一些人和事，对别人的要求以及期望值很高，往往对别人的要求严厉，难以同情、理解别人，缺乏和人合作的观念以及换位思考的想法，并且很多学生往往以自我为中心，以自己的思想、情感以及需求为出发点，不顾别人的感受、别人的想法，从而导致高职生在人际交往中形成负面影响。另外，很多学生由于从小在父母和教师的关心爱护下长大，进入大学后，这些学生很难适应集体生活，因此，对于人际关系的处理更加难。

（二）情绪不稳定导致人际关系障碍

情绪在人际交往中占据重要的地位，目前，高职生常见的情绪问题主要是因为自负、自卑等造成的，这也是高职生情绪中两个比较极端的情绪表现。高职生的自卑以及自负的心理多数是由于学业、家庭贫困、就业压力以及成长挫败问题等导致的。其中，有自卑感的学生缺少交往的主动性，很多时候都是想发表自己的见解，但又不敢发表；想和别人交往，却又害怕与别人交往，总是担心别人看不起自己，所以很容易形成自卑的心理。如果一个人看不到自己的价值和优点，就易于产生自卑的心理，从而影响学生之间的人际关系。

（三）网络环境影响大

随着计算机技术的普及，网络得以广泛应用，网络不仅能够促进我们的学习，还能够及时补充我们的知识能量，但是，一些学生过度沉迷于QQ聊天或者网络游戏，成为一个饭不思、夜不寝的游戏狂或者网虫，从而放弃与现实中人们的交流和学习，最终导致人际交往关系不融洽。美国心理学家金伯利·扬（Kimberly Young）指出，病态网络的使用者在网络上找的不是咨询、学习材料，而是社会的支持和性的满足或者在网络上创建一个新的人格。所以高职院校的高职生如果长期沉浸在网络中，很容易形成压抑、孤独的心理，严重的情况下会导致亲情的疏离、友情的淡薄、爱情的盲目，从而影响学生的人际关系和谐发展。

第二节　高职生常见人际关系与人际交往的调适

一、对高职生人际关系交往的调适

（一）加强对高职生的心理教育

在高职院校开展心理健康教育课程的主要目的是塑造学生完善的人格，其核心是促进学生身心健康成长。高职生良好的人格和道德品质之间具有密切的联系，并且学生的道德品质问题与思想认识问题往往与学生的心理特点具有非常大的关系。学生在学习以及成长中的各个阶段都会遇到困惑和冲突，一些问题从表面上分析为道德品质或者思想认识问题，而实质上与学生的心理健康问题具有密切的联系，如厌学、青春期的心理困惑等都与心理健康有很大的关系。因此，加强学生的心理健康教育，提高学生的思想认识以及道德品质，对培养合格人才、促进学生身心健康成长，对学生之间建立良好和谐的人际关系具有重要的作用和价值。

（二）引导高职生敞开心胸，主动交往

敞开友谊之门，朋友就在快乐的大道上等待着你。目前，高职生之所以缺乏成功的交往，没有处理好自己的人际关系，在很大程度与他们的情绪和心理特点有关。他们在人际交往中往往处于消极、被动的状态，总是自以为是地认为爱情和友情会悄然降临到他们身上，然而这是一种很不现实的想法。当你把

自己封闭在自己的世界中时，如果你不主动伸出友谊之手，那么希望别人对你伸出手是不可能的。所以我们应该敞开心扉，主动进行交往，这样才能构建和谐的人际关系，才能体会到友谊带来的快乐[3]。为了能够促进学生敞开心扉，不但要加强对学生的心理健康教育，而且应该鼓励学生参加社会实践活动、班级活动等各种活动，鼓励学生在活动展示自己的个性和风采，这样才能促进良好的人际关系的建立，促进高职学生的身心健康成长。

（三）让高职生学会维护良好的人际关系

人际关系建立后，其维护也是非常重要的。在人际交往的过程中，难免会发生一些不愉快的冲突或者争执，在遇到这些问题时，我们应该掌握以下人际交往的技巧：

（1）学会合理处理人际交往中出现的冲突或者矛盾。由于高职生正值年轻气盛、不服输的时期，一旦出现冲突，很容易导致良好的人际关系出现危机，所以这时就尽量采用协商或者讨论的办法解决冲突。

（2）学会自我批评。在人际交往的过程中，不能直接批评或者责怪别人没有掌握好说话的分寸，注意不要伤害别人的自尊心。在批评别人的同时，先要反省一下自己是否存在错误的地方，并及时客观地认识自己的错误，虚心接受别人的建议和意见，这样才能促进人际交往的和谐开展。

（3）学会控制自己的情绪。情绪是保证人际关系正常开展的重要的条件之一，处理好自己的情绪对建立和谐的人际关系具有重要的作用。高职生还应该学会善于处理自己的情绪，遇到任何事情都能够保持平和的心态，在人际交往中不能用自己的坏情绪影响周围人，更不能用自己的坏情绪影响人际关系，要将自己的情绪通过适当的途径加以发泄，从而保持积极的情绪和心态。

二、高职生人际交往障碍的自我调适

为建立良好的人际关系，能够与他人和谐相处，高职生必须把握好人际交往的基本原则：真诚、尊重、平等、包容、互惠互利，同时还需要学习人际交往的艺术，学会自我调适，避免交往障碍，维持并深化良好的人际关系。

（一）认知的艺术：知己亦知彼

人际交往的顺利与否，与交往者的态度、行为直接相关，而人的态度和行为具有选择性，正确的态度和行为必定是建立在对自己、交往对象及交往情境正确认识的基础之上。如果对自己、对他人、对社会情境了解片面，甚至完全错误，人对人际交往中的态度和行为的选择就很难正确。当你希望别人理解你时，你也应清楚他人的需要，尊重他人的价值观，这样才能理解自己和他人之间的差异。理解了人的差异性，才能在真正意义上深入认识自我和他人。

知己，即对自己的需要、兴趣、能力、个性、行为以及心理状态有全面认识。高职生自我认知是在社会情境中不断比较而完善起来的。在人际交往中，应既能看到自身的价值，又能看到不足，从而建立起客观的自我评价。同时，他人的评价也是自我认知的一面镜子，应通过他人评价不断修正自己认知上的偏差，力争达到自我评价与他人评价的统一。学会正确、客观地评价自己，是人走向成熟的重要标志。

知彼，即在社会交往中对他人的认识和了解，通过他人的行为表现和外部特征来全面推测和判断其需要、动机、兴趣、情感、个性等心理活动的过程。一般来说，人们通过一定时间的交往，往往会自觉不自觉地对所接触的人形成一定的看法，做出一定的评估，并由此确定与其交往的态度和行为。对他人的认知正确与否，决定了我们与他人相处的态度和行为方式是否正确得体。

总之，在人际交往中，只有对自己有较为正确的认识，又具有对他人的正确认识和深刻理解，才能够在人际交往中恰当地选择自己的态度和行为，从而与他人建立起和谐关系。

（二）谈话的艺术：会说亦会听

学会交谈是交往成功的重要因素，交谈是人际交往中最主要的沟通方式。在人际交往中，交谈是否顺利，取决于交谈的内容和方式、方法，也直接影响着交往效果。所谓“良言一句三冬暖，恶语伤人六月寒”说的就是这个道理。高职生在人际交往中应掌握如下谈话要领：

1.说话得体，恰如其分

交往语言要注意分寸，合乎尺度。谈话时要做到有礼有节，让对方先讲；最好不要谈论对方的隐私或忌讳的话题；人多时，不要把注意力集中在一个人身上，要注意平衡。

2.态度真诚

真诚是友好交往的基础，也是人际交往得以延续和深化的保证。如果在与人交往中能够直言不讳，同时又能动之以情，那么，交谈的氛围就是愉快而和谐的。

3. 应避免的交谈方式

常打断对方的谈话或抢接对方的话头，滔滔不绝，目中无人，忽视对方的反应；词不达意；注意力不集中，目光不专注，或对别人的谈话表现出不耐烦的神情；目光长时间盯着对方看，或审视对方，让对方不自在，感觉不舒服；不考虑交谈的对象，用词不当，使人听不明白或感到不高兴；不考虑交谈的时间、主题、氛围和效果，而短话长说或长话短说；在交谈中，单方面突然结束谈话，或强行把话题转移到自己感兴趣的方面。

交往中善于倾听的人，人际关系一定是融洽的，因为倾听本身就等于告诉对方：你是一个值得我倾听的人！这样会提高对方的自尊心，加深彼此的感情。一个善于倾听的交谈者是受人欢迎和信赖的。倾听对方谈话时，应掌握如下要领：①注意力集中，表情专注；②用微笑、点头、感叹等表达自己的情感体验，表示你在注意倾听；③听比说更重要，多听能够帮助自己理解别人，也有利于让别人更快地接纳自己；④尊重对方，平等交流，注重情感沟通。设身处地、感同身受地体会对方的情感和心理感受，就会理解他人的情感和行为。

（三）相处的艺术：能进亦能退

在人际交往中，学会建立亲密关系。一般情况下，人际关系从建立到发展，交往由浅入深都遵循这样的过程：①是对交往对象的注意、选择和初步沟通，判断交往是否可以继续；②是随着交往双方共同特征的发现，沟通日益广泛，自我暴露的深度和广度逐渐增加，具有鲜明的正式交往特征，大部分人际关系都是在这一层面（同学、同事、同乡等）；③是双方信任感、安全感的确立，亲密关系形成（知心朋友、恋人等）。亲密关系是所有人际关系中最没有距离感的，它是一种特殊的人际关系，也是我们一生中最重要的关系，给人以归属感和满足感，是我们情感正常发展和自我实现的必要条件，能够享受亲密关系的人能更好地应对各种压力。因此，学会建立亲密关系，有助于我们的身心健康。

在人际交往中，学会独处。“独处”与“孤独”是两个完全不同的心理状态。孤独是指内心渴望交往而无法满足时产生的不愉快情绪体验，而独处是指个体独自一人的客观状态。独处在人际交往中的积极性、稳定性和满意度上都高于孤独；独处是成长所必须经历的过程，在外界关系中所获得的知识及经验，必须在独处时经过思考后，才能得以沉淀和内化，从而进一步认识自我、从容面对。现在，许多高职生认识不到独处需要，或者害怕面对独处，一味从众，或感觉到独处需要，但害怕被别人理解为怪异，不知如何处理。其实，独处需要不仅是我们自己内在的一种需要，我们还能以此需要来更好地理解他人，为他人适时创造独处的环境。假如你能自在地独处，你也就能很好地与别人相处。

在竞争中学会与他人合作。为什么我们要在人际关系中提倡竞争与合作呢？竞争与合作在人际关系中比较难以把握，难就难在合作意味着取长补短，不能以个人为中心，要以集体为重，而竞争更是要学会适量适度。其实这是对自我的一种深层次认知，是对自己能做什么、做到什么程度的一个度量。学会了竞争与合作，其实就是协调好了“理想我”与“现实我”、自我与他人、个人与集体或社会的关系，势必会使我们的人际交往能力得到极大的提升。同时，竞争给人带来的动力也是其他方面所无法替代的。人们有时会把竞争和“嫉妒”这个词相混淆。嫉妒就像一针强心剂，只能给人带来短时间的动力，这种动力在发现不能超越别人后会引起强烈的负面情绪。两者不同之处还在于：竞争是以“事”为目标，而嫉妒是以“人”为目标。嫉妒在人际关系中并不能带来益处。高职生在人际交往中要谨防合理竞争变无理嫉妒，要时时注意是否把焦点放在自己的目标上，而不是转移到对“人”的关注上。在高职生人际交往中，提倡竞争与合作的重要意义在于：竞争对人提出挑战，使人产生积极向上的动力，不断发掘自己的内在潜能，在与外界社会的碰撞摩擦中完善自己；而合作能使人清楚地认识到自己和对方的优缺点，从他人身上学习优点，学会团队合作，学会如何主动提出自己的意见和配合他人的行动，在完成共同目标的同时，提升自己的能力。

第三节　和谐人际交往的团体辅导方案设计与实施

一、高职生人际交往的影响因素

干预改善高职生人际交往的因素有很多，但最为主要的因素有：高职生所处的环境因素和个人因素。个人家庭影响、个人文化程度、个人心理因素等都属于个人因素。其中，个人心理因素是最为重要的因素，尤其在人与人相互交往时，能够起到关键的作用。当个人心理出现问题时，主要体现在与人交往能力差、性格孤僻、对他人缺乏信任等。

从总体上来说，高职生在人际交往过程中，缺乏一定的交际技巧，人际交往能力较差，同时自身具有一些不良性格特征。在与人交往时，不知道如何沟通交流，所要表达的信息不能够准确地体现出来。在与人相处时，不知道怎么与人正常交往，时常由于误解等原因出现矛盾。出现这些情况，往往导致高职生逃避人际交往，害怕人际交往，从而将自身封闭起来，与他人交流越来越少，表达能力越来越差。这样会导致其人际交往能力越来越差，不能够获得良好的发展。然而，高职生在人际交往中产生的自卑、多疑等心理状态，使得他们难以和别人说出心中所想。同时，会产生自我否定、自我退缩等现象。与人交往中，由于过于敏感，导致对他人产生过度防范，难以在交往中产生信任感。这些不良的心理状况，是导致高职生人际交往困难的主要因素。这些因素都会影响高职生的生活和学习，也给社会稳定、经济发展造成严重的影响。

另外，一些高职生由于家庭因素等，会产生自傲的心理，这是由于对自身的评价过高产生的。自傲的人在做很多事情时都眼高于一切，同时很多方面都难以满足他的要求，从而和他人之间产生隔阂，受到他人厌烦，变得不合群。无论自傲的心理状况，还是自卑的心理状况，都是不利于人际之间的正常交往的。总而言之，高职生在人际交往过程中的不良状况主要是：不自信、没技巧、缺信任。不自信主要表现在与他人交往中，由于个人、家庭等因素的影响，出现自卑、孤僻的心理现象，有时候虽想与人交往，但自信心的缺失致使难以付诸行动。没技巧主要表现在与人交往中，缺乏很好的交流技巧，不能够顺利交往下去，最终失败。缺乏信任主要表现在对他人的人格品质不够信任，总是有一种被欺骗的感觉，这样难以正常交流，造成交往失败。

二、对人际交往采用团体辅导的优势

团体辅导的优势在于，能够结合影响高职生人际交往的实际情况，进而确定团体辅导的实施方式。团体辅导主要是从四个方面进行：①能够有效改善辅导成员的心理调节和情绪；②有效改善不良交往认知；③互动、讨论练习；④教授良好的交往技巧。

1. 能够有效改善辅导成员的心理调节和情绪

人际交往存在于生活中的方方面面，是人们能够共同和谐生活的一种独特方式。无论哪种交往，都具有相应的目的性。所以，人际交往是一种指向性行为。

由于人际交往本身具有指向性的特点，因此，在交往之前寻求交往的人就需要进行相应的准备工作。人际交往所要达到的结果就是建立起人与人之间的关联，而人与人之间的关联又是一种人的心理联系，所以人际的交往的前提就要有心理上的准备。

人内心的情感是对周围事物的一种主观感受，能够体现出人与周围事物之间的联系，如愉快、愤怒、讨厌等。高职生是具有较高智慧的人群，在这个年龄段的青少年具有情感鲜明、情绪波动较大等特点，极其容易走向极端。高职生的情绪波动在很多方面都有体现，如交友、谈恋爱、就业等，都或多或少地会出现情绪上的变化。如果获得了一定的鼓励，其心情就会愉悦；反之，如果受到批评或遇到困难，心情就变得消极。这些情绪上的波动都会对高职生人际交往产生影响。

综上所述，想要达到良好的人际交往效果，就要做好心理上的准备。要将自己的情感控制好，不要太过于消极，也不要太过于热情。这些情绪上的不稳定因素，会直接或者间接上造成人际交往上的问题。因此，团体辅导的主要任务就是稳定高职生的情绪，减少其心理和感情上的较大波动。

2.有效改善不良交往认知

人对周围事物的看法，就是人的认知。人对事物的认知包括多种方面，如对事物评价的标准、个人的独到见解、对人或事物的信仰等。人的认知也包括对自身、对他人、对人际交往等的认知。认知在人对事物的判断上起着主导地位，在一定情况下，认知可以影响人的行为方式。随着社会的不断发展，经济水平的不断提高，人们的认知会从一个阶段向另一个阶段前进。高职生对事物的认知出现问题就会导致其产生出极端、不理性的想法。特别在人际交往方面，认知的偏差会导致人际交往不良现象的产生。所以，团体辅导要能够有效地改善成员的不良认知，这是辅导取得成功的重要方面。

认知存在两个方面，一个是对自身进行认识，另一个是对他人进行认识。对自身的认识，就会产生相应的自我感觉、自我判断、自我评价等，这些认知会引起个人的情绪反应，如产生自信、自卑等。这些情绪就会体现出自身的行为意向，进而影响对他人或者团体的看法。通过相关调查发现，当前高职生存在追求完美、自我否定、对自己的能力表示怀疑等心理倾向，这就容易导致高职生做出极端的事情。所以，团体辅导应该改善高职生的不良认知方式。

与他人进行接触，就会产生人际交往问题。在与他人进行接触时，会对其形成相应的评价标准，同时对他人的内心想法和主观意向进行猜测，这个过程就是对他人认知的行为过程。这个过程是人与人之间交往的基础。当被认知者和周围事情或环境产生关联时，就会影响个体对他人的认知的变化。一个人对他人产生什么样的想法，或者出现某种反应，主要是依据对他人的主观判断和推测。这样的判断和推测是由最初的浅显逐渐向复杂转变的。同时，这种认知不仅要对他人的外在表象进行判断，还要对他人的个人交往关系进行判断。

想要更好地理解一个人的交往认知，就要对其主要的交往意向、交往方式、交往内容进行了解。人与人之间的交往形成，主要是由于相互之间具有个人需求，共享资源、分享见闻、交流信息，最终能够满足彼此的需要。在人际交往过程中，如果出现相互利用、对自身利益要求过高，就产生出意见和不和，导致交往关系的恶化甚至结束。在当前，部分高职生因不能找到知音而苦恼，感到人情冷暖、世态炎凉；部分人将在交往过程中出现的问题都归咎于他人；还存在一些高职生对人际交往轻视、淡漠。在这些学生的心里，所谓的交往就是拉关系、互相利用。这种错误的交往认知，都需要在团体辅导中加以改变。

3. 互动、讨论练习

这种方式主要是为了更直接地培养学生主动和他人进行交流，达到积极交往的效果。该方式主要是需要成员们将个人的成长经历、生活习惯、想法观念等，与其他人进行主动分享，以便能够激发出团体成员相互交往的意向。另外，人的交往认知能够在一定程度上影响人的交往意向，但是这并不是绝对因素。如果一个人的性格较为内向，对和他人之间的交往产生腼腆、害羞等行为，虽然本身对相互交往的重要性有良好的认识，但是在行为上并不一定能够促使其进行积极交往。这就导致认知与行为上的偏差，进而造成心理上的冲突。由于接受团体辅导的人员对人际交往存在认知上的偏差，因此，在进行团体辅导过程中，应当营造良好的人际交往氛围，选择不同的交流方式，如演讲、探讨、一起游玩等。这些丰富多彩的活动能够使人快速地融入团体中，让成员在稳定、和谐的氛围中，将自己内心所想的与其他人进行分享，有效地保证主观认知与客观行为相统一。在主动寻求交往中，减少了胆怯、羞涩的心理，进而提高了成员交往的能力。

4. 教授良好的交往技巧

人与人之间的交往具有一定的技巧性，拥有良好的交际技巧，能够在交往过程中受益匪浅；反之，就会出现各种问题和困扰。在人们的日常生活中，“一句话可以交友，一句也可以得罪人”。有的人在与其他人进行交往时，过于直率，导致与他人产生矛盾，友谊破裂。而有的人在和其他人进行交往时，过于腼腆，害怕得罪人，长此以往，心理就会与自己的内心产生冲突，最终导致与他人产生矛盾。在和其他人进行交往时，缺乏交流方式，就会对人际交往产生不良影响。因此，良好的交往技巧，在交往过程中会起到关键性作用。

三、和谐人际交往的团体辅导设计方案

（一）团体目标

通过自我分析和小组互助，让成员客观地评价自己的人际交往状况，找到不良沟通的问题所在，改善行为模式；体验信任在人际交往中的重要性，增强彼此间的信任感；体会合作对个体和团体的影响，提升内心的人际交往开放度，在合作中学习与人交流的方法；学习拒绝他人的技巧，提高人际交往的能力。

（二）团体对象

在校高职生。有意愿提升自己人际交往能力、改变不和谐的人际交往现状、改善和提升人际交往技巧的学生。

（三）团体时间及次数

团体辅导 5 次，每周一次，每次时间为 90 ～ 120 分钟。

（四）成员招募方式及人数

利用海报、传单或校园媒体平台宣传招募。团体成员：16 ～ 24 人。

（五）团体领导者

指导教师一名、协助者一名。

（六）团体辅导框架（表 7–1）

表 7–1　团体辅导方案表

模块	活动	目标	主题活动	备注
1	你我有缘 ——建立团队	明确团体目标和成员参加团体辅导的动机；帮助成员了解团体的性质；促进成员尽快相互认识	萝卜蹲，自我介绍接龙，你我的约定	

续表

模块	活动	目标	主题活动	备注
2	接纳之旅——体验信任	培养成员间的相互接纳和信任；体验信任别人和被别人信任的感受	托起你的重量，信任前行，信任不倒翁，分享与总结	
3	善于倾听——掌握技巧	协助成员识别不良倾听习惯；练习有效倾听，掌握倾听的技巧	你会倾听吗，沟通练习，分享沟通，家庭作业	
4	学会拒绝——体验说“不”	了解人际交往中有利的个性特征；学会拒绝的方法和艺术	害怕说“不”的心理分析，魅力测试站身临其境	
5	一路有你——结束团队	了解团队成员的异同点；体会团队合作互助的乐趣；促进成员的团体合作意识；提高人际交往能力；结束团队	超级三人组，齐眉棍，蜈蚣翻身	
团体辅导效果评估				

（七）团体辅导模块

本节根据上述的团体辅导设计方案，挑选几个经典模块进行简要分析，其他模块不再赘述。

【模块 2　接纳之旅——体验信任】

总目标：帮助成员融入团体，培养成员间的相互接纳和信任，体验信任别人和被别人信任的感觉。

主题活动：托起你的重量，信任前行，信任不倒翁。

时间：90 ～ 120 分钟。

过程：

1. 托起你的重量

目的：消除成员之间的隔阂，增进成员之间的了解。

时间：20 分钟。

操作步骤：

指导教师宣布：现在开始游戏“背靠背”。

指导教师请两个成员背靠背站立，一齐向下坐到地上，然后再起来。一齐站起来再坐下、站起时，双手不能撑地（可要求成员双手交叉抱在胸前）。

顺利完成者，可与其他成员交换再做。可选择与自己身材不同的成员来做。

小组交流分享：

（1）背靠背坐下、起来，容易吗？

（2）顺利完成活动有什么感受？是什么因素起了作用？

（3）做不到有什么感受？你认为是什么原因造成的呢？

指导教师引导语：信任是感情交流的桥梁。人之幸事，莫过于被人信任；人之憾事，莫过于失信于人。生活在互相信任的环境中是一种幸福。

2. 信任前行

目的：让成员尝试如何让他人信任自己，并了解信任对于整个团队的重要性。

时间：30 分钟。

准备：眼罩、若干根绳子、空纸箱。

操作步骤：

将团队分为 4 人一组，两人为活动参加者，另外两人为活动保护者。活动参加者中的一人被眼罩蒙上眼睛，在另一人用绳子的引导下走完预先设计好的一段路程。两名保护者要随时保护蒙眼者的安全，防止其跌倒或碰到障碍物纸箱。

在蒙眼者被蒙上眼睛之前，搭档之间可充分交流，约定沟通信号。一旦蒙上眼睛，两个人均不能再说话。两人通过非语言的方式进行交流，增加搭档之间的信任度。保护者要引导蒙眼者绕过障碍物（空纸箱），蒙眼者在搭档的引导下走到终点。

注意事项：

（1）蒙眼者要做好缓冲的姿势，即向前伸出双臂，小臂向上弯曲，手掌向外，手的高度和脸齐平。当发生意外跌倒时，这种姿势有利于减轻身体伤害。保护者要时刻关注脚下和蒙眼者的状况，及时做出反应。

（2）蒙眼者走到终点后，大家依次交换角色，保证每位成员都做一次蒙眼者，做一次保护者。

小组内分享各自的感受。

3. 信任不倒翁

目的：让成员体会到来自团队其他成员的信任，感受团队对自己的支持和保护。

时间：30 分钟。

操作步骤：

每组围成一个圈，一位成员来到圈中央，其他成员手拉手围圈。

蒙上圈内人的眼睛，让其随心所欲、自在舒适地倒向任意方向，其他成员拉紧手形成保护圈，确保圈内人不会摔倒。

圈内人往哪里倒，整个小组就要去哪里接住他，并推动其站立起来回到中心位置，站稳后再倒下去，如此反复进行。

每个成员轮流做圈内人进行体验，全部体验完之后回到座位上。

小组内讨论并分享感受。围绕“倒下的那一刻你害怕了吗”“你相信其他成员会稳稳地托住你吗”“倒下的时候你的身体是弯曲的还是挺直的”“你从这个游戏中学到了什么”等开展讨论。

指导教师总结。

4. 分享与总结

目的：帮助成员明确基本的信任感和被信任感，是拥有良好人际关系的基础。

时间：30 分钟。

操作步骤：

小组交流：通过分享，小组成员体验人与人之间相互信任的可贵，传递一种积极正向的交往能量。

每组派一名代表交流分享本组对于此次活动的体会，收获别人对自己的信任，感受人际交往的快乐和正能量。

指导教师总结：刚才就是同学们的双手帮助我们走过了重重关卡，在人生的道路上，有许多这样的手帮助我们走过艰难的路，以后还会有无数双手伴你度过漫漫人生的路。我们发现，当我们真诚相信他人的时候，他人会更加积极地给我们反馈，并帮助我们一步一步走向终点。付出真诚，就会收获感激和信任。

【模块 3　善于倾听——掌握技巧】

总目标：协助成员掌握一定的沟通技巧，掌握有效的、正确的沟通方式。

主题活动：你会倾听吗，沟通练习，分享沟通，家庭作业。

时间：90 ～ 110 分钟。

过程：

1. 你会倾听吗

目的：认识和辨别不良的倾听习惯，练习有效倾听的技巧。

时间：40 分钟。

准备：不良倾听习惯清单。

操作步骤：

指导教师将成员分为 4 人一组，每组推选出一位成员担任陈述员并先到室外，其余成员则分别充当不同类型的倾听者：积极专注型、故意忽略型、尖酸刻薄型。然后，担任陈述员的成员回到各自的小组，自行选定一个主题讲述给同小组的成员听（如假期计划、对专业的看法等）。担任积极专注倾听者的成员不仅要听，还要按照要求发问，另外两个类型的倾听者也要依照自己所扮演的倾听者角色表现出相应的态度。

小组内进行分享讨论，针对不同的倾听者态度，陈述者说出自己的感受。

陈述者和倾听者交换角色，另外选择一个话题，倾听者依旧分为三种类型进行倾听。

协助者发放不良倾听习惯清单。

小组内交流，谈谈对自身不良倾听习惯的感受和评价。

大组分享，每组推荐一名学员分享本组交流结果。

不良的倾听习惯有：

（1）注意力不集中。倾听者可能将注意力转移到其他问题上，或者心不在焉。此外，主观上不愿意倾听也是造成注意力不集中的原因。

（2）假装在听。在思考其他问题的人往往假装他们在听。这种伪装可能使说话者形成一种印象，即倾听者已经获得了说话者试图表达的一些重要的信息。

（3）听了，但是没有听进去。有时候人们只听到了说话者表述的事实或者细节，或者表述方式，而没有理解其中的真正含义。

（4）听了，但是只听了部分。有些人在自己试图发言之前一直认真在听，然后他们放弃倾听，开始思考他们想说什么而不再听，并等待机会做出反应或反驳。

（5）打断说话者的表达。倾听者等不及听完全部讲述，就强行打断说话者，使其中途停止表达。

（6）只听想要听的。人们往往认为，他们所听到的，正是他们所希望听到的，他们选择性地拒绝其不愿意听到的信息。

（7）情感防卫。倾听者想当然地认为，他们了解说话者的意图，或者知道说话者为什么这么说、其出发点是什么，或者出于其他原因，他们希望自己受到关注。

（8）倾听不赞同的观点。一些倾听者看起来是在等机会抨击说话者，他们专门听取自己不能接受的观点并进行驳斥。

2. 沟通练习

目的：实践练习沟通技巧，掌握人际沟通基本技巧。

时间：30 分钟。

操作步骤：

指导教师提问，请每位学员思考，当你的朋友向你倾诉他的烦恼时，一般而言，你会作何反应？并思考你作出这样反应的理由。

（1）朋友向你倾诉："上学期考试成绩出来了，我挂了两科。我不敢告诉父母，为了供我上学他们拼命地赚钱，已经很辛苦了。我不想让他们知道。每天早晨起来，我都鼓励自己要努力学习，感觉压力很大！"你会如何回答？

A. 你要想开一点，面包会有的，只要努力，一定能考好的。

B. 你不用太悲观，这次好多人都没考好。

C. 你应该告诉你的父母，他们也许能帮你，和你一起想办法。

D. 你不敢把这件事情告诉父母，怕他们担心你。可是，你的压力也非常大，不知道自己一个人是否扛得过去。

（2）朋友向你倾诉："我最近倒霉透了，谈了两年多的男 / 女朋友居然把我甩了。唉，我真想一死了之！"你会如何回答？

A. 你怎么这么想，一次失恋就成这个样子，也太没出息了。

B. 唉，是挺倒霉的。你再想想有没有什么跟他（她）和好的办法。

C. 我比你更倒霉呢，我都被人家甩过两次啦！

D. 不用这么难过，俗话说得好，"天涯何处无芳草"，改天我帮你介绍一个更好的。

E. 谈了两年的男 / 女朋友居然和你分手了，你一下子接受不了这个事实，所以觉得活着没意思了。

思考并小组讨论：对各种回答进行比较。

指导教师点评：人际沟通的关键在于让你的朋友感觉到，你是在认真地听他说话，而且理解了他的意思，能够体会他的心情。以上两个案例的几个答案中，最后一个反应其实更为恰当，但很少有人会选它。因为它只是用自己的话把别人所说的内容简要地翻译了一遍（这种沟通方法被称为“意译法”），似乎是在说废话。很多人都有好为人师的倾向，误以为朋友向自己倾诉就是需要自己帮他出主意，因此，在沟通中急于用自己的感受代替别人的感受，急于表达自己的意见或提出劝告。事实上，只有倾诉者才最清楚自己需要的是什么，才能为自己的行为做选择。他通过倾诉，希望寻求的只是一种关心、理解和心理支持，而意译法恰好可以满足对方的这种心理需求。因此，在不确定能否给予很好的回答时，把对方所说的意思简要地反馈给对方，不失为最简单但是又十分有效的人际沟通小窍门。

3. 分享沟通

时间：30 分钟

操作步骤：

团体分享：每组派代表交流分享本组的体会，阐述不同沟通方式带来的不同感受和效果，促使成员对自己不恰当的沟通方式进行反思，在以后的人际沟通中进行纠正。

指导教师总结：倾听和回应的技巧，并鼓励成员在团体中和团体外的日常生活中灵活运用这些技巧。指出沟通有其重要的构成因素，口语与非口语信息的得当运用是成功沟通的条件。有效的沟通必须先尊重别人、善于倾听。

4. 家庭作业

课后作业：以“害怕说‘不’的心理分析”为题，写一篇 300 字左右的文章。

第八章　高职生的学习心理

第一节　学习心理概述及高职生学习特点

一、学习与学习心理

学习是一种十分复杂的心理现象[1]。许多心理学家、教育学家和哲学家从不同的角度提出了学习的定义。美国心理学家和教育学家桑代克（Thorndike）认为：人类的学习就是人类的本性和行为的变化，本性的改变必然要在行为变化上表现出来。美国当代教育心理学家罗伯特·加涅（Robert Gagne）认为：学习是人类倾向或才能的一种变化，这种变化要持续一段时间，不能把这种变化简单地归之为成长过程。美国心理学家欧内斯特·希尔加德（Ernest Hilgard）认为：学习是指一个主体在某个现实情境中的重复经验引起的，对那个情景的行为或行为潜能变化。不过，这种行为的变化不能根据主体的先天反应倾向、成熟或暂时状态（如疲劳、醉酒、内驱力）来解释。从以上观点可见，不同的心理学家从不同的角度出发，对学习进行了探讨，给出了不尽相同的定义。

更多的学者认为，可以从广义和狭义两方面对学习进行理解。广义的学习

---

[1] 陈选华，吴志洁，张洪根:《高职生心理学》，合肥：中国科学技术大学出版社，2001 年，第 75 页。

是指人和动物在生活过程中，凭借经验而产生的行为或行为潜能的相对持久变化。这个观点说明学习是介于经验与行为之间的中间变量。学习者必须凭借反复的练习与经验才有可能产生行为或行为潜能的持久变化，同时我们也可以凭借行为潜能的改变来推断学习的产生。通过学习所引起的行为或行为潜能的变化是相对持久的，人们只要学会了某种知识与技能，几乎会终生不忘。学习是由反复的经验形成的，也离不开个体成熟的影响。只有当个体具有一定的成熟准备时，经验才会发生作用。狭义的学习是专指学生的学习，是在专门老师的指导下，有目的、有计划、有组织、有系统地进行的，是在较短的时间内接受前人所积累的文化科学知识充实自己的过程[1]。

学习心理主要是指学生学习过程的心理反映、特点及活动规律[2]。包括高职生学习过程中的心理结构、心理特点和心理规律。学习心理有健康和不健康之分。一般而言，心理健康的高职生，学习成绩优于心理不健康者。良好的心理健康状况，即正常的智力、健康的情绪、坚强的意志、良好的个性、正确的自我认识、和谐的人际关系、较强的适应能力等，对高职生的学习有很大的促进作用；反之，如果心理健康状况不佳，甚至有心理疾患，则会不同程度地妨碍高职生的学习，抑制其潜能的开发，甚至使某些高职生中断学业。因此，培养健康的学习心理是高职生心理健康教育的重要内容，同时对提高高职生的学习质量和效率有着重要意义。

二、高职生学习的特点

人需要学习，只有通过学习，才能达到自我完善与自我发展的目标。《礼记·学记》中说“玉不琢，不成器，人不学，不知道”，就从一个侧面说明学习的重要性。

与中学阶段相比，高职教育具有专业性、探索性、职业定向性、社会服务性等特点。高职阶段的学习更注重对社会所需要的各种工作技能的培养，其学习活动特点与中学阶段相比有着很大的不同，不仅表现在知识的专业化、学科内容的复杂化、知识容量的扩大化等方面，更重要的还在于学生的学习方法和独立工作能力发生了很大的变化。进入高等教育阶段的高职生年龄大多在18岁左右，生理和心理发展都已趋成熟，他们在完成中等教育的基础上，经过高

[1] 谢炳炎：《高职生心理健康教育与指导》，长沙：湖南大学出版社，2005年，第102页。

[2] 余孟辉：《高职生心理健康教育》，北京：中国水利水电出版社，2008年，第63页。

考进入高校学习，在进入高职阶段后相应地形成了高职生的学习特点。

（一）学习的特殊性

学习是高职生的主要任务，高职生正处于智力发展的高峰期，记忆力、观察力、思考力、逻辑思维能力与创造力都有了很大的发展。高职生的学习既不同于儿童的学习，也不同于成人的学习。高职阶段的学习既有一定的专业性、目的性和探索性，又有深刻的社会意义。高职生学习的特殊性表现为：

（1）高职生的学习是一种特殊的认识活动，是掌握前人积累的文化与科学知识（即间接的知识）的过程，在学习中会有发现与创造，但其主要内容还是前人积累的知识与经验。

（2）高职生的学习是在教师的指导下，有目的、有计划、有组织地进行的，是以掌握系统的科学知识为前提的。

（3）高职生的学习是在较短时间内接受前人的知识与经验，主要是间接经验，其实践活动是服从于学习目的的。

（4）高职生的学习不但要掌握知识、经验与技能，而且要发展智能、培养品德及促进健康个性的发展，形成科学的世界观。

（二）学习过程的独立性与自主性

1. 在学习时间的安排上有较大的支配权

中学阶段的学习，通常是教师指导性的教学多，指令性的要求相对较少。高职生的学习虽然也有教师授课，但课后的理解、消化、巩固等各个环节要靠学生自己去独立完成。这就要求高职生不能仅仅依赖教师的计划安排或只是单纯地接受课上内容，而必须充分发挥主观能动性，体现自主性的特点。不少高职新生对大学阶段的学习难以适应，其原因就在于他们已失去了过去那种灌输式教学方法的依赖条件，又没来得及形成自主学习的习惯。据调查，除上课学习外，高职生约有 45% 的学习时间可以自由支配。高职生的课外学习与中学生那种专门用来巩固课堂教学的家庭作业显然不同，在独立学习的时间内，高职生可以阅读各种参考书和文献，扩大并补充在课堂上获得的知识，也可听自己喜爱的选修课或专题课，以加深自己的专业知识或拓宽知识范围。

2. 在学习方法上具有相当程度的自主选择性

高职阶段的学习，教师仅仅是直接提出学习的目标和要求，至于选择哪种学习方法来实现这些目标和要求，则由学生自主选择。另外，高职生在学习时间的安排上也有较大的支配权，这就需要他们有较强的学习自觉性和计划性，以便在有限的时间内获得较高的学习效率；否则，很难取得良好的学习效果。

高职阶段的学习，无论是学习内容、学习时间还是学习方式，都更加强调个体在学习活动中承担的角色，主要强调学习的自觉性与能动性。高职生学习的能动性主要表现在以下两个方面：

（1）高职生对学习内容具有较大的选择性。随着高等教育改革的深化，高职院校的课程安排更加科学合理，既有公共必修课、专业基础课，又有辅修课程及大量选修课，学生可以根据自己的专长、爱好、兴趣自由选择。另外，高职生可以自主决定自己的学习时间、学习方法与学习内容，自学能力已经成为衡量高职生学业拓展能力的重要指标。

（2）高职院校更加重视知识活化能力。知识活化能力即知识的运用能力，课程设计、毕业设计与毕业论文都体现着知识的运用能力，也充分体现了学生的主观能动性。

3．自学能力已经成为影响学习效果的主要因素

高职阶段的课程种类和数量是中学时期无法比拟的，每门功课的教学内容多、信息量大、学时有限，这就要求教师在课堂上采用启发式、讨论式等教学方法，即教师讲要点、讲思路，所讲内容与教材不完全相同。因此，自学能力已成为决定高职生学习效果的主要因素。在学习方法上，高职生已从中学阶段以记忆为主的再现型向大学阶段以理解为主的应用型转变，具有较强的独立性和计划性，进行学习计划的制订、学习时间的安排、学习活动的自控等。

（三）学习内容的选择性与专业性

1. 学习内容的选择性

高职生对学习内容的选择有一定程度的自主性。从教学计划上看，在面向高职生所开设的各类课程中，不但有必修课，还有选修课，高职生可以根据自己的兴趣、特长，选修一些课程，有所侧重地扩充某些知识，发展某种能力。随着学校教育与教学改革的不断深入，教学计划的弹性会逐步增强，选修课的比例将逐渐增大，学习内容的选择呈现出越来越大的灵活性。

2. 学习内容的专业性

学习内容的专业性是高职学习活动比较直观的特点。高职学习既不同于以

掌握普通知识为主要目的的中学学习，也不同于以完成职业培训为主要目的的职业活动，它是以将高职生培养成某一方面的专门人才而组织和进行的教育过程，具有高层次的职业指向。因此，高职生所学的公共基础课、技术基础课、专业课等课程的内容和设置都是围绕着专业的方向和需要来展开的，这也意味着新生一入学就有一个专业定向问题，学生对自己所学的专业是否感兴趣会直接影响其学习热情，进而影响整个学习精神面貌。

（四）学习方式的广泛性与多样性

在信息时代，教师不再是知识的中心，学生获取知识的多元化带动了学习方式的变迁，网络又开辟了一条学习的新途径。高职院校开放式的教学为学生提供了多种多样的成才之路，除课堂教学外，课外实习、课程设计、科研训练计划、学年论文、专家讲授、学术报告、社会实践、咨询服务等都为高职生的学习提供了多样的选择。

同时，学习方式的广泛性与多样性反映了高职生学习多层面、多角度的特点。课堂教学虽然是高职生学习的主要途径，但已不是唯一的途径，高职生在学习过程中可以通过各种不同的渠道获取知识，也可以依据个人的学习兴趣去探求和获得课程之外的知识。高职院校学习活动的安排也反映出这种广泛性的特点，学生课余有较多的自由支配时间在学校提供的条件下广泛地进行学习，如参加专题讨论，听各种学术报告、知识讲座，查阅图书馆的大量文献资料等。新生入学后，普遍感到知识浩如烟海，各种活动繁多，但对于如何处理课本知识与课外知识、专业学习与能力培养等诸多方面的关系，不少学生感到焦虑和困惑。

高职生的学习已具有一定的探索性，即对书本之外的新观点、新理论进行较为深入的钻研与探索。高职生学习不仅仅在于掌握知识，更在于探究知识的形成过程与科学的研究方法，了解学科发展前沿、存在的问题及探索解决的思路。目前，高职教育加强了高职生创新能力的培养，在课程设置、课程安排、课程衔接上突出学生的主体地位，加大了对学生实践能力的培养，旨在提高高职生的创新能力。

第二节　高职生学习心理的调适

一、学习与心理健康

学习是高职学生最主要的任务。高职生作为高等学校学生中的一个特殊群体，更要重视学习，而学习又是一种非常复杂的心理现象。因此，一方面，高职生的心理健康状况、心理发展水平对高职生的学习活动产生直接作用；另一方面，高职生的学习活动也对他们的心理健康有很大的影响，二者相互影响，相互制约。

（一）学习对高职生心理健康的影响

1. 学习对高职生心理健康的积极影响

学习能够使高职生发展智力，开发潜能。高职学生的观察力、注意力、记忆力、思维力以及想象力只有在实际学习过程中才能得到开发、利用和提高。高职生的智力再好，智商再高，如果不学习，智能就得不到开发和利用；学习能够提高高职生的能力。高职生的学习能力包括：自学能力、运筹时间的能力、创造能力、表达能力和管理能力等。一方面，上述能力是通过学习而获得的；另一方面，只有通过学习，才能使能力不断得到提高。学习能促进高职生认知水平和自我概念的发展，提高他们的理论水平，发展他们的学习能力，使他们逐步掌握科学的认知方法。

2. 学习对高职生心理健康的消极影响

学习既是一种复杂的心理现象，也是一项艰苦的脑力活动。如果学习的内容不健康，就会对高职生的人生观和价值观造成消极的影响，对他们的认识、评价自己和评估他人造成心理污染，使一些辨别能力差、抵抗力弱的高职生受害；如果学习负担过重，就容易使高职生产生心理压力，造成精神高度紧张，对其身心造成伤害；如果学习方式不当，学习难度过大，长期不能提高成绩，也会打击高职生的自信心，使其产生自卑心理。这些都会对高职生的心理健康造成危害。

（二）心理健康对高职生学习的影响

学习是非常复杂的心理现象，它既涉及注意力、观察力等认知过程因素，也涉及动机、情绪、个性等非智力性因素。因此，不能简单地把学习成绩的好坏与智商的高低等同起来。在高职院校，可以说学生的智力水平普遍还是比较高的，个体的智力水平差距较小。可是，为什么同一专业甚至是同一班级的学生的学习成绩差距会那么大呢？有的学生学习起来毫不费力，而有的学生却感觉被学习压得喘不过气来，甚至无法完成学业，这与高职生个人的心理健康状况有相关性。心理学研究表明，心理健康状况对高职生的学习有着很大的影响。那些心理健康，尤其是非智力因素好的学生，他们的学习比较轻松，学习成绩也比较优异；而心理健康状况不佳，甚至有心理疾患，则会不同程度地妨碍高职学生的学习，抑制其潜能的开发，甚至使高职学生中断学业。可见，学习与心理健康状况是互为基础、互相制约的。

（三）学习心理健康教育

高职生学习心理，制约着高职生人际关系的协调与和谐，同时制约着他们的学习和工作效率。学习心理健康的学生具有正常的智力、乐观而稳定的情绪、高尚的道德品质、坚忍不拔的意志、良好的性格、和谐的人际关系，善于调节自己适应环境等，这些优势都能提高他们自主性学习的效果，使他们对复杂的客观事物做出正确的判断和分析，从而有效地提高其认识世界、改造世界的能力，在学习中不断获得成功的喜悦，逐步形成积极的学习态度，发展丰富的情感和兴趣，为成为卓越成就者打下雄厚而扎实的基础。由此可见，应该重视高职生的学习心理健康教育。

高职生学习心理健康教育就是高职院校培养学生良好的学习心理品质和帮助学生学会学习的一种教育活动[1]。它可以分为三个方面：①预防性学习心理健康教育；②提升性学习心理健康教育；③问题性学习心理健康教育。

[1] 桑青松，潘有文：《学习心理健康教育与自主创新学习》，《安徽师范大学学报》（人文社会科学版），2006年第1期，第110页。

在高职院校开展学习心理健康教育，首先，应强调心理健康教育要秉持“心理建设优于心理预防”“心理自助先于他助”的原则，将高职生掌握心理调控技能作为学校心理健康教育的核心和关键；其次，应强调心理技能的掌握和心理调控能力的发展，面向心理正常的高职学生，关注其心理健康水平的不断提升和发展；最后，应强调心理健康教育的目的是提高高职学生的心理承受能力和心理调控能力，而不是消除或减少外界对学生心理产生不良影响的刺激源。因此，心理健康教育所关注的不是从心理异常到心理正常的转变，而是从一般心理健康水平向更高心理健康水平的发展。从本质上看，它是一种心理素质的教育与培养模式。我们主张运用心理咨询理论方法、教育理论方法和社会学知识进行指导式的教育，从面向少数有学习心理问题的学生，扩展到为全体高职学生服务。高职生学习心理健康教育，对于培养学生良好的学习品质、优化其学习心理结构、增强他们的自主学习能力、帮助学生建构不断演进的知识体系，以更好地适应未来社会生活，把学生塑造成建设社会主义现代化的高级技能型人才，具有重要而深远的意义。

二、高职生健康学习心理的培养

（一）激发学生的学习动机，增强学生自我效能感

动机是指引起和维持个体的活动，并使活动朝向某一目标的内部心理过程或内部动力。人的各种活动都是受动机调节和支配的。因此，激发学生的学习动机对促进学生的学习具有重要的意义。

根据高职生的特点，可以从以下四方面着手：①创设问题情境，激发学生求知欲。求知欲是内部动机最为核心的部分。教育实践表明，创设问题情境是激发学生的求知欲和好奇心的一种十分有效的方法，因此，教师要善于打破传统的教学模式，根据学科特点创设生动活泼的教学情境，如故事引导式教学，实训场所的“从做中学”的教学模式，以调动学生的学习积极性。②多鼓励，奖罚分明。根据皮格马力翁效应，经常鼓励学生尤其是缺乏自信的学生有利于激发其内部动机，从而使其奋发图强。大量的心理学研究表明，对学生的学习行为和学习结果给予外部的物质奖励，能有效地促进其学习，但是，对于有内部动机的学生应以精神奖励为主。没有规矩，难以成方圆，因此，对学生也要严格要求。③适度引入竞争机制。经常开展竞赛活动会增强学生团队意识，提高学生学习积极性，培养学生的学习兴趣，激发学生的成就动机，有利于其智

力开发。④创造良好的学习环境。良好的学习氛围是促进学生学习、成才的外部条件。教师要从学生是学习的主体的角度出发，为学生营造积极向上的学习氛围。例如，教师可以创造性地开展教学活动，通过开展情景教学、讨论、演讲等多种形式的教学活动，积极营造民主、和谐的教学氛围，使学生能够快乐地去学习。

自我效能感是学生对自己的学习能力和学习行为影响学业成绩所持有的有效或无效的主观体验。其强弱与学生实际获得的学习结果紧密相连。自我效能感是动机模式中的核心成分，要激发学生的学习动机，就要增强他们的自我效能感，要让他们觉得自己有能力完成学习任务，认为自己的能力可以提高。因此，教师要善于为学生创造成功的机会，每个学生都是独一无二的，要根据其自身特点进行教育，找到每个学生身上的闪光点，以点带面，循循善诱，使其感受到成功的喜悦，从而提高学习能力，并逐渐树立起学习的信心。

（二）矫正不良的学习态度

学习态度是学习者对学习较为持久的肯定或否定的行为倾向或内部反应的准备状态，与其他非智力因素密切相关。学生的学习态度反映了其学习兴趣、认知、情感、意志力等方面的情况，它对学习过程有着直接的影响，是影响学习效果的重要因素。因此，我们应重视并及时对高职学生的不良学习态度进行矫正，具体有以下途径：①确立目标，建立良好的学习需要机制，使学习由外部动机转化为内部动机，由被动转为主动，这是正确学习态度形成的前提；②提高自我认知和自我控制能力。正确的自我认知，恰当的自我评价，对积极学习态度的形成起着推动作用，而良好的自控能力则是克服不良学习态度的重要条件。因此，我们要想方设法去提高学生的自我认知和自我控制能力。

（三）培养良好的学习兴趣

兴趣是人们探究某种事物或从事某种活动的心理倾向，它以认识或探索外物的需要为基础，是推动人们认识事物、探求真理的重要动机。人对有兴趣的东西表现出巨大的积极性，并且产生某种肯定的情绪体验。学生如果对学习产生了兴趣，就会全力以赴、奋发图强，有利于取得良好的学习效果。孔子认为：“知之者不如好之者，好之者不如乐之者。”可见兴趣的重要性。根据高职生的特点，教师可以从以下两方面培养其学习兴趣：

1. 制订多元化的学习目标

通常情况下，人们认为学习目标就是掌握科学文化知识，其实这是把学习的概念不适当地窄化了。俗话说，“三百六十行，行行出状元”。每个学生都是一个独立的个体，教师要善于发现每个学生的闪光点，根据其爱好特长制订符合其自身情况的目标，而不是搞一刀切的统一模式。

2. 注重元认知策略的学习

元认知策略指对基本的学习策略与支持的学习策略的计划、监督、控制、调整的过程，也称学习的自我监控过程。例如，记忆的自我监控包括对记忆规律和记忆策略的认识，对影响记忆内外部条件的认识，对自己记忆能力的评价，以及在此基础上对记忆过程的监控与调节。元认知策略的掌握有利于学习效率的提高，发现有效的学习方法，从而可以激发学生的学习动力，帮助其养成良好的学习习惯，培养浓厚的学习兴趣。

（四）因材施教，进行个别辅导

“教师是人类灵魂的工程师”，要懂需要、懂经济、懂原理、懂材料、懂结构、懂创造、懂心理、懂美学。教育的对象是一个个鲜活的生命、独立的个体，这对教师这一特殊的“工程师”提出了更高的要求。教师应该了解每个学生，掌握他们的基本情况，尤其是高职生情况比较复杂，问题相对较多，人们普遍反映高职生管理是让人比较头疼的。这就要求教师要多花心思找到每个学生的病因，对症下药，问题严重的要进行个别辅导。教师要善于倾听，乐于欣赏。

（五）根据学生心理特点，精心安排课堂教学

教师在备课之前要先备学生，苏联著名教育家苏霍姆林斯基说：“学习不是毫无热情地把知识从一个脑袋装进另一个脑袋里，而是师生之间每时每刻都在进行心灵的接触。”教师要根据课程的类型、教材内容、组织形式和学生的实际情况合理安排课堂教学结构，并在实际操作中灵活选择和运用多变的教学方法。高职生的理论基础较为薄弱，面对复杂且枯燥的理论推导和抽象的概念，往往缺乏学习热情。因此，教师要用心备课，善于推陈出新，充分利用现代化的教学手段，把学生的注意力吸引到教学内容上来。

第三节　高职新生学习适应的团体辅导方案设计与实施

本方案参考大量的文献，结合团体辅导理论、学习适应理论与积极心理学理论进行设计。冯廷勇等认为，高职生学习适应包括自我调整和学习环境适应两部分，具体体现在学习动机、学习能力、学习态度、教学模式、学习环境五方面。

积极心理学是致力于研究人的发展潜力和美德等积极品质的一门科学，它的目标有三个，即培养人的积极情绪、积极认知方式和积极人格品质。本方案包括初始、工作和结束三个阶段。初始阶段是为了促使大家相互熟悉、建立安全且有规矩的小组氛围；工作阶段包括五次活动，“辞旧迎新”旨在适应大学教学模式，“为什么学习”旨在激发成员内在学习动机，“排除万难”旨在克服影响学习的因素，“我要学习”旨在树立正确的学习态度，“怎么学习”旨在提高学习能力；结束阶段即处理离别情绪，树立对未来的信心。通过“大学和高中一样吗”“学习价值观探索”“干扰学习的外在因素”“学习凭兴趣还是努力”等内容，帮助成员建立对学习的积极认知。通过“进入大学的五个最”“我的高职生活秀”“告别烦恼”以及每次的热身活动培养成员对学习的积极情绪，包括欢愉、自信、专心、热情、乐观等。通过“我的优势所在”“我的好学习方法”“我有我精彩”等活动培养成员在学习方面的积极人格品质，包括积极性、探索欲、感恩、希望、毅力等。每次作业都和下次活动主题相关，每个热身活动都和本次活动主题相关。除了运用常见的团体心理辅导方法外，还运用了视频拍摄、绘画、运动、辩论赛、音乐、舞蹈等方法。每次活动后，请成员填写《团体活动心得记录表》（表 8-1），写下自己对活动的感受和意见，以便改进下次活动的质量。具体活动见表 8-2。

表 8-1 团体活动心得记录表

单元名称	活动内容	活动心得

表 8-2 团体心理辅导方案表

活动名称	目标	内容	作业
1. 萍水相逢	初步相识，营造团体氛围，确立团体契约	1. 热身活动：相似圈；2. 表达性自我介绍；3. 选组长，起组名、定组规；4. 进入大学后的学习“五个最”	我的校园地图《团体活动心得记录表》
2. 辞“旧”迎“新”	与高中进行分离，迎接大学新的教学模式	1. 热身活动: 进化论; 2. 分享: 我的校园地图；3. 大学和高中一样吗？ 4. 时间馅饼图	我的学习目标和计划《团体活动心得记录表》
3. 为什么学习	激发学习动机，确立学习目标	1. 热身活动：相似圈；2. 表达性自我介绍；3. 选组长，起组名，定组规；4. 进入大学后的学习“五个最”	我的校园地图《团体活动心得记录表》
4. 排除万难	熟悉学习环境，正确认识外在因素与学习的关系	1. 热身活动：大树与松鼠；2. 分享：我的大学生活秀；3. 情景剧表演：干扰学习的外在因素；4. 我的优势所在	我的课堂直播《团体活动心得记录表》

续表

活动名称	目标	内容	作业
5. 我要学习	探索学习经验，提高学习能力	1. 热身活动：闻鸡起舞； 2. 分享：我的课堂直播； 3. 辩论赛：学习是凭兴趣； 4. 绘画：理想的学习状态	我的学习好方法 《团体活动心得记录表》
6. 怎么学习	探索学习经验，提高学习能力	1. 热身活动：动物狂欢节； 2. 分享我的学习好方法； 3. 头脑风暴：告别烦恼； 4. 我有我精彩	写给未来的信 《团体活动心得记录表》
7. 你好，未来	回顾总结，畅想未来	1. 热身活动：小鸡变凤凰； 2. 我们大家都来说； 3. 优点热坐； 4. 手语：我真的很不错	《团体活动心得记录表》

第九章　高职生职业生涯规划与就业

第一节　高职生职业生涯规划

一、职业生涯规划概述

职业生涯规划也称“职业规划”“生涯规划”“职业设计”等。它最早起源于1908年的美国。有“职业指导之父”之称的弗兰克·帕森斯针对大量年轻人失业的情况，成立了世界上第一个职业咨询机构——波士顿地方就业局，首次提出了“职业咨询”的概念。从此，职业指导开始系统化。到20世纪五六十年代，舒伯等人提出“生涯”的概念，于是，生涯规划不再局限于职业指导的方面。国内的职业生涯规划始于19世纪末期，诸多学者在借鉴国外研究经验的基础上普遍认为：职业生涯规划是指个人与组织相结合，在对一个人职业生涯的主客观条件进行测定、分析、总结的基础上，对自己的兴趣、爱好、能力、特点进行综合分析与权衡，结合时代特点，根据自己的职业倾向，确定其最佳的职业奋斗目标，并为实现这一目标做出行之有效的安排。格林豪斯在其著作《职业生涯管理（第三版）》中提出职业生涯规划的步骤：自我评估、外部环境分析、目标确立、实施策略、反馈评估。

1916年，时任清华大学校长的周寄梅先生受帕森斯的影响，在北京举行择业演说活动，第一次引入“生涯规划”课程，这是我国首次提出职业生涯规划的概念。我国学者张丽艳、赵彦生等认为，职业生涯规划是对一个人职业生涯的主客观条件进行分析和权衡，确定其最合适的职业奋斗目标，并为实现这一目标做出行之有效的安排。其中，主观条件包括个人的兴趣、爱好、能力、价值观及性格等；客观条件包括学校环境、家庭环境、社会环境及职业环境等。心理学家王沛表示，职业生涯规划是一种特殊心理模式的产物，受个人根本思维模式的驱动，其核心是个人的人生观，因此，将其称为“心智模式”。这是指人在探索周围世界时，根据其对环境独一无二的体验，慢慢发展出的一套潜在的理解结构，是一个相对持久的动力系统，代表着个体的历史背景和职业生涯规划的大综合。

（一）职业生涯规划的内涵

职业生涯规划是一项长期工程，其内涵包括职业生涯规划的短期、中长期的目标及遵循的原则，来自主体和客体的影响因素，以及具体实施的流程等方面。

1.职业生涯规划的目标

（1）短期目标：找到工作。职业生涯规划的第一个目的是找到工作。在校期间，每位学生都是消费者；他们毕业以后，身份发生了本质的变化，由消费者转变为生产者，生产者的价值要在具体的社会工作中体现。所以，找到工作是每一个学生踏上社会所面临的第一次考验。

每项工作都有优势和不足，每个人都有优点和缺点，找工作最重要的就是要人岗匹配，找到适合自己的工作。进行职业生涯规划之前，先要进行准确的自我定位，分析、定位是职业生涯规划的首要环节，它决定着个人职业生涯的方向，也决定着职业生涯规划的成败。自我定位要先问自己几个问题：“Who am I”我是谁？“What will I do”我想做什么？对自己的客观认识先要弄清自己是怎样的一个人，自己想要干什么。对于自身职业规划的出发点必须立足于个体本身，你想干什么，你能干什么，没有任何人比你自己更了解你自己了。分析自己的兴趣爱好、个性特征、学历、经历、能力等综合因素，并通过一些量表的测量，评估职业倾向、能力倾向和职业价值观，从而找到合适自己的职业定位。

职业生涯规划对个人来说，帮助高职学生在毕业后找到一份适合的职业，是短期直接而明确的目标。

（2）中长期目标：职业的发展。职场是一个舞台，每个工作者都渴望在这个舞台上奏出最美的乐章，唱出最动听的歌曲。

从事职业有不同的阶段，在不同阶段会面临很多的变化和选择。在生产还不是很发达的社会，人们参加工作多采用的是耳提面命式的手把手、一对一的师徒方式。一个新手，在入行最初的阶段，通过拜师学艺，跟从经验丰富的老师傅学习。“师傅领进门，修行在个人”。通过自己多年的努力和奋斗，术业逐渐精通。而后自己也开始收徒弟，将自己的本领传授给徒弟。在这样一个最简单的师徒循环的过程中，可以看到一个人从事职业前后的变化。

随着社会生产力和科学技术水平的发展，如今的大学毕业生的就业观念也发生了相应的变化，打破了传统的“一业定终生”的观念。就业、再就业是大趋势。职业规划也随市场状况、行业前景、职位要求、入行条件、培训考证、工作业务、薪酬提升等因素的变化而不断调整。在知识更新换代飞速的时代，高职生还要不断地学习和充电来应对变化和接受挑战，向目标努力，以取得事业的成功，体现自我的价值。

职业生涯规划对个人来说，不仅可以帮助自己找到工作，更重要的是通过自我职业生涯的发展，达到与实现个人的目标。职业生涯规划直接影响到个人一生的发展。

2. 职业生涯规划的原则

职业生涯规划的正确与否直接关系到学生未来职业的发展。在具体制订职业生涯规划时，还要遵循如下原则：

长期性原则。职业生涯规划是让学生确立自己的职业方向，长期性原则实际上包括人一生的发展规划，所以必须从长远来考虑。只有确定了正确的大方向，才能集中力量向目标前进。

可行性原则。具体的职业生涯规划必须根据具体学生的特点、企业的实际需要和社会的发展需要来制订。联系学校、学生、专业和社会环境等因素的实际情况来实行。

发展性原则。辩证唯物主义认为，客观事物是不断运动、变化和发展的。学生的职业生涯规划也是随着学生个体和环境等因素的变化而发生改变的。

持续性原则。职业发展教育可以分为不同的阶段，每一个阶段都是持续连贯的。

（二）职业生涯规划的主要流程

根据目前流行的人职匹配理论，个人职业生涯规划的流程主要包括“职业意识觉醒—自我评价—职业定位—职业兴趣的培养—职业能力的塑造—实施、评估、反馈与调整”六个环节。

1. 职业意识觉醒

职业规划的前提是个体意识到职业的重要性和意义。职业意识是指个体在职业问题上的心理活动，也是个体对职业认识的一种觉醒。职业意识包括两个方面：①自己对自己现状的认识；②自己对职业的期望。职业意识的形成是一个由模糊到清晰的发展过程。

（1）幻想阶段，这一阶段主要在小学时期。每个学生都会有一个向往的职业，如有的男孩子从小就立志当人民警察。这个时候的职业意识处于萌芽状态，个体不会去考虑职业与自己的性格、兴趣、能力之间的联系。

（2）职业意识进入一个价值观主导阶段。进入中学后，很多学生进入了青春期。这时候，学生已经积累了一定的经验，初步形成了自己的兴趣爱好和价值取向，有了模糊的职业倾向。

（3）成熟阶段，这一阶段是一个由主观愿望落实到具体计划的过渡期。一般来说，高职生的年龄正处于这一阶段。这个时候，个体对职业的意识已经摆脱了单纯地以自我为中心，开始考虑社会的总体需求、薪酬的待遇等实际问题。而此时的学习，也已经开始转向为将来的职业进行有针对性的培训，因此，这个时候的职业意识趋于现实和具体。

2. 自我评价

有效的职业规划，往往是建立在充分且正确认识自身条件与相关环境的基础之上的。根据之前我们分析的五类主体因素，对自己有一个客观清楚的认识。自我评价包含多个方面，兴趣、特长、性格、学识、技能、智商、情商、思维方式等。弄清“我想干什么”“我能干什么”“我应该干什么”“我要干什么”“我更重视什么”等问题。

一般来说，在选择职业之前和工作初期，我们对自我的评估可能还只是初步的，对自我的评价不够准确或不够到位，或者一些隐形的因素没有被发掘。通过与所选职业的一段时间的试探和磨合后，我们会对自我有更深入的了解和认识，自我的评价也更清楚、准确。

3. 职业定位

在有了职业意识，并对自我有了一个评价之后，个体便会对自己将来的职业形成总体设想和大致概念。这就是职业定位。职业定位是制订职业生涯规划的关键。

一般说来，按照不同的分类方法，这种定位有两种类型。按照定位的主题，一种是精确定位，即个体非常明确自己将来的方向，并朝这个方向而努力；另一种是模糊定位，即个体可能并没有一个明确的职业设想，或者只是根据自己的价值观有一个模糊的概念，如有的人以薪酬为中心，有的人以社会地位为中心，都是只有一个模糊的标准。而对定位的客体来说，这种职业定位有短期和长期之分。长期目标定位往往需要个人经过长期的艰苦努力、不懈奋斗才有可能实现；而短期目标定位中，定位的目标相对更具体，但往往容易产生变化。

职业定位应注意：①依据客观现实，考虑个人与社会的关系；②比较职业的条件、要求、性质及其与自身条件的匹配情况，选择条件更合适、更符合自己特长、自己更感兴趣、经过努力能很快胜任、有发展前途的职业；③扬长避短，看主要方面，不要追求十全十美的职业；④审时度势，及时调整，要根据情况的变化及时调整择业目标，不能固执己见、一成不变。

4. 职业兴趣的培养

人们常说，兴趣是最好的老师。在职业规划中，职业兴趣的培养，其实是一个非常重要的环节。职业兴趣，即个体对职业的喜好程度和忠诚程度。

职业兴趣的培养是建立在自我评价和职业定位的基础上的。有时候，个体的兴趣和能力两者相同；但也有的时候，兴趣和能力可能会产生背离。例如，一个喜欢文科的人，有时候会发现，自己其实更擅长的是理科。而在这个时候，一般来说，成熟的个体权衡之后，会在意识中要求自己接受自己擅长的学科，并对其产生一种认同感，而这种认同感，便是职业兴趣的来源。职业兴趣往往是建立在价值观之上的，因此，职业兴趣的培养和塑造，一般是在大学前和中学后期的这段时间中。

5. 职业能力的塑造

能力是指完成一定活动的本领，包括完成一定活动的具体方式以及所必需的心理特征。能力常与知识相提并论，任何一项工作的完成都需要能力和知识的参与和配合。能力属于动态系统，知识属于经验系统，每个职业对个体能力的要求不尽相同。因此，职业能力的培训，是职业规划非常重要的一个环节。而职业能力一般是指个体职业中需要的能够使用的一种知识、体能或者技能。

职业能力的塑造，主要包含两个方面。①普遍性知识或技能。这类知识和技能一般与相关职业没有特别的针对性。如分析能力、表达能力、沟通能力等，以及外语、计算机等一些基础性的知识。这类知识和技能是几乎每个个体都具备的一种素质，个体间的差异只是程度的不同；②专业知识或技能的积累。这方面的知识和技能，一般是指与特定职业对口的知识或技能。例如，大副、水手这些职业需要人文、地理方面的知识和技能。

6. 实施、评估、反馈与调整

在有了职业意识，对自我进行了评价，并形成了职业定位、培养了职业兴趣和能力之后，便是最后一个环节，实施个体的职业规划。

任何一种规划归根结底要在实施中去检验效果。但值得注意的是，职业规划并不是一朝一夕的事，它是一生的规划。因此，在职业规划的实施过程中，个体仍要不断地诊断职业规划中出现的问题，找出相应对策。更重要的是，这种互动不仅仅是在实施阶段，在职业规划的各个阶段，都应当根据自身条件以及外部环境的变化来调整个体的职业规划。

二、职业生涯规划的意义

（一）帮助学生个体认知自我

职业生涯规划可以帮助个人进行全面的自我分析，包括个人的兴趣爱好、性格特征、能力特长等，了解自身的优势和不足，以更好地认识自我。

高职院校职业生涯规划主要通过对学生个体的指导，帮助学生了解自身的性格和爱好，发现自身的兴趣和特长，分析自身的能力和技能，正确设计自己未来的职业发展目标。知道了“我能干什么”，考虑“我要干什么”，实现自我认知和定位，使个性得到不断发展和完善，也可以发挥个人的才干，促进个体健康发展，是走好自己未来道路的基础。

（二）帮助学生个体做好就业准备

认知自我，只是学生职业规划教育的前提。职业规划教育更重要的是在此基础上，引导学生结合自身特点，了解社会现状，制订适合自己的学习计划。

从终身教育的观点看，职业生涯规划是终身教育体系的重要组成部分。无论是中小学阶段还是大学阶段，都应有相应的职业规划教育。在高职学习阶段，学生不能“两耳不闻窗外事，一心只读圣贤书”。

学校的专业设置由学科自身的科学体系所决定。通过专业学习，学生可以掌握相应的科学知识和专业技能，但这与成为一名能胜任某个职业的就业者还有很大的差距。随着我国经济的发展，一个人一生只从事一种职业的状况已被打破，职业的流动性大大增加。高职生毕业后从事的职业与专业不对口的也不在少数。不同的职业在职业环境、工作内容、工作性质、社会地位上等都存在差异。

高职生与大学本科生最大的不同在于教育的针对性，因此，当学生毕业后，发现理想与现实间有很大差距，自己学的根本没用或者自己根本不喜欢时，容易感到迷茫，甚至产生抵制情绪。因此，高职阶段的职业规划教育在于通过帮助学生了解相关职业及素质要求等信息，引导其有目的地进行学习，以对未来未知的就业情况做充分的准备，为未来的职业生涯夯实基础。

（三）帮助学生个体树立正确职业观

职业生涯是人生最重要的组成部分，包含了人生最年富力强的阶段。对一个普通人来说，除了睡觉和学习，人生中绝大部分的时间都是在工作中度过的。可以说，扮演好自己的职业角色，也就是扮演好了自己的主要的人生角色。因此，在引导学生“认知自我”并根据自我特点“做好就业准备”后，又有一个本质问题，那就是学生怎么看待职业，即职业观。

职业观是人们对职业价值与意义的看法，即人们通过对某种职业的劳动性质与形式、社会地位与发展前途、工资报酬、职业群体、人际关系以及是否符合自己的专业、特长、才能、兴趣、性格等方面作出具体分析与判断，从而得出其好坏、优劣的概括认识[1]。

现在很多高职生在就业过程中存在这样一个现象：向往从事工作好、待遇高的工作；挑三拣四，对于当普通工人很不屑，踏上工作岗位又怕吃苦、怕担责任；缺乏劳动观念和吃苦耐劳的精神。这种现象的出现，正是因为他们没有树立正确的职业观。

相比知识或技术上的准备，职业观的培养更看重的是心理上的准备。而职业生涯规划实质上就是要帮助学生树立正确的职业观。

正确的职业观对学生非常重要。如果没有正确的职业观，学生就很容易眼高手低，或者缺乏抗挫折性，一遇到挫折就对一种职业失去信心；更有甚者，如果没有正确的职业观，只是把职业作为一种谋生的手段，也就是我们平时所说的“混”日子，那么，肯定对学生的长远职业规划不利。

[1] 顾明远：《教育大辞典》，上海：上海教育出版社，1888 年，第 2023 页。

（四）有助于学校的良性发展

长期以来，各大高职院校一直将培养高级人才作为自己的人才培养目标。随着我国经济体制改革的深入，现阶段正处于重大的变革时期，我国的大多数企业正从劳动力密集型向资金密集型和技术密集型过渡。新形势下，各级各类高职院校必须调整学校的定位和人才培养的目标和规格。硕士生、博士生的人才培养目标为我国高等人才的主要后备力量；本科生的人才培养目标是中级人才；大专、高职生的人才培养目标就应该调整为初级人才。

把高职生培养成为知识技能符合的第一线操作型人才，这和我国当前的国家经济发展现状密切相关。我国第三产业劳动力就业比重仅为 30%，远低于发达国家第三产业的就业比重 65%。同时，随着新兴产业和技术性产业的兴起，技术类人才短缺现象尤其严重。就业的结构性矛盾突出，文科类毕业生竞争激烈，技术类人才又普遍短缺和不足。

而高职院校能否适应社会需求，为社会输送符合要求的人才，是学生能否顺利就业的关键，也是高职院校可持续发展的关键。职业技术教育与其他类型的教育相比，偏重实践技能、实际工作能力的培养。如果高职院校培养的学生不能很好地在一线就业，就好比工厂生产出的零件不能直接使用，需要二次加工。这样的工厂，同样是一座要被淘汰的工厂。

但目前国内的高职院校关于职业生涯规划的课程还没有普及，也没有相关课程开发设置的规则体系。部分学校开设有职业生涯规划课程，但实际形同虚设。由于院系课程设置的单一、片面，使高职教育的职业规划教育还十分薄弱。因此，高职院校开展职业生涯规划相关课程，使学生少走弯路，增加就业，其实从某种程度上来说，就是提高自己的教学水平和质量。

（五）有助于社会的和谐进步

职业劳动生产出的物质财富和精神财富，构成了社会发展的基础。职业则构成社会运行的一种方式，关系到人与人的社会联系、财富和利益的分配关系、社会的平等和效率、矛盾与冲突等社会的方方面面。解决好社会就业问题和职业生涯发展问题，不仅是满足个人物质和精神的需要，还是社会发展和进步的动力。

人才供应的增长，一方面，有利于我国人力资本积聚、就业者科学文化素质的提高，以及综合国力的增强；另一方面，由于我国劳动力总体供大于求，传统提供给高职生的城镇单位就业岗位的年增长量远远小于毕业生年增长的人数，导致全国人才供求形势发生了逆转。原先的高等教育卖方市场已转变为完全意义上的买方市场，开始出现了高职生就业难的现象。

从整个社会人力资源的宏观角度出发，如果个体不能精确地匹配自己适合的职业，就是社会人力资源的一种极大的浪费。这对社会的稳定和整个社会的发展极为不利。因此，职业规划教育不但对学生个人，而且对构建和谐社会有极大的推进意义。

第二节 高职生就业心理与健康

近年来，随着国家越来越重视教育问题，很多高职院校都扩大招生规模，高职院校学生的人数不断增多，很多学生出现了就业的心理问题，这已经受到社会各界的关注。由于高职院校的办学宗旨是培养高素质的技术型人才，我国大力发展职业教育，帮助更多的高职生掌握就业的技能，提升就业水平，从而实现个体生活的稳定，推动社会整体的发展和进步。高职教育的高质量开展，不仅仅要关注学生的职业技能培养，更要关注学生的就业心理健康。高职生此时正处在心理发育的关键时期，他们的心理日趋成熟，他们的人生阅历如一张干净的白纸，但是，面对日益严峻的就业形势，高职生难免会有就业的压力，还可能出现就业困惑，甚至出现就业心理问题。

一、高职生与高职生就业心理

所谓高职生的就业心理，主要是指高职生在学校或毕业后会考虑自己的就业问题，他们会在毕业前对职位进行提前准备，或者毕业后在找工作的过程中产生的心理现象，这种心理现象都和就业有关，所以我们称为高职生就业心理。高中的学生在高考完后，会填报志愿。这个时候他们会选择专业以及学校，其实这就是在为就业做准备，这是学生对自己人生的初步规划，是自己的未来就业方向。很多高职生在上学期间也会考虑就业问题，在这个时候就容易出现就业心理问题。它的出现严重影响了学生的学习，甚至会影响学生的社会实践。

第一，基于个人发展规划的心理问题。很多学生在上大学后，会规划自己的未来，会根据自己所学的专业关注当前的就业形势，会通过各种渠道来打探自己专业的职业发展方向以及就业会遇到的问题及解决的方法。在关心就业形势的时候，学生会考虑很多问题，如以后就业后会能用到所学知识吗？就业后自己的职业定位是什么？自己当前学的东西有用吗？等等。特别是到了实习期间，学生对自己的职业规划会越来越清晰，就业找工作成了学生生活的主要部分，这个时候他们会出现一些心理问题，如毕业后找工作会顺利吗？自己的职业心态怎样？

第二，基于个人知识储备的心理问题。很多高职院校的学生由于基础知识比较薄弱，对自己的专业知识掌握得不扎实，很多学生会担心自己的专业知识基础能否胜任自己未来的工作岗位，这会导致高职生选择就业问题上的犹豫不决。再加上社会上一些岗位对学生的要求越来越高，很多岗位的学历要求都是本科学历以及本科以上学历，而高职生的学历处于大学中的最底层，这会让高职生产生自卑心理，对自己的就业问题缺乏信心。很多高职生认为，自己的学历没有别人高，在找工作的时候就低人一等，甚至不敢去尝试。很多学生不敢去应聘一些对口的工作岗位，他们的这种自卑心理和不自信在高职生中普遍存在。一些学生对于专业对口的岗位担心自己的实力不够，对于不对口的专业又怕自己没有别人强，所以会产生自卑心理，这种就业心理的出现，会对学生就业产生很大的压力。

第三，高职院校培养学生的目标就是培养高素质的学生，使其全面发展。在思政课上，对学生进行马克思主义教育，使学生形成正确的人生观和价值观，并对学生讲述一些职业方面的相关知识。学生这个时候会对就业产生强烈的好奇感，希望自己就业后能改变自己的生活和命运，并能够在教师的引导下形成正确的人生观和价值观。但是，这些理论上的、精神上的指导是远远不够的，还需要高职生具有社会实践能力。因为企业是需要职工动手操作的，企业的这种需求和学生的期望值相悖，会让学生在心理上产生一定的落差，给学生的就业带来一定的压力，学生的就业心理会受到影响。

二、影响高职生就业心理的相关因素

（一）高职生自身因素

高职生在就业心理上出现的种种困惑与问题，究其根本，与高职生的能力水平、心理状态、思维模式、就业准备等情况存在直接关联。部分高职生在校期间没有努力学习文化知识，专业基础不扎实，综合素质不够高，社会适应性差。一旦到了就业市场上，这些问题和不足会被“放大”，使得高职生难以被用人单位认可、接纳，导致高职生就业压力骤增。多数高职生没有形成职业规划的意识，缺乏明确的职业发展目标，导致就业时出现盲目性的现象，影响了就业质量。部分高职生的择业观有问题，因对自身的判断不准确，又盲目跟风，在就业中存在虚荣攀比的错误心理，导致在就业时不理性，心理状态也难以达到稳定健康。

（二）高职院校就业指导方面的因素

高职院校的就业指导工作，是提高高职学生就业能力、提升其就业心理素质的保障。当前高职院校就业指导仍存在诸多问题，就业指导缺乏连贯性，多为毕业阶段的“临时突击”，没有形成长效的就业指导机制。就业指导中缺乏职业规划的内容，导致学生没有形成职业规划的意识及能力。在就业指导中，又没有积极地与心理健康教育结合起来，忽视了学生在就业过程中存在的诸多负面心理，导致学生的就业心理出现了种种问题，这些问题反过来又进一步影响了学生就业。

（三）高职生家庭方面的因素

高职生在就业心理上的问题，与其家庭成长的环境、家长的观念态度也存在关系。部分高职生求职时感觉到压力大，是因为自身家庭经济状况不理想，担心在求职中花费太多的金钱而无力承担；同时，希望尽快地找到合适的工作以减轻家庭压力和负担。也有些高职生父母不了解就业的情况，对高职生有过高的要求和期待，无形中也造成了学生就业方面的压力。还有些高职生家长不关注就业，甚至认为毕业后随便找一个工作即可，因此，导致部分高职生在就业中的积极性、主动性不高。

（四）高职生缺乏职业规划

很多高职生在毕业之前还沉浸在美好的大学生活中，他们喜欢放飞自我，向往浪漫的生活，但是缺乏丰富的人生阅历，他们有的只是美好的未来生活的憧憬，很少有人真正地对自己的未来职业进行具体的规划。

当高职院校的学生面对毕业的时候，会出现焦急的状态，主要原因是他们没有对未来职业生涯进行规划。很多高职院校的学生基础知识比较薄弱，他们的关注点不在学习上，对学习缺乏兴趣，没有什么学习目标，更谈不上对自己的职业生涯进行规划了。很多高职院校没有就就业方面的问题就对学生进行培训，这导致学生产生“破罐子破摔”的心理。很多学生在上学时没有对自己的职业进行规划，有的还在准备上完专科后考本科，没有考虑就业问题，这种现象就会出现理论和实践相脱节。

根据笔者调查的参考文献，目前有将近80%的高职生对自己的职业生涯没有规划，不知道自己将来要做什么，缺乏生活目标。还有一个原因是很多学生对当前的市场环境和社会发展形势不了解，不知道自己所学的专业知识能否满足社会和市场经济发展的需要，高职院校的学生缺乏对相关行业的判断能力，不知道自己的岗位能否适应社会发展的需要，久而久之，毕业前就会出现就业综合征，产生焦虑的心理。

三、提升高职生就业心理素质的策略

（一）加强知识学习与技能培养

对高职生而言，要想实现顺利就业，解决就业中存在的自卑心理，以及减轻就业过程中的心理压力，关键在于扎实知识根基，强化技能培养，提升综合素质。事实证明，能力突出、成绩优异的学生，往往也是备受用人单位青睐的，他们的就业压力相较于成绩差、能力弱的学生而言要小。因此，在高职教育中，教师要强调知识的学习，激发学生的学习兴趣及学习动力，通过理论知识的学习及实践技能的培养，使高职生成长为优秀的毕业生，具有较高的能力水平，对自身的就业前景充满信心，从而实现顺利就业。

（二）优化就业指导与职业规划

不断加强高职生的就业指导工作，形成长效的就业指导机制，引导高职生在不同的成长阶段，形成对求职就业的正确认识，从而解决高职生在就业中的自卑心理、消极情绪、被动状态及虚荣攀比的错误心理。

就业指导不应该仅针对毕业生的，而应该贯穿高职教育始终，在高职生成长的各个阶段都加以开展。结合高职生所处的学习阶段，选择不同的就业指导内容及方式，以便提高高职生就业积极性、主动性，帮助高职生掌握更多的求职就业知识，为其将来顺利就业奠定良好的基础，也解决高职生在就业上的诸多心理问题。

强化高职生就业指导中的职业规划教育。将职业规划作为就业指导的重要内容来开展，引导高职生通过职业规划形成对自我正确、科学的认知，便于高职生理性、科学、合理地选择适宜的就业地点、就业单位及就业岗位，减少就业中的盲目性及攀比性，确保就业高质量地、顺利地展开。

（三）对高职生实施心理干预与心理辅导

进入就业阶段的高职毕业生，在心理上出现困惑，乃至于出现各种心理问题是常态。面对高职生的就业心理问题，不仅需要高职生有自我调解的能力，还需要通过外部力量的介入，对高职生进行心理干预与心理辅导，使他们克服心理上的诸多问题，从而实现心理的健康，确保就业的顺利进行。将心理的疏导与思想的教育、就业的指导等充分地结合起来，将他们思想上的误区、心理上的问题、就业中的困惑一并解决，使高职生在就业中克服困难、提升信心、实现成长。

（四）教育高职生认清自己，调整就业观念

高职生一般都是“00后”，他们是朝气蓬勃的一代，但是，大多数学生都是家中的独生子女，平时在家庭里比较受宠，所以在面对就业困惑的时候，应该问问自己的身边人，包括自己的家人、朋友和老师，及时反馈信息，通过一些心理上的测验调查自己的各方面特质，找出自己的特点和优势，认清自己。

随着国家对社会主义新农村建设的日益重视，高职生可以选择锻炼自己，让自己走出去，去支援西部，去建设农村，这都是不错的选择。高职生可以在历练中不断地成长，可以在西部和农村施展自己的才华和智慧，实现自己的人生价值。高职生要及时调整自己的就业观念，长远考虑自己的工作理想，思考自己能否通过工作实现自己的人生价值。因此高职院校的大学生应该制订合理的求职目标，及时做出职业规划，认清自己，更新自己的思想观念，对那些现实条件比较差的工作，及时改观，从长远利益出发，实现自己的人生价值，给予工作更多的重视，敢于挑战自己，为国家和社会贡献自己的一份力量。

第三节　高职生职业生涯探索与规划的团体辅导方案设计与实施

高职生就业难的问题，日益成为社会、学校、家庭广泛关注的焦点，“毕业即失业”“慢就业”“校漂”等说法的出现，从侧面折射出高职生就业形势的严峻。就业的压力，一方面，源于人才市场总体上存在的供过于求的状况；另一方面，也与学生的就业观念、择业心态有极大关系。高职生在校期间进行职业生涯规划，促进有效就业，既能带来社会效益，创造社会财富；又能发挥个体潜能，给个体带来需要的满足、兴趣的激发和身心健康，从而促进国家人力资源的有效利用，是高等教育义不容辞的职责。

当前，虽然许多高职院校都开设了就业指导课程，但由于种种原因，教学方法相对陈旧，以讲授为主的教学模式，不能有效地激发学生对职业的探索欲，帮助其树立职业目标，导致学生的实践能力和运用能力得不到很好的发展，对结合内外部环境的职业选择和职业生涯规划起不到应有的作用。因此，迫切需要改进教学方法，提高实效性。

在本主题团体辅导中，以学生为主体的指导思想贯穿整个活动始终，参加成员都面临相似或相同的问题与困扰，在年龄上比较接近，所以成员之间更容易产生亲切感。通过讨论、交流、体验等方式充分调动学生的积极性、主动性，学生在轻松愉快的氛围中全面地认识、分析自我，更好地确立职业目标并作出职业规划。

生涯规划团体辅导以人的成长和发展为中心，协助学生更好地认识自我、了解职业，树立正确的职业价值观和职业目标。同时，在团体辅导过程中学生还要学习如何处理冲突、如何建立良好的人际关系等。这些可以使个人更好地与职业相适应，形成良好的职业素养。

高职生职业生涯规划的团体辅导设计方案

（一）团体目标

协助团体成员树立职业生涯规划意识，培养学生职业生涯规划能力。了解个人兴趣爱好、职业价值观、个性特征以及三者之间的关系。在自我探索和职业探索基础上，结合专业发展，评估内外部发展的环境，树立职业目标，并规划自己的学业生涯。

（二）团体对象

在校高职生。希望了解自己、寻找职业发展目标、积极规划未来、把握大学阶段的学生。

（三）团体时间及次数

团体辅导 5 次，每周 1 次，每次时间为 90 ～ 120 分钟。

（四）招募方式及人数

利用海报、传单或校园媒体平台宣传招募。团体成员：16 ～ 24 人。

（五）团体领导者

指导教师一名、协助者一名。

（六）团体辅导框架（表 9–1）

表 9–1　团体心理辅导方案表

模块	活动	目标	主题活动	备注
1	萍水相逢 ——建立团队	成员相识；团体目标和方式介绍；拟订团体规范初始生涯	四分之一感觉，团体契约，生涯联想	—
2	我将去向何方 ——职业生涯觉察	增进团体的信任；认识生涯与个人发展；通过访谈深入了解所学专业	信任圈，理想与专业，职业和理想	家庭作业：访谈 1 ～ 2 位本专业校友，写出所学专业的访谈报告

续表

模块	活动	目标	主题活动	备注
3	我是谁 ——自我探索	引导学生探索自己；认识职业个性和兴趣爱好；加深对所学专业的了解	分享专业访谈情况，“我最喜欢做的事情”，探索职业兴趣	家庭作业：工作世界调查单
4	职业探访 ——澄清职业价值观	了解影响生涯规划的因素；澄清个人工作价值观；探访职业世界	棒打无情郎，价值观探索，成果和分享	—
5	我的未来不是梦 ——制订生涯目标与规划	对高职生活做出明确的计划；协助学生对未来的生涯发展有初步的规划；结束团体辅导	十年后的我，我的生涯我规划	—
团体辅导效果评估				

（七）团体辅导模块

本节根据上述的团体辅导设计方案，挑选几个经典模块进行简要分析，其他模块不再赘述。

【模块5　我的未来不是梦——制订生涯目标与规划】

总目标：协助成员对高职生活和未来生涯发展形成初步的规划，树立初步的职业目标并制订大学学业计划和行动方案。

主题活动：十年后的我，我的生涯我规划。

时间：90 ～ 100 分钟。

过程：

1．十年后的我

目的：通过冥想的方式，让团体成员思考未来职业，增进团体向心力，营造分享氛围。

时间：20 分钟。

准备：轻音乐《秘密花园》。

操作步骤：

指导教师在舒缓的音乐背景下指导成员以自己觉得最舒服的姿势坐在椅子上，闭上眼睛，调整呼吸，随着音乐和指导教师的引导语展开冥想。

现在的你躺在一片碧绿的草地上，温暖的风拂过脸庞，除了鸟鸣外，林子里静静的，你睡得好舒服。阳光透过树叶洒在草地上，你发现有一条开满花的小径，顺着小径，你徜徉在阳光、鲜花、微风中。路的尽头有个小木屋，你推门进去，看到一面镜子，走过去，你惊讶地发现自己已经长大，时间已经是十年后。十年后的这个早晨，你是独居还是和家人在一起？你的职业是什么？这一天，你有什么工作安排？你的生活是什么样子的？你的家庭呢？你的收入大概多少？业余你都参加什么休闲活动？

现在，我从10开始倒数，当我数到0时，你就可以睁开眼睛了。好，10，9，8，7，6，5，4，3，2，1，0。

请睁开眼睛，静静坐着，思考自己变成十年后的样子，目前还需要做些什么？接下来的高职生活，你打算怎么度过？

指导教师说明，人生目的就是在追求自我的实现，把握人生，从现在做起。

2. 我的生涯我规划

时间：40分钟。

准备：生涯规划表（表9-2）。

操作步骤：

发放生涯规划表，请成员们填写。

指导教师提示，请将长期目标、中期目标、短期目标填写到生涯规划表格中，并将近期目标分解到高职生活中，列出具体安排。

分组讨论，我的职业理想是什么？准备怎样实现近期目标？

指导教师说明，生涯发展是否在自己的掌控中，取决于你是否有目标，并积极行动达成设立的目标，实现自我抱负，并在其中实现自我成长。生涯规划的历程就是：了解自己—了解职业世界—抉择—目标设立—行动。

表9-2　生涯规划表

姓名		所学专业	
学院		特长、爱好	

续表

职业生涯目标	人生目标	
	长期目标	
	中期目标	
	短期目标	
近期计划措施	计划措施 1	
	计划措施 2	
	计划措施 3	
	计划措施 4	
	计划措施 5	

3. 成果和分享

时间：20 分钟。

准备：大白纸、白板笔。

操作步骤：

每组派一名代表将自己的职业目标、准备怎么实现职业目标和全班同学分享。

成员之间相互鼓励，坚持自己的规划和目标。

4. 总结

（1）理想和现实之间总是存在着差距，生涯规划让每个人更清楚地认识自己，清楚职业环境，从而更好地确定职业目标。

（2）生涯目标并非一成不变的，将随着环境的变化和阅历的增多不断地进行调整。

（3）生涯规划既要规划，又要行动。有的人做了生涯规划以后，生活依旧没有变化，这就需要重新评估生涯规划方案，对自己的目标和计划进行调整，再全力以赴地付诸行动。没有行动的规划只是停留在纸上的文字，对高职生成长无任何意义。

5. 结束团体

目的：处理离别情绪，相互鼓励，彼此支持，对未来充满信心，圆满结束。

时间：10 分钟。

准备：音乐《夜空中最亮的星》、计算机（音乐播放器）、歌词投影、团体辅导效果反馈调查表。

操作步骤：

请全体成员填写团体辅导反馈表。

指导者请全体成员站立，围成圆圈，将两手搭在两侧成员的肩上，同唱一首歌《夜空中最亮的星》，并随着歌曲旋律自由摇摆，全身心投入，使全体成员在一种充满温馨甜蜜而有内聚力的情境中告别团队，走向生活，留下深刻的、美好的、难忘的记忆。

指导教师：这次高职生涯规划团体辅导活动，到此接近尾声了，经过 5 个模块的团体辅导，同学们在自我探索和职业探索的基础上进行了个人职业生涯目标制定和生涯规划。如果不把规划投入实践中，那么，就始终只是梦想。为了实现我们的职业目标，请您将团体中的规划运用到每天的生活学习中，在规划中实践，在实践中成长。祝同学们梦想成真！

第十章　高职生的心理危机干预

第一节　心理危机相关概念

一、心理危机内涵

关于心理危机内涵，各心理学派的观点不一，但绝大多数学者认为心理危机的产生与突发事件密不可分。现阶段，涉及心理危机内涵的界定主要有三种：①心理危机是人们日常生活中理想与现实发生冲突的表现；②心理危机是个体面对突发事件时无法找到应对策略，而表现出的负面情感；③心理危机是个体面对外界干扰时，心理调节机制没有未能有效启动，而导致心理与生理的失衡。

综上所述，心理危机是指当个体在日常生活中面对如升学压力、家庭变故等突发事件时，个体心理应对机制未能及时应对，从而导致的心理失衡状态，随之表现出高度紧张、焦虑、迷茫等负面情绪。

二、心理危机特征

1. 心理危机的普遍性

人们普遍认为，心理危机的出现意味着个体精神已出现疾病症状。但其实质是，“心理危机是人们面对突发性事件所表现出的心理调节机制的短暂失衡，它是正常且普遍存在的。心理危机虽产生了焦虑、急躁、烦闷等负面情绪。”[1]这些外在表现我们只能把它当作评判精神类疾病的一个参考数据而已。绝大多数情况下，个体所面临的心理危机并不严重，不需要精神医师的介入，只要找到引起心理危机的缘由，尽快消除引起危机的因素或本着助人自助的理念，帮助当事人提升对危机事件的处置能力，帮助求助者提高自己应对危机的能力，逐步实现内在与外在的平衡与统一。

2. 心理危机的反复性

心理危机并不符合简单意义上的拆楼理论，它具有很大的反复性。一次心理危机的消除，并不代表以后个体不会再面临心理危机的侵扰，心理危机可以说是无处不在的。因此，个体要不断提高自身心理调节机制，来应对未来外界事物对心理防线的冲击。

3. 心理危机的破坏性

凡事都有其两面性，若能及时有效地消除危机事件，恢复心理平衡，对个体心智的健全发展有极大利处；反之，若人们长期的心理平衡状态遭到破坏，加之不能及时得到专业人士或身边人的心理疏导，个体会加重对自身的否定认知，变得消极、抑郁，对生活失去希望，那么，心理健康就遭受到严重的侵害。

4. 心理危机渊源的复杂性

心理危机产生的原因是多维度、多角度的。个体生活在一个纷繁复杂的环境之中，这就决定了其所面对的突发事件是层出不穷的。有来自家庭的，如夫妻关系、亲子关系的不和，生活成本不断增加与收入较低的矛盾等因素；也有来自社会层面的，如晋升受阻、人际关系失衡、就医就业难等；还有来自生理方面的，如残疾、重病等。所以说心理危机是静态与动态、内部与外部、生理与心理等多方面因素相互交织产生的。

5. 心理危机的积极性

辩证地去看待心理危机，发现若能成功地解决心理危机，则有利于促进个体的成长。虽然心理危机的出现影响当事人的生活质量，给个体带来困扰和痛苦；但是，心理危机的成功解决，也是个体成长的重要契机。它有助于当事人塑造坚强的性格和形成解决突发事件的能力。未来在面对各种危机时可以从容

[1] 钟丽平：《大学生心理危机与自杀的干预》，《成都纺织高等专科学校学报》，2008 年第 3 期，第 37 页。

面对，避免再次陷入心理危机。

三、心理危机评估

对于心智还未完全成熟的高职生来说，心理活动复杂多变，情绪飘忽不定，常处于自信与自卑、理想与现实、冲动与理智、自闭与开放、轻松与压抑、向善与从恶等矛盾状态之中。这些矛盾体使还未完全成熟的高职生常处于情感的旋涡之中，正是因为高职生情感色彩重、情绪不稳定、富于幻想性，因而容易产生心理危机，因此，对高职生进行心理危机评估是高职生日常管理的一个必不可少的环节。

“心理危机评估就是指对当事人是否处于心理危机之中、心理危机产生的缘由、心理危机的严重程度、当事人的应对能力、是否存在可利用的社会支持资源等内容进行评价，危机评估应该贯穿于干预过程的始终。”[1]由于危机具有突发性、危险性、时间性等特点，当事人会在生理、心理、行为等方面出现一系列的不良反应，通过观察个体的行为表现，我们一般能够识别当事人是否处于心理危机之中。心理危机的主要表现有：①生理表现。失眠、胃部不适、胸闷头疼、食欲不振等；②心理表现。消极焦虑、情绪紧张、抑郁、情绪低落、淡漠、空虚、恐惧、愤怒等；③认知方面。反应减慢，不能集中注意力、推理和判断能力减弱，记忆力和知觉下降；④行为方面。规避社会或以特殊方式表现出自己的存在，不能专心学习、工作或劳动，甚至出现对自己或他人的破坏性行为。

因此，在今后的工作中，我们要及时有效地加强高职生心理危机评估工作，在评估的过程中要遵循以下五个要点：

（1）收集相关资料，如人口学、心理学、社会学等相关研究成果。

（2）从专业角度界定当事人心理危机的严重程度。

（3）评估求助者的状态，包括：心理状态、生理状态以及人际关系。

（4）评估求助者应对危机的技巧，如当事人是否已经主动采取积极的应对方法，当事人面对危机事件是如何处置负面情绪的，通过自主干预产生的效果，是否建立起危机干预模式。

（5）评估当事人适合采用何种方式解决心理危机。

[1] 毛成：《高职生情感及教育策略初探》，《宁波大学学报》，2001 年第 9 期，第 20 页。

第二节　高职生心理危机的干预与预防

一、心理危机干预相关理论模式

（一）认知模式

认知模式认为，心理危机产生的原因并非事件本身，而是个体自身认知方面存在某些不足或消极因素。该模式在解决心理危机过程中要求危机干预者帮助当事人建立积极的认知能力，摒弃过去认知中的非理性和自我否定成分，从而使当事人能够控制自身的情绪。认知模式通常运用于心理危机程度较轻、情绪基本稳定的当事人。

（二）哀伤辅导模式

1944 年，林德曼提出的“哀伤辅导模式”概念是当前心理危机干预最为重要的理论之一。他强调，在严重的危机事件面前，不要压抑自己内心的痛苦，应该通过各种方式发泄出来，其中最主要的方法就是大声号哭。哀伤辅导模式最著名的实验是当事人在面对丧亲时，帮助他积极面对，主动体验哀痛，逐渐接受丧亲的现实，最终帮助他在失去亲人的情景下调整情绪，重新生活。目前，哀伤辅导模式的理念在很多国家和地区得到认可，“宣泄室”就是在哀伤辅导模式的指导下建立的。

（三）平衡模式

平衡模式认为，处于心理危机状态下的当事人常常处于一种心理情绪失衡状态之中，他们原有的应对机制和解决问题的方法不能满足当前的需要。因此，该模式提出，心理危机干预的工作重点应该放在稳定当事人的情绪、使他们重新获得危机前的平衡状态上，这种模式主要适用于心理危机的早期干预。因为在心理危机早期阶段中，个体面对突发事件易导致情绪混乱和自我失控，所以这一时期的干预目标主要集中在稳定个体的心理和情绪方面，不宜采取激烈的干预措施。

（四）支持和干预技术模式

在不同的阶段采用不同的模式，这是支持和干预技术模式的主张。在心理危机早期，当事人的情绪易波动且较不稳定，焦虑程度高，这一阶段采用支持技术模式旨在使当事人的情绪状态保持平稳。可以采用的方法有；无意识影响、倾诉、发泄或药物治疗。“在心理危机后期，主要运用干预技术模式。其主要目标是帮助当事人掌握对付突发事件的一般性方法，这不但有助于度过当前的危机，更有利于处置将来的危机。”[1]在这一过程中，心理危机干预工作者在干预过程中的主要职责是帮助当事人正视危机，选择有效的应对方式，从而帮助当事人重新建立起与外界的联系，回避一些应激性境遇，等等。

（五）心理社会转变模式

心理社会转变模式主张，人具有两种属性，即自然属性和社会属性。因此，处理心理危机应从个体自身和外界环境两个方面入手。这就要求专业人士在帮助当事人应对危机时，除了考虑当事人的心理资源外，还要了解当事人的社会生活环境，如与近亲属、伙伴的关系，职业发展和社区环境等。该模式的目的在于将个体与外界环境有机地联系在一起，从而帮助当事人找到更多的解决心理危机的方式。同认知模式一样，心理社会转变模式也适用于情绪较为稳定的当事人。

（六）教育、支持与训练的社会资源工程模式

该模式最初的服务对象是社会团体。该模式源于在专业干预人士资源有限时，通过开展团体训练，为团体成员提供及时有效的心理危机干预服务，从而使团体内的心理健康资源得到最大限度的利用。这一模式在企业员工培训中较为常见。

---

[1] 何桂宏：《生命教育是高职德育工作的急迫课题》，《中国健康教育》，2005 年第 8 期，第 13 页。

（七）整合危机干预模式

整合危机干预是指在具体干预过程中有意识、系统地选择和整合各种有效的方式和模式来帮助当事人。正因如此，整合危机干预模式没有成型的理论概念，而是集各种方法于一体。在运用过程中遵循的原则有：①整合一切有效因素处理危机的原则；②根据不同时间段、不同境遇选用不同的方式的原则；③不拘泥某种理论、开放交流的原则。整合危机干预模式始终遵循两种观点：①所有的人和突发事件都是独特的；②所有的人和突发事件又都是相似的。这是整合危机干预模式可以将不同理论和模式进行整合的认识基础，它不局限于任何一种教条式的理论和模式之中，而是将各种理论和模式根据实际需要融合在一起，加以具体运用。

二、高职生心理危机产生的原因

在大学校园环境下，高职生心理危机的形成有其内在的原因，也有外部原因。高职生心理危机形成的外部原因主要是心理危机的各种危机源对高职生的刺激，内在原因主要包括高职生对危机源采取的不合理应对方式、对危机源的错误认知、高职生自身人格特征以及社会支持不足等。综合起来，导致高职生心理危机产生的因素有以下五种：

（一）危机源

心理危机源，即可能导致心理危机发生的各种应激事件。主要是指人们在日常生活的社会与自然环境中所经历的各种生活事件。突然的创伤性体验、慢性紧张等，它可以是躯体的、生理的和社会文化因素的。适度心理应激的存在对人的健康和功能活动有促进作用，是人成长和发展的必要条件。缺乏刺激的生活是单调、枯燥和乏味的，而过度的刺激也是不适当的。如果应激的强度超过了个人承受紧张刺激的能力，便会使人陷入心理危机。长期的应激状态可能会引发个体产生消极状态，如心理问题、疾病和死亡。危机源包括生活事件、灾难和日常冲突等。

（二）人格特质

人格也称个性，是个人对现实的态度和行为方式中表现出来的稳定的心理特征。影响高职生心理危机产生的是气质和性格。

气质是与生俱来的，是指个体表现心理活动的强度、速度、灵活性与指向性的一种稳定的心理特征。气质有四种类型：胆汁质、多血质、黏液质、抑郁质。这四种类型之间本身并没有优劣之分，但每种气质都有其自身的弱点，其中胆汁质和抑郁质这两种气质的人较易感染心理危机。胆汁质的人往往性情急躁，情绪易于激动，做事冲动欠思考，容易走极端，发生过激行为；而抑郁质的人比较敏感、孤僻，不善与人交流，情感体验深刻，厌恶强烈刺激，在困难面前常常怯懦、自卑、优柔寡断，挫折承受力低。

性格是个人在现实活动中表现出来的稳定的态度和习惯化的行为方式。情绪型性格的人情绪体验比较深刻，行为容易受情绪所左右；内倾型性格的人感情含蓄、处事谨慎，但交际面窄，适应性不强；顺从型性格的人独立性较差，在紧急情况下容易惊慌失措。相对来讲，这些类型性格的人都较易产生心理危机。性格与气质是个性中密不可分的两方面，但气质一般带有先天性，无好坏之分；而性格更多地由后天社会生活塑造而成。

（三）人生观与价值观

人生观、价值观是在需要的驱动下，由自我意识引导，在个体和社会的互动过程中形成的。高职生在对社会多元文化价值观念进行不断的比较、选择、过滤、整合、内化的过程中，必然会出现不同程度的困惑、迷茫、空虚、碰撞。有的人会体验到多种价值需要之间的矛盾，有的会体验到自我意识中对自我认识和接纳的程度以及人的认知、情感、意志等因素在选择外部价值观念时的矛盾，有的会体验到已有价值观念与外部世界价值观念的冲突，而有的会在这种种冲突中产生对自身能力的怀疑和自我存在价值的否定性体验。在这样复杂的心理过程中，高职生原有心理上的稳定结构被打破，人生观、价值观失去平衡和协调或无法找到人生价值和意义，从而导致心理上的失衡。

（四）应对方式

应对，也称应付，是指个体在处理来自内部或外部、超出自身资源负担的生活事件时，采取的认知和行为上的努力。应对作为应激与个体身心健康之间的中介因素，对维护个体身心健康起着非常重要的作用。

（五）社会支持系统

社会支持是以个体被支持者为中心，个体及其周围与之有接触的人们（支持者）以及个体与这些人之间的交往活动（支持性的活动）所构成的系统。从功能上看，社会支持是个体从其所拥有的社会关系中所获得的精神上和物质上的支持；从操作上看，社会支持是个体所拥有的社会关系的量化表征。

社会支持系统可以提供给个人的帮助有情感支持、具体任务协助、信息的获取和反馈、陪伴等。高职生社会支持系统对高职生心理危机的预防起着非常重要的作用。高职生如果没有一个密度较高的社会支持网络，就容易陷入心理危机中而难以自拔。

笔者认为，对于高职生心理危机应从以下几个方面重点关注，其构成情况如图 10-1 所示。

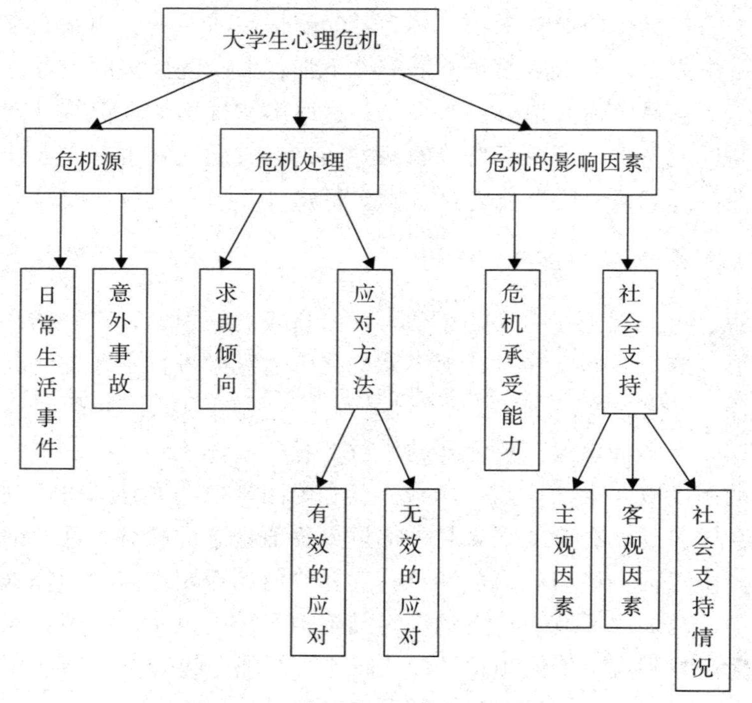

图 10-1　高职生心理危机干预模式

（1）危机源：高职生心理危机源分为日常生活事件和意外事故，着重分析导致高职生心理危机的日常生活事件的种类及其影响程度，可从就业、经济、学业、人际关系、所受惩罚、健康状况等方面考虑。

（2）危机处理：从高职生应对危机的方式进行考虑，应对方式又分为有效的应对和无效的应对，有效的应对能使危机化解，个体成长、良化；无效的应对会导致学生无法继续学业、生活恶化等不良后果。

（3）危机的影响因素：影响高职生心理危机的因素分为主观因素、客观因素、社会支持情况和危机承受能力。

第三节　积极应对挫折的团体辅导方案设计与实施

一、应对挫折的团体辅导干预研究

（一）开展团体辅导的理论基础

1. 群体动力学理论

群体动力学研究群体的形成与发展，群体内部人际关系及对其他群体的反应，群体与个体的关系、群体的内在动力、群体间的冲突、领导的作用、群体行为等。勒温的场论认为，心理学要研究个人与心理场之间的相互作用。群体动力学理论为团体心理咨询提供了理论依据，还为团体心理咨询过程中团体氛围的创设、指导者的作用等提供了重要的研究成果。

2. 人际沟通理论

团体咨询的过程就是一种人际沟通相互作用的过程。人际沟通（interpersonal communication）是人们交往的一种重要形式和前提条件。人际沟通的研究为团体咨询过程中人与人之间如何交往，怎样提高沟通效果，避免或减少交往障碍提供了大量有价值的参考，也为团体带领者选择怎样的团体沟通方式，如何观察、指导团体成员的沟通，增进自我了解和他人了解，在协调的人际关系中获得成长提供了具体的方法和技巧。

3. 人际相互作用分析理论

美国精神分析学家柏恩在1959年创立此理论。柏恩认为，社会交往的单位称之为相互影响。当两三个人或更多的人碰在一起时，迟早要有人说话，这叫相互作用刺激；另外的人就会说一些或做一些与这种刺激有联系的事，那就是相互作用反应。这一理论和方法着眼于人与人之间的互动、沟通的研究，非常适用于团体咨询。

4. 社会学习理论

以班杜拉为代表的社会学习理论认为，人的行为受内在因素与外在环境因素交互作用的影响。团体辅导的实施需要每个学生的积极参与，学生不仅可以通过教师讲授的榜样示范进行学习，也可以通过直接参与讨论获得直接的交往经验，还可以通过对成员的观察以及与其他成员的交流获得间接经验。

5. 归因理论

归因训练以维纳的动机归因理论为依据。在归因与情感、行为的影响中，个体将失败归因于缺乏努力时，就会产生一种内疚感；将失败归因于能力不足时，则产生羞愧。内疚促使上进，促使个体努力提高；羞愧阻碍努力，阻碍个体为实现目标的坚持。即原因的稳定性可以增强对行为的未来预期，控制性可以增强未来行为的动机性，失败的责任性可以增强生气程度和社交的拒绝性吸引。因此，团体心理辅导中采用归因训练，能够纠正和改善不适当的归因方式，随之也能改善情绪和行为。

6. 认知行为理论

认知行为疗法认为，个体内在的认知活动和认知过程影响并制约个体的行为。个体的认知活动、认知过程是能够加以了解、调整和控制的，改变个体的认知能够改变个体的行为，埃利斯的合理情绪疗法（REBT）是其中之一。

（二）团体心理辅导干预的基本原则

1. 民主的原则

民主的原则要求团体带领者应以团体普通成员的身份，尊重每一位参与者，并参与团体活动，鼓励成员发挥自己的创见，与他人平等沟通，共同关心团体的发展。

2. 共同的原则

团体干预的课程是针对成员共同的问题而设置的，因此，团体干预过程中要始终注意成员共同的兴趣和共同的问题，使个人和团体相互关注，保持共同的信念、共同的利益和共同的目的。

3. 发展的原则

在团体干预的过程中，带领者要从发展变化的观点看待团体或成员的问题，用发展变化的观点把握团体活动的过程。不但要在问题的分析和本质研究上善用发展的眼光进行动态考察，而且对问题的解决和咨询结果的预测上也要运用发展的观点。

4. 保密的原则

尊重每一个团体成员的权利以及隐私。保密的原则要求团体带领者在团体开始时向全体成员说明保密的必要，并制定保密规定，要求大家遵守，不在任何场合透露成员的个人隐私。如果需要研究或发表，必须征得本人同意，并隐去个人姓名，以确保当事人的利益不受损害。但保密不是绝对的，当当事人的情况显示他（她）或其他人确实处在危险边缘时，应采取合理措施，通知有关人员或组织，或向其他专业咨询人员请教。从根本上讲，仍是为了保护当事人的利益。

5. 无伤害原则

无论是在团体心理辅导方案设计还是现场操作过程中，都要以保证每一位参与者心理、身体不受伤害为原则。

6. 互动的原则

按照社会团体动力理论，团体干预应建立在良好的人际沟通的基础上，强调引导者与团体成员、团体成员之间的交互作用在团体内成长的重要性。

7. 无条件尊重的原则

不但要求引导者无条件地尊重每一位团体成员，对不参与活动的学生给予应有的尊重而非强迫，而且团体成员之间也要无条件地尊重彼此，接纳所有看起来不寻常的行为和思想，为营造安全的团体氛围努力。

（三）理论基础

1. 抗逆力理论

1990 年，理查德森（Richardson）及同事通过总结前人的成果和自己的实务研究，提出“抗逆力模型”，用以说明个体如何产生抗逆力、抗逆力与哪些因素有关以及抗逆力如何影响人的发展，提出结论：

（1）抗逆力是激发的结果。抗逆力是个体与生俱来的一种潜力，人在平安顺利的时候抗逆力得不到激发，以一种潜伏的状态存在。抗逆力犹如人格中的一种宝藏，没有逆境与压力的刺激，也许就永远沉睡了。当危机、困难袭来的时候，个体的抗逆力被激活，迸发出巨大的力量，帮助个体面对危难，聚集力量，渡过难关。每个人都有抗逆力，也许被唤醒，也许被埋没，逆境与压力是帮助个体唤醒抗逆力、展示潜能的外在条件。

（2）保护因素对生命历程具有决定作用。当外在压力、危机袭来时，个体自身和环境中的保护因素会做出自动化反应，与外在压力形成交互作用。如果个体自身或其环境中具有适配的、得力的、恰当的保护因素，直接就可以产生两种能力：一种是自我平衡能力，保证个体在压力和逆境面前维持舒适，重构平衡；另一种是抗逆力，促使个体调整自我、应对压力、重构机能，获得良性发展。

（3）功能失调不是逆境的唯一结果。心理扭曲、生命瓦解意味着个体保护因素作用不力，没有抵御和应对压力与逆境的能力，但并不意味着生命的终结，混乱之后的生命仍然需要重构，会出现四种可能：①功能失调，如酗酒、吸毒、犯罪或企图自杀；②丧失性重构，如自我价值感丧失、低自尊、自卑、自我否定、能力缺失等，这些都是非适应状态的重构，不利于个体的良性发展；③平衡性重构，个体保持稳定状态，继续拥有安宁舒适的生活；④抗逆力重构，激活生命潜能，积极应对，战胜逆境，体现胜任力，健康成长。

（4）抗逆力是个体与环境的交互作用。环境因素对个体抗逆力的形成至关重要，协助个体形成抗逆力的内在保护因素也是环境作用的产物。抗逆力犹如生命中的一粒种子，正向的、和谐的、健康的生活环境，有利于这粒种子生根、发芽、开花、结果。如果个体面对危机与挑战时表现出强大的抗逆力，主动调整，积极应对，就会渡过难关。

2. 团体动力学说

库尔特•勒温（Kurt Lewin）是拓扑心理学的创始人。勒温认为，团体是一个动力整体，这个整体并不等于各部分之和，整体中任何一个部分的改变都必将导致整体内其他部分发生变化，并最终影响整体的性质。团体不是由一些具有共同特质或相似特质的成员构成的，特质相似或目标相同并不是团体存在的先决条件。团体的本质在于其各成员间的相互依赖，这种相互间的依赖关系决定着团体的特性。

3. 绘画疗法

绘画疗法是心理艺术治疗的方法之一。艺术治疗又称艺术心理治疗，是一种心理治疗的介入方法，横跨艺术和心理两大领域。在艺术治疗的关系中，个案通过艺术题材使心象得以视觉艺术的方式呈现，能通过创作释放不安的情绪，澄清原有的不正确认识，将意念具体化，传达心理需求。此心象表达、反映与统整了个案的能力、兴趣、人格、意念与内心的情感状态。绘画疗法是让绘画者通过绘画的创作过程，利用非言语工具，将潜意识内压抑的感情与冲突呈现出来，并且在绘画的过程中得到疏解与满足，从而达到诊断与治疗的良好效果。无论是成年人还是儿童，都可在方寸之间呈现完整的表现，又可以在“欣赏自己”的过程中满足心理需求。

二、积极应对挫折的团体辅导方案设计

（一）团队成员招募

本团队活动方案适合所有高职生。既可以作为大一新生班级和大二班级的抗挫折训练，又可以以小组招募的形式为想通过团体辅导了解自己、探索自我的高职生提供帮助。

（二）团体设置

1. 团体名称

宣传名称：在逆境中升华。

2. 团体目标

本团体的整体目标是：提高高职生应对挫折的能力，在团体辅导中使高职生提升自信心，能够在挫折面前积极调动自身的能量。

3. 团体性质

本团体属于心理教育成长性团体，以成员的团队合作能力发展为目标；本团体属于半结构性团体，每次团体活动有明确的目标和方案设计，不过，具体的团队活动可以在形式、难度系数等方面进行适度扩展；本团体是同质性团体，团体成员均为有参加团队合作训练意愿的在校高职生。

4. 团体活动时间和次数

团体活动分为 5 个单元，每个单元 1 ～ 2 个小时，建议每周 1 ～ 2 次。

5. 团体活动场所

以户内和户外活动结合。例如，遇雨、雪、雾等恶劣天气，可以改为在宽敞、

空阔的室内场地进行活动。

（三）团体带领者与团体成员

1. 团体带领者及其训练背景

团体带领者（教练）1 名，要求具有团体心理辅导、素质拓展或体育学等专业背景，以及团队建设活动经验。助理教练 1 ～ 2 名，要求参加过素质拓展训练并有活动组织经验，在团体活动前需接受教练的培训，提前熟悉团体活动操作要点。

2. 团体成员

如果是新生班级，可以以班级为单位，一个班级作为一个团体；如果是小组招募，可以控制在 20 人左右，根据各单元活动任务分为不同的组别。

（四）团体流程设计（表 10–1）

表 10–1　团体心理辅导方案表

活动名称	活动目的	活动内容安排	预计时间
单元一 ——大家一起来	初步建立团队，成员之间互相认识，消除陌生感，建立团队契约	有缘来相聚，我们的保密圈，我们的团队，建立团队契约	2 小时
单元二 ——美妙心情	提高团队信任感，让成员了解此次团体辅导的目标，明确需解决的问题	团队大 PK，《当幸福来敲门》观感，积极暗示大轰炸，课后作业	2 小时
单元三 ——能量探索	成员在领导者的指导下能找出自身的抗逆能量，将挫折找出，并进行配对，重拾应对挫折的信心	才艺表演，我的抗逆圈，画出挫折，能量对对碰，课后作业（写出心声）	2 小时
单元四 ——为己解忧	通过成员之间的互相建议，减少成员对挫折的恐惧心理，让成员学会放松训练，轻松应对挫折	放松训练，解忧杂货店，合唱《阳光总在风雨后》	1.5 小时
单元五 ——未来会更好	整理在团体辅导中的收获，分享自己的成长心得，巩固团队带给自己的能量，共同激励	青蛙跳，感受总结，挑战五分钟，大合照	2 小时

（五）团体实施

根据上述团体流程进行简要的单元内容分析，其他单元不再展开叙述。

例：

【单元一——大家一起来】

目标：初步建立团队，成员之间互相认识，消除陌生感，拟定团队规范和契约，让团成员谈谈参加此次课程的期望。

内容与操作（表 10-2）。

表 10-2　“大家一起来”活动内容与操作表

目的：团队热身，活跃团队气氛 时间：约 30 分钟	1. 有缘来相聚 工具：A4 纸、笔 操作步骤： 分组介绍队友： 按照报数将队伍分成两组，让两组面对面站立。首先，让一名成员作为记者，采访对方，获取对方的信息，5 分钟后双方互换身份带领者宣布结束后，每个成员在 1 分钟内说出自己在有限时间内获得的信息 交换队友： 让每组成员交换队友，互相表达初步的了解，然后向旁边的成员互相介绍，直到所有成员都相互认识
目的：让团队成员达成共同守护彼此秘密的协议，认识此次团体辅导的重要意义 时间：30 分钟	2. 我们的保密圈 操作步骤： 团队带领者介绍此次团体辅导的目的，让成员认识保密在团体辅导中的重要意义 团队成员围成一个大圆圈，每个人的右手握拳，大拇指伸出来，前一个人的手掌抓住右边成员的大拇指，形成一个小圆圈。每个成员跟着领导者重复团队契约的内容，并认真守护每位成员的秘密，最后再说出自己的名字
目的：增强团队的凝聚力，通过分工合作，互相了解彼此 时间：30 分钟	3. 我们的团队 工具：白色卡纸、彩笔、旗帜 操作步骤： 根据团队人数进行分组，让每组推荐队长和助手，每组为团队取名，并在白色卡纸上记录信息：队名、团队标识、口号。在旗帜上画出团队标识，并设计团队的姿势，要求至少有一名成员脚不落地，时间为 30 分钟 结束：每组的队长和助长来介绍团队的设计理念以及由来，最后摆出团队姿势拍照留念，同时一起喊出口号

续表

目的：加强团体成员对团体契约书的认同度，并不断以此规范自身在团队中的行为 时间：30分钟	4. 建立团队契约 工具：团队契约书 操作步骤： 团队成员围成一个圈，将上次团体辅导所形成的团队契约书重新回顾，复习团体契约书的内容，并讨论交流是否有需要完善之处

第十一章　高职生团体心理素质训练

第一节　高职生团体心理素质训练的特点

随着社会的发展和高职生心理健康问题的凸显，人们日渐意识到高职生的心理问题不仅是个人问题，更是社会问题。以国家“九五”课题《大中小学生心理教育的理论与实践》关于江苏省高职生心理健康的一项调查结果为例，虽然与全国高职生常模相比，江苏省高职生的心理健康问题相对较少，但人际关系、敌对情绪和精神症三个因子的得分则与国内高职生常模比较接近，这反映了江苏省高职生在人际交往方面存在一定的困难。近年来，国内各大专院校开始重视高职生人际交往的训练，团体辅导方式在心理咨询中也越来越多地被心理咨询人员所接受和运用，心理训练的形式也越来越受到广大高职生的欢迎，并被引用到课堂教学当中。

团体心理素质训练是在团体情境下提供心理帮助与辅导的一种形式。通常由一至两位团体指导者主持，由一些来访者或志愿者组成团体，运用团体动力学的基本理论，促进团体成员在共同的活动中相互交往、相互作用，讨论大家共同关心的问题，并由此产生一系列诸如人际关系、暗示、模仿、感染等社会心理现象，帮助成员实现自我觉察能力的提高和解决个体问题。其注重的是团体设计的整体目标，即以训练目标为宗旨。

团体心理素质训练一般都采用结构式，即事先按团体的需要指定团体活动的内容，每一次活动都有严格的计划。例如，人际交往训练团体一般是初期建立关系，相识相知；中期探索自我、了解他人、呈现价值观等；结束时笑迎明天、把心留住等。

团体心理素质训练的规模可以多至30～40人，但一般认为团体的规模应由这个团体共同活动的需要而决定，不一定硬性规定人数的多少。因此，从合理的意义上来理解，小团体的所谓“小”是指小到能使所有成员同时相互作用、相互交谈或起码相互认识。另一个条件是，要有自己属于该团体的起码信念，能够分清团体成员的“我们”和非团体成员的“他们”。

团体的类型一般分为封闭式和开放式两种，因此，团体心理素质训练可以采用封闭式，也可以采用开放式。开放式允许团体成员自由出入，可以离开，也可以新加人。这样会给团体带来新的挑战和考验，但是团体不够安全，凝聚力不够，不容易深入。

第二节　高职生团体心理素质训练的类型及意义

一、团体心理素质训练的类型

从团体心理素质训练的目的看，团体心理素质训练可以分为三种类型：发展性团体心理素质训练、训练性团体心理素质训练和治疗性团体心理素质训练；从团体的组成来看，可以分为同质性团体心理素质训练和异质性团体心理素质训练；从团体活动形式看，可以分为开放式团体心理素质训练和封闭式团体心理素质训练。

二、团体心理素质训练的意义

（一）提供人际交往的场所

心理学研究证明，人类的生活离不开团体。在日常生活中，每个人随时都要与各种人打交道，建立各种形态的人际关系。人的心理适应主要是人际关系的适应，许多心理问题往往都根源于不良的人际关系。

团体心理素质训练提供了适当的情景。团体成员来自不同的系科，带来不同的问题，每个成员的个性特点也各不相同。团体成员在共同的活动中彼此进行交往，相互作用，共同讨论大家关心的问题，并由此产生一系列人际关系。随着讨论的深入，团体内可能会出现不同的意见和不同的处理方式，甚至会出现冲突，这就是一个小型社会。这个团体就是帮助成员去处理冲突、解决矛盾。

（二）建立和谐的人际关系

在团体中，通过几次或十几次的聚会与活动，成员之间彼此启发，相互支持和鼓励，建立起一种信任的关系。这样，团体成员逐渐减少个人防卫，开始自由自在地表达自我的感受。在这个过程中，每个人对自己的情绪、理性、身体以及潜能都有较大程度的接纳。同时，由于安全感的出现，便开始接纳他人、喜欢他人、理解他人。

由于信任关系的建立，彼此之间相互支持和鼓励，成员之间就可以表达自己对他人的关注与兴趣。这种关注与兴趣使对方感觉到被接纳、被尊重、被关心，因而产生一种很舒服的、彼此信任的感受。在这个小型社会里，他们体验到一种快乐的感受，学会尝试改变自身行为，学习新的行为方式，再运用到实际生活中，建立和谐的人际关系，从而促进人格成长。

（三）促进个人成长

团体心理素质训练可以促进个人成长，这是毋庸置疑的。在团体中，每个人都会有丰富的体验和收获，体会到从未有过的愉快感受，会乐于接纳他人和自己，也会勇敢地接受对自己的挑战，改变以往的消极认知，采取积极的心态，建立起新的行为方式，体验获得新生命的惊喜感受。

第三节　高职生团体心理素质训练的目标与实施

一、团体心理素质训练的目标

（一）直接目标

团体心理素质训练的直接目标就是成员的个人目标。每一个成员参加到团体中来，一般是带有个人目标的，这个目标是很具体、很实际、很细腻的。比如，一个成员认为自己总是和他人的关系不和谐，他的问题就是“我怎样和别人相处”；一个成员不知如何面对心爱的女友，每次见面总是以吵架而结束，他的问题就是“我怎样和心爱的人相处”等。由于成员目标比较明确，因而有助于组织者在团体中针对成员的个人目标进行深入而彻底的探索和研究，这是一个很有意义的过程。考虑到团体目的和团体成效的重要影响，在进入团体前，组织者要对成员的个人目标有所了解，这样才能真正做到彼此间的配合，促进团体健康发展。

（二）间接目标

团体心理素质训练的间接目标就是团体目标，最理想的团体成员能够为他们所参加的团体制定一些独特的目标；或者在组织者的带领下，根据个人的需要和独特的情况，共同制定出适当的团体目标。一般来说，团体一般会包含以下目标：

（1）帮助每个成员认识自己和了解自己。

（2）帮助成员提高自我接纳、自我尊重和自信，以致他们能够对自我有更积极和适当的看法。

（3）帮助成员提高社交技巧和发展人际关系，从而使他们能够有效地应付发展性的任务。

（4）帮助成员确立自我方向感，培养其独立自主解决问题的能力。同时，协助他们将这些能力应用到日常工作和社交生活的范畴内。

（5）帮助成员培养责任感，使他们能敏锐地察觉别人的感受和需要，促使他们对别人产生更深的认同感。

（6）帮助成员做一个感同身受的聆听者，使他们不但能了解表面的倾诉，而且能体察对方言而未尽的感受。

（7）帮助成员培养归属感与被接纳的感觉，从而使他们更有安全感，更有信心去迎接生活的挑战。

（8）帮助成员发挥其能力去勇敢而有效地与人交往，同时，使他们懂得与人分享的意义和重要性。

（9）帮助成员探索和发现一些行之有效的途径，让他们能处理生活中的发展性问题和解决冲突矛盾。

（10）帮助成员制订出改进某些行为的计划，并且帮助他们投身这些计划，付诸具体行动。

（11）帮助成员学习如何在关怀、体谅、真诚、尊重的基础上进行直接有效的沟通、对质与挑战。

（12）帮助成员勇于表达，不再依据别人的期望来生活。

（13）帮助成员形成正确的价值观，并协助他们作出评估，考虑是否要作出修正与改进。

（三）终极目标

具体到高职生，其终极目标就是培养他们的认知品质，提高他们的个性品质，增强他们的社会适应能力。

（1）认知品质，是个体在认知活动中表现出来的直接影响个体认知活动机制和水平的人格特征因素，是高职生心理素质结构的最基本成分，而学生的心理问题往往与习惯性的消极认知有关。

（2）个性品质，是指个体在对待客观事物时和在活动中表现出的个性心理特征。它虽不直接参与对客观事物的认知，但是具有推动和调节功能。个性倾向性，居于高职生心理素质的核心地位，因此，提高个性品质有利于学生健康个性心理的形成。

（3）适应能力，是指个体在社会化过程中与环境协调的能力。它是高职生心理素质结构中最具衍生功能的因素。

二、团体心理素质训练的实施

（一）实施前的准备

1. 团体规模的确定

这个问题一直都没有统一的标准，在实践的基础上，一般认为：学生团体心理训练以班为单位，宜在 20 ～ 40 人，不能超过 40 人；成长团体以 6 ～ 8 人为宜。

2. 团体成员的选择

有些团体是自然形成的，如家庭团体、种族团体；有些团体是强制形成的，如班级团体、监狱服刑人员团体；有些团体是自发形成的，如学生社团、成长团体等。

作为成长与教育的团体，团体心理素质训练可以采取自愿报名与甄选相结合的形式。成员自愿报名的原因一般是：

（1）喜欢团体的活动内容和形式，如参加成长团体、人际交往训练营等。希望有一种归属感，如个人加入团体，可以减轻孤独感等。

（2）社交的需要。在团体中，能认识一些志趣相投的朋友，满足社交及亲和的需要。

（3）自尊的需要。在团体中，由于相互之间的尊重，提升了组员的自我价值感，这种价值感就是自尊。

（4）认同的需要。希望自己在团体中提出建议，得到支持与认同。

因此，在这种情况下，甄选就显得非常重要了。在甄选时，需要考虑的因素有：成员的性别、年龄、受教育程度、以往参加团体的经验、精神健康状况、人际关系等。简言之，就是根据团体的需要组织成员。

3. 团体辅导者

团体心理素质训练成功的关键在于团体辅导者自身的素质。在团体的运作过程中，学者们一致认为，辅导者个人的素质和修养是一个重要的因素。

我国学者樊富珉曾总结出成功的团体辅导者应具备的特质：

（1）良好的人格特质：有勇气和自信心，关怀他人，平易近人，热情开朗，不自我防卫，有充分的想象力和判断力，有幽默感。真诚，坦率、友善。

（2）对团体咨询理论有充分的理解：了解各种理论、学派的观点以及其独特之处，并能择取精华，融会贯通，成为自己的东西。

（3）具备建立良好人际关系的能力：对团体成员信任、理解，创设尊重和自由的团体氛围，接纳每一个人。

（4）掌握基本的领导才能与专业技巧：善于运用支持、指导、鼓励等技巧影响团体的发展，接受过专业训练。

（5）丰富的咨询经验：不仅要有个别咨询的经验，还要有带领团体咨询的经验，熟知团体发展的各个阶段以及自己的职责。

（6）遵守职业道德：团体带领者要以成员的利益为重，保守秘密，尊重成员的隐私权。

（二）实施的过程

1. 初始阶段

这一阶段主要是建立关系，了解团体的程序、功能及作用；讨论参与过程中可能遇到的困难和危机；讨论成员间基本的信任及有效活动的基本原则等。在此阶段中，要使成员学会在热身活动中运用相互认知的技巧以及建立信任感的技巧，通过建立团体互动的语言模式，让成员初步从团体中获益。此外，还要建立与强化团体规范，如宣布明确规则等。

2. 过渡阶段

这个阶段，成员充满了矛盾和对立、焦虑和不安，甚至有时还会出现抵抗等过度表现。这时，辅导者要运用处理防御行为的技巧和处理冲突的技巧，调节成员的焦虑情绪，帮助他们建立信任感，缓解抗拒感。

3. 工作阶段

当团体成员内心的感受得到充分表达，彼此的矛盾冲突得到建设性的处理之后，团体开始进入具有治疗功能的阶段，即工作阶段。这时，要促进凝聚力的形成，建立深层信任感，刺激和催化成员的互动。常用的技巧有角色扮演、行动练习等。

4. 结束阶段

在这个阶段，主要是处理成员的分离焦虑，鼓励成员坦诚表达对团体的感受并对分离作出回应，协助团体成员处理离别情绪和评估自我感受，为团体做好结束工作，帮助团体成员将团体的感受带到团体以外，建立良好的行为，巩固团体辅导效能。常用的技巧有结束预告、整理所得、修改行动计划、处理分离情绪、追踪聚会、效能评估等。

参考文献

[1] 黄希庭 . 大学生心理健康教育 [M]. 上海：华东师范大学出版社，2003.

[2] 黎文森 . 大学生心理健康教育导论 [M]. 长春：吉林人民出版社，2003.

[3] 潘莉莉 . 大学生团体辅导的理论与实践 [M]. 合肥：合肥工业大学出版社，2018.

[4] 管以东 . 班级积极心理团体辅导设计 [M]. 合肥：合肥工业大学出版社，2016.

[5] 滕秋玲 . 大学生团体心理辅导的理论与实践 [M]. 北京：北京理工大学出版社，2017.

[6] 卢桂珍 . 实用心理健康教育 [M]. 北京：中国广播电视出版社，2005.

[7] 刘薇 . 高校团体心理辅导与生涯规划协同教育研究 [M]. 成都：西南交通大学出版社，2018.

[8] 冉超凤，黄天贵 . 高职大学生心理健康与成长 [M]. 北京：科学出版社，2005.

[9] 王东升 . 成长的脚步 大学生朋辈团体辅导的理论与实践 [M]. 北京：北京师范大学出版社，2019.

[10] 陶来恒，贾晓明 . 大学生心理健康 [M]. 北京：北京理工大学出版社，2006.

[11] 汪海燕 . 高职高专学生心理健康指导 [M]. 北京：高等教育出版社，2005.

[12] 黄大庆 . 情绪团体心理辅导设计指南 [M]. 北京：首都经济贸易大学出版社，2020.

[13] 周茂玲，刘萍萍 . 高职生心理健康分析与对策 [J]. 现代企业教育，

2011（14）：18–19.

[14] 谭可.基于目标导向的生涯团体辅导研究[J].经济研究导刊，2021(5)：69–72.

[15] 王清宣，赵伍.高职生心理健康不良的成因探微[J].四川职业技术学院学报，2007（1）：94–95.

[16] 林冰.高职生心理健康的影响因素及其研究现状[J].漳州职业技术学院学报，2006（2）：133–135.

[17] 何丽明，樊宁君，何姣.大学新生“入学适应”团体辅导[J].成功,2021（4）：5.

[18] 张冬梅，顾惠琴.焦点解决在团体辅导中的应用——“关系改变”团体辅导[J].江苏教育,2021（28）：102–103.

[19] 李思琪，钱淼华.浅谈团体辅导体验式教学的作用[J].读与写（教育教学刊），2020，17（2）：31.

[20] 谢桂娴.团体辅导的内涵及研究现状[J].好家长（创新教育）,2018（10）：0184.

[21] 姜海.人际模式团体心理辅导对大学生人际关系困扰改善的实验研究[D].太原：山西师范大学，2013.

[22] 席波.大学生人际关系困扰的心理社会影响因素研究[D].济南：山东大学，2007.

[23] 简佳.人际信任相关量表的信效度及其与大学生心理健康的相关性[D].济南：山东大学，2007.

[24] 刘琼珍.班级团体辅导对高职新生心理健康的影响研究[D].武汉：华中师范大学，2007.

[25] 管雯瑁.大学生一般自我效能感、人际交往能力与社交焦虑、班级心理气氛之间的关系研究[D].武汉：华中师范大学，2014.

[26] 胡新月.抑郁大学生生命教育主题团体辅导干预研究[D].武汉：华中师范大学，2019.